THE LEAN STARTUP

精益创业

新创企业的成长思维

[美] 埃里克·莱斯(Eric Ries)◎著　吴彤◎译

中信出版社 · CHINA CITIC PRESS · 北京 ·

图书在版编目（CIP）数据

精益创业：新创企业的成长思维 /（美）莱斯著；吴彤译 . —北京：中信出版社，2012.8（2025.11重印）
书名原文：The Lean Startup：How Today's Entrepreneurs Use Continuous Innovation to Create Radically Successful Businesses
ISBN 978-7-5086-2201-9

I. 精…　II. ①莱…　②吴…　III. 公司－企业管理　IV. F276.6

中国版本图书馆 CIP 数据核字（2012）第 143224 号

精益创业——新创企业的成长思维
JINGYI CHUANGYE

著　　者：[美] 埃里克 · 莱斯
译　　者：吴　彤
策划推广：中信出版社（China CITIC Press）
出版发行：中信出版集团股份有限公司（北京市朝阳区东三环北路 27 号嘉铭中心　邮编　100020）
（CITIC Publishing Group）
承 印 者：北京通州皇家印刷厂
开　　本：787mm × 1092mm　1/16　　**印　　张**：17.25　　**字　　数**：210 千字
版　　次：2012 年 8 月第 1 版　　**印　　次**：2025 年11月第77次印刷
京权图字：01–2011–6342
书　　号：ISBN 978-7-5086-2201-9 / F · 2663
定　　价：49.00 元

《创新书系》序

“先除掉你自己眼中的障碍，才能看得清并拨掉你兄弟眼中的尘埃。”

G·伯克利

“创新”，将是很长一段时期实现“中国梦”的主旋律。中信出版集团和泰达–（天津经济技术开发区）合作出版《创新书系》，其意义套用一句话来说，就是“怎样估计也不会过高”。

双方合作搞这项理论和文化工程，有其显见的必然性和迫切性。必然性是指三十多年来，在中国改革开放大业中，天津开发区作为第一代特殊经济区，是这种发展模式的缩影，在聚集全球资源、谋求高速经济增长方面取得了瞩目的成就。但勿庸讳言，这种主要靠要素投入推动经济增长的模式，已接近了所能达到的极限。面对现实，国人已经逐渐认识到，经济增长并不能与经济发展，特别是持续发展直接画等号，增长靠投入，有极限，发展靠创新，才能不断进入新的境界。

其实，系统的创新理论并不是近期才被阐发，之所以在当前越来越重要，正是因为中国经济发展已经进入到特定阶段，与创新理论亟为对位，这就是迫切性。在这个意义上说，《创新书系》是一种新的启蒙。但重温经典，读书破万卷，与前贤对话，关键是要从书中走出来，并自出见解，指引实践，把中国的事办好。

如果说创新要有中国特色的话，那么除了中央早已归纳的“自主创新”，“集成创新”，“引进、消化、吸收以后的再创新”之外，在具体操作中当是注重“两面一点”。

所谓“两面”，即在微观层面以企业为载体，致力于技术创新、产品创新、市场创新，这无须多说。一个企业要想发展，要想在市场竞争中立足，就必须有创新的实际行动，而无论走“自主”还是“集成”还是“消化吸收”哪条道路；在中观和宏观层面以政府和行业组织为载体，致力于资源配置创新和组织创新，也可以称之为体制创新——“体”，行政和管理主体，“制”——制度和机制，即中观和宏观要创造出对位的环境，鼓励和支持微观上企业的创新。而“一点”，就是创新的主体是企业家，或称企业家群体（企业家与在企业里作官不是一回事）。现在已经无须遮掩，企业的创新一定要由企业家来引领，让有能力、有社会责任感的企业家成为社会的中坚，这是市场经济的圭臬，也恰恰是组织创新（体制创新）要解决的核心问题。舍此，建设创新型国家无从谈起。

本《书系》尽可能扩大涉及面，使读者在阅读各类书籍时可以各取所需。但本书系定位不是畅销小说，读者群在某种程度上可以说是特定的。《书系》的出版合作者希望中国的各类特殊经济区不管现在发展到什么程度，都来关心这个书系。尽管“批判的武器不能代替武器的批判”，但上阵没有武器或武库贫乏也是可悲的事情。

创新是推动中国科学发展、实现中国梦的充分必要条件，是为序。

泰达创新工作室

蒂姆·奥莱利

O'Reilly传媒CEO

《精益创业》不仅关于创建成功企业，它还告诉读者如何改善任何其他领域的工作。希望“精益创业”的理念有一天能运用到政府规划、保健政策以及其他全球重大问题的解决之中。它为我们找到有效方案、摒弃无用之物提供了终极答案。

蒂姆·布朗

IDEO首席执行官

埃里克·莱斯揭开了创业家的面纱：魔力与天才并非成功创业所必需，运用可学习和可复制的科学的创业程序才是最重要的。无论你是创业者还是大型集团的企业家，本书都能为你探求未知领域提供有力的帮助。

史蒂夫·布兰克

斯坦福大学、加利福尼亚大学伯克利分校Hass商学院教授

21世纪的创新指南！《精益创业》中的理念将推动人类创造下一轮工业革命！

斯科特·凯斯

美国创业合作伙伴公司CEO

每个创业团队都应该停下来，花上48小时看看这本书。真的，现在就停下来阅读吧。

沃伦·本尼斯

南加利福利亚大学教授、《依然吃惊：领导力研究大师回忆录》作者

莱斯的书为我们理解领导力的两大关键要素——启动与增长提供了基本框架。

兰迪·科米萨

TiVo创始人兼董事、畅销书《僧侣与谜语》作者

如果你是一名企业家，请务必阅读此书；如果你正考虑成为一名企业家，请阅读此书；如果你只是对企业家感到好奇，也请阅读此书。精益创业是当今创新者的最佳实践。帮你自己一个忙，阅读吧！

唐·赖纳森特

《产品开发流程原理》作者

如何将有五十年历史的“精益”理念运用到瞬息万变、充满不确定性的创业活动中？本书清晰地阐释了一套睿智并行之有效的答案，它必将成为一本经典的管理图书。

罗伊·巴哈特

IGN娱乐公司总裁

如果商业以客户的真实需求为基础将会出现什么情况？《精益创业》为我们重新思考企业的运转提供了基础。不要为书名中的“创业”一词所迷惑，无论身在大公司还是小公司，所有企业家都可将此书作为工作指南。

诺姆·沃瑟曼

哈佛商学院教授

《精益创业》是所有创业者的必读书。创业管理往往不是特别正式，因此更像是一门艺术，本书帮助创业者将结构性方法和科学运用到创业公司的管理中，以减少产品的失败。它提供了避免产品认知失败的行之有效的办法，通过经证实的认知严密评估来自市场的早期信息，以此决定坚持下去抑或调整方向，评估增加企业失败风险的各种挑战。

尤金·J·黄

真北创投合伙人

本书是我读过的最优秀、最具洞察力的企业管理新书。建议与我一起奋斗的创业者们都应该阅读此书。书中提出的挑战困扰着我各行各业的朋友及合作伙伴，我也会建议他们阅读此书。

安德烈亚·戈德史密斯

斯坦福大学电子工程学教授

在每个组织中负责创新的管理者都应该看看这本书。它以精妙的笔法面面俱到地阐释了通过“精益思考”的方法进行创新，这是一门严谨的科学。这种方法为公司提高创新的速度和效率提供了新颖有力的工具——最小化可行产品、经证实的认知、创新核算以及可执行指标。这些工具将帮助各种规模的组织有效地利用时间、激情、技术以及人才保持创新。

肯·布兰佳

《一分钟经理人》及《共好》作者

在商业中，一家“精益”的公司意味着在执行力方面保持效率。埃里克·莱斯提出的具有革命性意义的“精益创业”方法能够帮助你将商业设想变为成功的、可持续的结果。你将从现实生活中的成功以及他人的失败中找到创造性的方法和战略，并将其运用到创新以及创业企业的管理中。如果你想创造一家伟大的公司，请将这本书列入你的必读书单。

斯科特·库克

Intuit创始人及执委会主席

商业不能完全依靠运气。针对新产品和新业务的推进，埃里克提出了一套严密的流程，新产品的成功不再靠运气。我们公司将其作为团队的核心工作方法。非常有效！谷歌以及丰田公司都将本书作为创新业务的发展指南，而Fackbook的所有业务都以本书为指导。

爱和速度缔造的新一代企业

创新工场董事长兼首席执行官　李开复

知名科幻小说家科利·多克托罗（Cory Doctorow）曾说："铁匠在啤酒中洒下眼泪，悲叹自己没有办法在铁路时代卖马掌，但是这并不会使他们的马掌更受欢迎。那些学习变成机械师的铁匠才会保住自己的饭碗。"我对这句名言的理解是：企业唯有快速顺应时代才能赢得未来，产品生产方式必须因时代而变。

对于创业公司来说更是如此。

我们身处的商业时代有两大主题：互联网化和全球化。这个时代有几个新的特点：从市场结构来看，产品供给方的数量和质量远远超过了古典的商业时代，大多数市场是典型的买方市场，竞争激烈，企业唯有更好地满足客户需求才能生存；从消费趋势来看，用户的需求日趋多元化，满足他们需求的难度正在不断提高；从技术发展来看，以互联网、移动互联网为代表的信息技术，可以帮助企业深入理解大多数客户和消费者，按需驱动，使产品快速灵活地适应市场，同时去除无谓的损耗，企业效益得以最大化。

如何做？埃里克的《精益创业》作了一个优秀的提炼：目标顾客—小范围实验—反馈修改—产品迭代—获得核心认知—高速增长。事实上，我认为这一切不是未来式，而是现在进行时，在互联网行业里甚至是过去式。来自美国硅谷的Facebook、Instagram、Pinterest，来自中国互联网的微信、微博、豌豆荚……一系列耳熟能详的企业或产品通过这种模式在短短两年内获得了数千万甚至上亿的顾客。这在传统的商业时代难以想象！

2004 年 2 月，当哈佛大学的大二学生马克·扎克伯格在宿舍鼓捣出"Facebook"时，第一个版本仅仅是男女彼此投票，看对方头像是否好看。根据用户反馈，后来才陆续加入了照片评选、个人主页、分享传播等功能。由于产品是完全根据用户要求迭代做出的，因此受到网民极度喜爱，Facebook 以病毒一样惊人的速度传播开来。短短 6 年后，Facebook 的流量甚至超过了当时互联网的王者——谷歌！神话的背后，这种新的产品研发模式功不可没。

显然，过去软件业那种项目严格保密、花多年时间打造、一出来让世界惊讶的创业模式已经过时。因为市场的变化太快，经验再丰富的产品经理也不可能在立项时就把所有事情都想透彻，不犯错误，甚至不犯大错误是不可能的。

过去 3 年在创新工场，我很高兴看见大多数的创业者正是"精益创业"的信奉者与履行者。与他们相处的时间越长，与创业者内心之间的距离越近，我就越感觉到互联网行业正在发生的"精益创业"是一个巨大的宝藏。

创业的第一阶段是把想法变成产品。这时开发的产品是精简的原型，投入最少的金钱和精力开发出体现核心价值的产品。此时创业者们率领精干的成员，用类似特种部队的组织方式，在有限的资源和时间窗口内用很短的时间做出产品，并快速投入市场，通过不断的小规模实验，获得顾客反馈，进而不断迭代，让产品得到市场验证。

创业的第二阶段，新创企业要对正确的产品形态进行重点投入，做好做细，做“最了解用户的人”，做到极致。这个阶段，必须用最小的成本、在最短时间里找到最有价值的认知。

创业的第三阶段，成功者往往伴随着爆发式的增长，全面的扩张。企业开始与传统的、陈旧的市场势力展开阵地战。这一过程中，创业企业的力量之源正来自此前积累的对用户的深入理解和对市场的快速反应，即“爱与速度”。能到达第三个阶段的创业企业，大都把“对用户有爱、对产品有爱”作为一种信仰。他们不能容忍产品有缺点，不能容忍产品的用户体验不好，不能容忍BUG，跟0.1秒的延迟较劲，跟0.1M的大小较真……

年轻一代的创业者们，正在丰富和扩展着现代企业的新特质与新内涵！

身处在这一变革中，我感到发自内心的欣喜与骄傲。我看到“精益创业”的方式在每一天的实践中被验证、被传承、被传播。过去，它缔造了Facebook、Twitter等强大的崭新的科技公司；未来，它将不断影响、渗透、改变着创业者，促使他们缔造的企业更加人性化、更加智能化、更加有爱、更加成功。

我相信，属于这一代创业者的传奇才刚刚开始，苹果、谷歌、Facebook的颠覆者一定会在这种创业模式下诞生。今天，《精益创业》这本书把近10年来闪光的智慧珍珠初步连结成了一串项链，而更多体系化的总结与演绎，仍有待于更多关注者和记录者的加入。

THE LEAN STARTUP

目录

引　言 // XIX

第一篇 **愿景**

第一章 **开端** // 003

创业管理 // 003

精益创业的根基 // 006

第二章 **定义** // 012

谁才是创业企业家？ // 012

如果我是创业者，何谓新创企业？ // 014

SnapTax 的故事 // 015
七千人的精益创业 // 017

第三章 **学习** // 022
IMVU 经证实的认知 // 023
价值 VS 浪费 // 030
从何证实？ // 032
零的愚勇 // 034
IMVU 之外的启示 // 036

第四章 **实验** // 038
从点金术到科学 // 038
实验也是产品 // 044
乡村洗衣服务 // 046
政府部门中的精益创业？ // 048

第二篇 **驾驭**

第五章 **飞跃** // 058
战略基于假设 // 059
现地现物 // 064
走出办公大楼 // 065
分析瘫痪症 // 067

第六章 **测试** // 069
为什么第一个产品不完美 // 071

视频式最小化可行产品 // 073

贵宾式最小化可行产品 // 075

别在意那八个幕后人员 // 078

质量和设计在最小化可行产品中的角色 // 081

开发最小化可行产品中的减速路障 // 084

从最小化可行产品到创新核算 // 087

第七章 **衡量** // 089

为什么看似枯燥的核算将改变你的生活 // 089

如何实行创新核算——三大认知阶段性目标 // 091

IMVU的创新核算 // 094

优化VS认知 // 098

小心虚荣指标 // 100

可执行指标VS虚荣指标 // 101

三个“可”的价值 // 112

第八章 **转型还是坚持** // 117

创新核算带来更迅速的转型 // 118

能实现的转型数量决定新创公司的跑道 // 126

转型需要勇气 // 127

“转型还是坚持”的会议 // 129

转型失败 // 133

转型列表 // 136

转型是一个战略假设 // 139

第三篇 加速

第九章 **批量** // 146

创业活动中的小批量 // 149

小批量的实例 // 152

大批量的死亡螺旋 // 155

要拉动，不要推动 // 157

第十章 **成长** // 163

增长来自何方？ // 164

三种增长引擎 // 165

增长引擎决定产品/市场契合 // 174

引擎停滞之时 // 176

第十一章 **适应** // 178

建立自适应组织 // 180

“五个为什么”的智慧 // 182

五大罪状之魔咒 // 186

五个为什么的实例 // 190

适应较小的批量 // 195

第十二章 **创新** // 202

如何培养颠覆式创新 // 202

创造实验平台 // 205

培养管理组合 // 211

第十三章　**尾声：杜绝浪费** // 217

组织的超能力 // 220

长期股票交易中心 // 225

总结 // 226

第十四章　**参与精益创业运动** // 227

必修读物 // 228

沿展阅读 // 230

致　谢 // 233

注　释 // 238

我想你对这样的故事并不陌生：年轻有为的大学在校生窝在宿舍里开创未来；他们天马行空，掌握新科技，满怀激情，赤手空拳打天下；早早的成功让他们筹得资金，把令人称叹的新产品推向市场；他们雇用朋友，组建明星团队，世界无法阻止这些年轻人的脚步。

那正是十年前的我：当时正鼓捣着自己的第一家公司，之后又经历了好几次创业尝试。我格外清楚地记得那个时候：那个意识到公司即将倒闭的时刻。我和我的创业搭档一筹莫展。互联网泡沫破灭，而我们已经花光了所有的钱。我们千方百计地想要再筹集一些资本，却无计可施。那场景就好像好莱坞电影的分手戏：天下着雨，我们俩站在街上争执，甚至无法对下一步何去何从达成一致，于是各怀怨怒，转身而去，分道扬镳。两人在雨中迷途、各奔东西的情景，暗示了公司失败的结局。

这是一段痛苦的记忆。之后，公司又勉强维持了几个月，但我们的状况已毫无希望。曾几何时，我们看上去事事如意：有一个好产品、一支很棒的团队、出色的技术力量，以及恰逢其时的创意。当时真是万事俱备。我们开发的是一种让大学生们在网上创建个人档案的方法，让他们可以与人共享这些档案，例如雇主。尽管想法不错，但因为不知道如何把产品理念转化为成功的企业，我们的失败从第一天起就注定了。

假如你从未经历过这样的失败，很难想象其中的感受。那就好像是天都要塌下来了，你感到自己被耍了。杂志上的故事都是谎言，成功并没有伴随着埋头苦干和坚持不懈接踵而至。更糟糕的是，你对员工、朋友和家人的种种承诺无法兑现。而那些当初认为你出来单干是愚蠢之举的人更是显得早有先见之明。

事情本不该变成这样。在报纸杂志上、在电影大片里、在无数博客中，我们听到的是成功创业家们的祝祷：有了决心、才智、好的时机，还有最重要的——出色的产品，你也可以名利双收。

一些造梦行业不断向我们讲述这样的故事，但我早就意识到，它只是个传说，我们听到的故事是有选择性的，而且全算得上是事后诸葛亮。事实上，在和几百位创业企业家的工作接触中，我亲眼目睹了一个个充满希望的开始大都黯然收场。残酷的现实是：大多数创业以失败告终；大多数新产品并不成功；大多数新企业无法支撑到大展身手的那一天。

但是，关于坚守、创新天才和努力工作的故事却一直存在。为什么它们会如此受欢迎？我想，在这些引人入胜的现代版白手起家的故事里，有些东西极富吸引力。只要你手上有好产品、好创意，成功看起来触手可及。这意味着平淡的细节、乏味的琐事和细枝末节的各种抉择都无足轻重。只要动手做起来，功到自然成。而大多数人都会遭遇到的失败一旦发生，借口也是现成的：我们的产品不够好，我们不够有远见，或是没能得天时地利。

身为一个创业者十年有余，我不再做上述之想。我从自己的成败以及他人的经验中认识到，正是那些乏味的琐事和细节才至关重要。新创企业的成功不在于优良的基因，或生逢其时其地。它可以因为遵循了正确的流程而获得，也就是说，成功是可以习得的，是可以传授的。

创业即是某种形式的管理。是的，你没看错。我们对“创业”(entrepreneurship) 和“管理”(management) 这两个词的认识截然不同。近年来，这两个词一个给人感觉很酷、富有创意、饱含激情，而另一个则沉闷、严肃、不够刺激。现在是到了打破成见的时候了。

让我来讲一个再次创业的故事吧。2004 年，一群创业者刚刚成立了一家新公司。而他们先前创业尝试的失败已尽人皆知，信誉跌到谷底。他们此刻胸怀大志，希望通过一项称为“虚拟人像”(avatars，要知道这个概念可比詹姆斯·卡梅隆的热卖大片[①]更早问世) 的新技术改变人们的交流方式。他们追随着梦想家威尔·哈维 (Will Harvey)，实现哈维描绘的动人蓝图：人们以虚拟形象和朋友交流，在互联网上聚会。虚拟形象既让他们紧密相连，又能保证安全和匿名状态。更妙的是，因为要装点这些化身所处的数字虚拟生活场景，使用者们会自己去设计服装、家具和各种配件，并相互购买。这样一来，产品开发者就无须做这方面的预设。

创业者面临的制作挑战是巨大的：要创建一个虚拟世界，由用户生成内容，建立网上商务引擎、微支付系统，以及必不可少的能在每台个人电脑上运行的三维虚拟人像技术。

我自己就身处这个再次创业故事当中。我是这家名为IMVU公司的联合创始人兼首席技术官。在职业生涯的那一刻，我和我的创业搭档们决心要犯“新的错误”。我们所做的每件事都是“错的”：原本应该花几年时间来

① 即詹姆斯·卡梅隆 (James Cameron) 执导的美国科幻巨片《阿凡达》。“阿凡达”(avatars) 原意即为“虚拟化身”。——译者注

完善技术，我们却在早期就开发了一个最小化的可行产品，它糟糕透顶、漏洞百出，并且存在稳定性问题，随时会让电脑系统崩溃。在远未作好准备之前，我们就把它推向受众。而且，它还是收费的。抓住了最初一批顾客后，我们不断修改产品，每天推出十几个新版本，这已远远高于传统标准。

在早期，我们确实是有一些顾客的。他们是真正有远见的使用者。我们常常和他们交流，听取反馈意见。但实际上，我们并没有按他们的建议去做，仅把这些提议视为我们的产品和整体愿景的信息来源之一。事实上更应该说，我们是在顾客那里进行实验，而不是迎合他们的奇思怪想。

传统的商业观念认为这种方式是行不通的，但实际上却是可行的，你也可以不用相信我的话。你会在本书中看到，在IMVU公司开创的这种方式，已经为全球创业企业家的新动向奠定了基础。它建立在过去很多管理和产品开发的理念之上，包括精益制造、设计思维、客户开发和敏捷开发。它代表了一种不断形成创新的新方法，称为“精益创业”（the Lean Startup）。

尽管无数著作阐述了什么才是商业管理、商业领导者有哪些关键特质，以及发现下一个重大事件的方式，但如何把理想转变为现实，仍是令创新者们抓狂不已的事。正是这种困境，促使我们在IMVU公司尝试使用了一种激进的新方式。它的特征表现在循环周期极快、关注顾客需求（而非问他们想要什么），以及作出决定的科学方法。

精益创业的缘起

我是那种从小到大都和电脑编程打交道的人，所以我对创业和管理的思考之路绕了个大圈子。在我的行当里，我一直从事产品开发部分的工作。我的搭档和老板都是职业经理人或营销人员，而我的同事们从事的则是工程或运营。在我的整个职业生涯中，拼命开发产品却最终在市场中惨败的经历屡屡出现。

一开始，基于我的工作背景，我认为这些技术问题需要应用技术方案加以解决：比如完善的架构，更优的引擎处理程序，更佳的软件工程规范，更专注、更好的产品架构。这些貌似有用的法子却招致更多失利。所以我四处搜寻相关书籍来阅读，也非常幸运地得到几位硅谷顶尖人物的指点。当我成为IMVU的联合创始人时，我急需一些关于如何建立新企业的新见解。

幸运的是，我的几位搭档都愿意尝试新方法。他们和我一样对传统思考方式的失败忍无可忍。同时，我们也有幸获得硅谷前辈史蒂夫·布兰克（Steve Blank）的垂青，他成为了我们的投资人和顾问。2004年的时候史蒂夫便开始宣扬一个新想法：应该把新创企业的业务及营销视为和工程及产品开发同样重要的职能，因此它们也需要一套同等严格的方法作为指导。他把这种方法称为“客户开发”（Customer Development），它为我作为一个创业者的日常工作提供了透视和指南。

与此同时，我在组建IMVU公司的产品开发团队时，使用了前文提到的一些非正统方式。用我从前职业生涯训练中形成的产品开发的传统理论来衡量，这些方法根本就是无厘头，但我却实实在在看到了它们确实行之有效。我想方设法向新员工、投资人和其他公司的创始人解释这种实践方法。但我们缺乏统一的表述语言来说明这种做法，也没有具体的原则来理解它们。

我开始在创业这件事之外寻找思路，以便厘清我的经验。我开始借鉴其他行业，特别是制造业，因为大多数现代管理理论都是从那里发展出来的。我学习了起源于日本丰田生产系统的精益生产理论，这是一个针对实体产品制造的崭新思维方式。我发现，把精益生产的想法加以小小的变化和改动，运用到我自己的创业挑战中，这样整个理论框架就开始有了意义。

这一思考逐渐转化形成了“精益创业”，即把精益思维运用到创新的过程中去。

IMVU取得了巨大的成功，IMVU的顾客创造了6 000多万个虚拟人像。公司成为了赢利企业，2011年的年收入逾5 000万美元，位于美国加州山景城的办公室已员工过百。IMVU的虚拟产品目录，几年前看上去还是风险重重，如今拥有了600多万件产品，每天还要新增7 000个，而且几乎全部是顾客自己创建的。

IMVU的成功令其他创业者和风投家们开始向我讨教。每当我开始讲述在IMVU的经历时，大家要么直勾勾地瞪着我，要么满腹疑团。最常听到的回应是："这根本行不通！"我的经历在传统观念看来太过离奇，对大多数人，甚至是在硅谷这样的创新中心里，都令人难以回过神来。

于是我开始提笔写作，起初是在名为"新创企业经验与教训"（Startup Lessons Learned）的博客上，接着是演讲，在大型会议上，面对公司、新创企业和风投家们，对任何一个愿意倾听的人演讲。在某些需要我站出来为自己的观点辩护和解释的场合，以及和其他作者、思想家和创业者合作的过程中，我有机会把早期的想法进一步细化，并将其发展成"精益创业"的理论。我一直希望能找到一剂良方，得以消除我所见过的各种巨大浪费：比如新创企业制造出一些毫无市场的产品、新产品下架、无数创业梦想难以实现。

最终，精益创业的理念蓬勃发展起来，波及全球。创业者们在当地建立小组，探讨和运用精益创业的思维。现在，全世界一百多个城市中都有组织起来的实践社团。[1]而我也跨越大陆周游列国，在各处目睹了创业繁荣兴盛的种种迹象。新一代的创业者渴望找寻建立成功企业的新思路，对他们来说，这场精益创业运动让创业者之路顺畅可行。

尽管我是高科技软件行业的创业者，但精益创业运动早已从它的诞生之地扩展开来。成千上万的创业者们把精益创业的原则运用到几乎能想到的所有行业。我也因此有机会与各种规模、各个行业的公司，甚至与政府机构合作。我的宣讲旅程把我带到了以前根本想象不到的领域。从面向全球的风投精英，到财富 500 强的董事会会议室，再到五角大楼。我感到最紧张的一次会议是向美国陆军的首席信息官，一位三星陆军中将解释精益创业的原则（顺便提一句，他对新思维的态度非常开放，即使这种想法是来自我这样一个平民）。

很快我就意识到，到了该全副精力关注这场精益创业运动的时候了。我的使命是提高全球创新产品的成功概率。你正在阅读的这本书就是我的成果。

精益创业的方法

本书针对的是创业者，以及那些需要承担类似责任的人。精益创业的五项原则组成了本书的三大部分。这五项原则如下：

1. 创业者无处不在。你不一定非要在车库里折腾才算是创业。在我定义的创业企业中工作的任何人，都算得上是创业者。所谓的新创企业就是在充满不确定性的情况下，以开发新产品和新服务为目的而设立的个人机构。这意味着创业者无处不在，而且精益创业的方法可以运用到各行各业，在任何规模的公司，甚至是庞大的企业中。

2. 创业即管理。新创企业不仅代表了一种产品（的问世），更是一种机构制度，所以它需要某种新的管理方式，特别是要能应对极端不稳定的情况。事实上，我相信“创业企业家”应该是一个在所有现代企业中使用的头衔，因为企业未来的增长需要依靠创新。我将在后文中详细论述这一点。

3. 经证实的认知。新创企业的存在不仅仅是为了制造产品、赚取金钱、服务顾客，它们的存在更是为了学习了解如何建立一种可持续的业务。创业者们可以通过频繁的实验检测其愿景的各个方面，这种认知是可以得到验证的。

4. 开发—测量—认知。新创企业的基本活动是把点子转化为产品，衡量顾客的反馈，然后认识到是应该改弦更张还是坚守不移。所有成功的新创企业的流程步骤都应该以加速这个反馈循环为宗旨。

5. 创新核算。为了提高创业成果，并让创新者们负起相应责任，我们需要关注那些乏味的细枝末节：如何衡量进度，如何确定阶段性目标，以及如何优先分配工作。这需要为新创企业设计一套新的核算制度，让每个人都肩负职责。

新创企业为什么会失败

为什么新创企业以惨败告终的情况比比皆是？

第一个原因在于好的计划、可靠的战略和深入的市场分析造成的诱惑。在早期，这些都是衡量成功可能性的指标。把它们也套入创业企业中去的想法令人难以抗拒，但是此路不通。因为新企业的运营当中包含了太多不确定性。企业还不知道谁是自己的顾客，自身的产品应该是什么。当情形变得更加难以捉摸之时，未来越发扑朔迷离。老的管理方式无法胜任这项工作。计划和预测只能基于长期的、稳定的运营历史和相对静止的环境，而这些条件是新创企业所不具备的。

第二个原因在于，当目睹运用传统管理方式无法摆脱困境后，一些创业者和投资人干脆就撒手不管，回到“想做就做”跟着感觉走的状态。人们相信，如果实施管理反而有问题的话，无为之治就是解决之道。不幸的是，我的亲身经历证明了这也行不通。

新创企业的那种颠覆性、创造性和混乱的状况是可以加以管理的，或者确切地说，必须加以管理。这种说法看似有违直觉。多数人认为流程和管理枯燥无味，而创业则充满活力和激情。但是真正令人激动的是看到企业获得成功，改变世界。人们为这些新企业付出的热情、精力和抱负都是珍贵的资源，不容随便浪费。我们可以，而且必须做得更好。本书要讲述的就是如何才能做到这一点。

本书内容如何组织

本书分成三篇："愿景"、"驾驭"和"加速"。

"愿景"篇把创新管理作为一门新的学科。我说明了谁是创业企业家，定义了新创企业，阐述了一种让新创企业评估其进展的新方法，称为"经证实的认知"（Validated Learning）。为了获得这种认知，我们会看到，不管是从车库起家还是诞生于某个企业内部的新企业，都可以运用科学的实验方法，发现和了解如何建立一项可持续的业务。

"驾驭"篇深入研究了精益创业方法的细节，通过核心的"开发—测量—认知"（Build-Measure-Learn）反馈循环，揭示重要的转折。你会了解从一个极需严格检测的大胆假设开始，到如何开发最小化可行产品来验证这些假设，如何建立一个新的核算体系，评估是否取得进步，以及决定是要转型（在既定基础上改变路线）还是要继续坚持。

在"加速"篇中，我们会探讨通过"开发—测量—认知"反馈循环，令新创企业尽量加速的技巧，即便企业规模扩大了也同样如此。我们将探讨适用于新创企业的精益生产概念，比如小批量的好处。我们还将讨论组织架构设计、产品如何成长，以及如何把精益创业原则从众所周知的车库创业帮，拓展延伸到全球最大的企业之中。

管理的新世纪

从社会层面而言，我们已经拥有了一整套管理大型企业的切实技巧，而且我们也知道制造实体产品的最佳方式。但谈到新创企业和创新，我们还在摸索中前行。我们依赖愿景，追随能创造奇迹的“伟大人物”，或是拼命分析新的产品。这些都是在20世纪当中随着管理的成功而产生的新问题。

本书尝试为创业者和创新确立一个严谨的立足点。管理走过了一百年后，我们正迎来它在新世纪的黎明。我们面临这样的挑战：善用所获得的机遇，干一番大事。精益创业运动旨在确保我们这些渴望一展宏图的人，拥有适用的工具来改变世界。

The Lean Startup

第一篇 愿景

第一章　开端

创业管理

建立新创企业是一个组织机构建立起来的过程，也因此，它需要引入管理。对充满激情的创业者而言，“创业”和“管理”这两个词所产生的联想是完全相反的，因此这种说法往往出乎他们的意料。创业者对于在企业成立伊始就采用传统管理实践非常抗拒，他们害怕这会引发官僚主义，或扼杀创造力。

十几年来，创业者试图运用常规管理方式，解决他们特有的问题，结果无所适从，驴唇不对马嘴。于是很多人采取了“想做就做”的态度，避免任何形式的管理、流程和规矩。不幸的是，这种方式带来的常常不是成功，而是天下大乱。我知道这一点，因为我的第一家公司就是这样惨淡收场的。

20 世纪中期，常规管理的巨大成功提供了前所未有的丰富资料，但是用这些管理原则处理新创企业所面对的混乱和不确定性，却并不适用。

我相信，创业活动需要运用管理准则，才能从我们得到的创业机会中收获成果。

现在，正在经营企业的创业者比过去任何时候都要多。全球经济的巨大改变令这种情况成为可能。举一个例子，人们总是听到时事评论员哀叹过去 20 多年里美国损失的制造业工作岗位，但人们很少听到与之相应的制造力有所丧失。这是因为，即使工作岗位不断减少（参见以下几张图），美国制造业的总产量仍是增加的（在过去 10 多年内增长了 15%）。实质上，现代管理和科技创造了更高的产能，实现了生产能力的大幅提高，而这却让企业不知该如何应对。

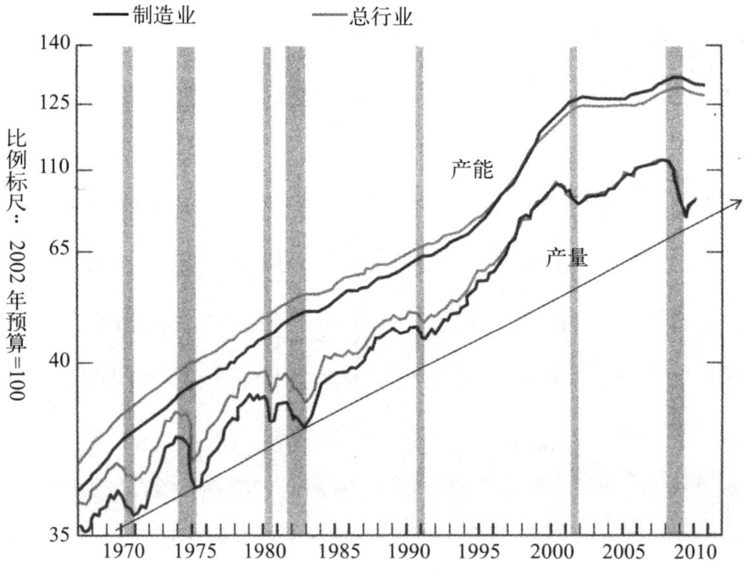

阴影部分为美国经济萧条期

所有员工：耐用品制造业

来源：美国劳工部：劳工统计局

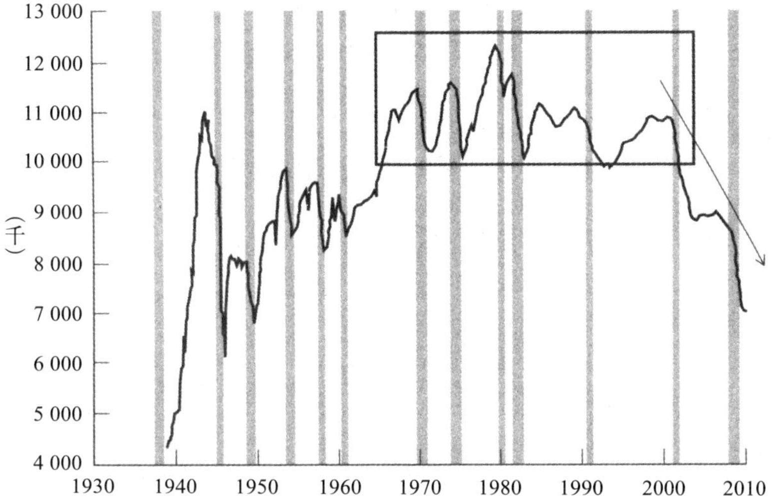

阴影部分为美国经济萧条期

所有员工：非耐用品制造业

来源：美国劳工部：劳工统计局

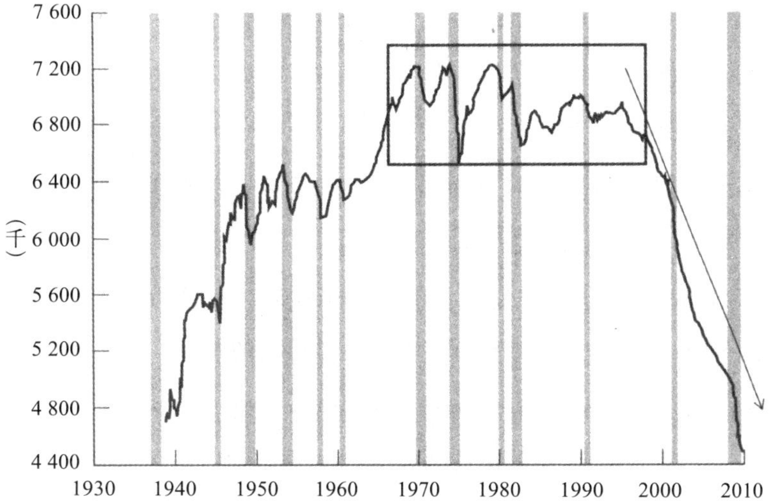

阴影部分为美国经济萧条期

我们正身处一个空前的全球创业兴盛时代，但是机遇中暗伏风险。因为针对新企业，我们缺乏清晰的管理范式，白白浪费了多余产能。虽然缺乏严格的规范，我们还是找到了一些赚钱之道，但每一处成功的周围更多的是失败：产品推出几周后被迫下架；媒体追捧、备受瞩目的新创企业几个月后就被人遗忘；新产品乏人问津而草草收场。这些失败最令人痛心的地方，不仅在于造成了员工、企业和投资人的经济损失，还在于它造成了我们文明中最宝贵资源的巨大浪费：对于人们的时间、热忱和技能的浪费。精益创业运动就是要致力于避免这些失败。

精益创业的根基

精益创业的名称来源于精益生产。后者是由丰田公司的大野耐一和新乡重夫发展出来的。精益的思考方法大大改变了供应链和生产系统的运作方式。它的原则中包括了吸取每位员工的知识和创造力、把每批次的规模缩小、实时生产和库存管理，以及加快循环周期。精益生产让全世界懂得价值创造活动和浪费之间的差异，揭示了如何由内而外地将质量融入产品之中。

精益创业在“创业”这个背景下对上述这些概念加以改造，提出，创业者判断其进展的方法应该和其他类型的企业有所不同。制造业的发展是用高质量的实体产品生产来衡量的，而精益创业则采用不同的发展单元，这些发展单元称为“经证实的认知”，我们会在第三章中谈到。用科学的认知作为衡量标准，我们可以发现并消除令创业者苦恼的浪费根源所在。

创业的综合理论应该说明一个处于初期阶段的企业的所有功能：愿景和概念、产品开发、市场与销售、扩展规模、合作与分销，以及架构与组织的设计。它必须提供在极不确定的情况下衡量进展的方法。它可以为创业者提供明确的指示，面对众多取舍如何作出决定：在过程中是否及何时进行投资；明确地阐述、计划并创建基础设施；何时单飞，何时结盟；何时回复反馈意见，何时应该抱定宗旨；如何以及何时投资扩展业务。最重要的是，它必须能让创业者作出可验证的预测。

举例来说，不要以严格定义的职能部门（比如市场、销售、信息技术、人力资源等）来组成公司，或是要求人们在各自专长的领域作出表现（详见第七章）。不妨考虑一下建立跨部门的团队，并在各阶段依据我们所说的“认知的阶段性目标”（learning milestones）负起相应责任。也许你接受这个建议，也许你持怀疑态度。无论如何，如果你决定将其付诸实施，我可以预言，你很快就会听到团队的反馈意见，称新的流程正在降低他们的生产力。他们会要求回到过去的老路上，因为以往的方式让他们在较大的团队中工作，并把工作在部门间依次传递下去，这才使他们感觉“有效率”。

预测这样的结果可谓十拿九稳，这并不仅仅是因为我多次在自己工作的公司中见过这种情况。它更是精益创业理论本身昭示的一个显而易见的预测结果。人们习惯于在自身范围内评估自己的工作效率，他们感觉良好的一天，就是在这一整天里工作顺心。当我还是个程序员的时候，如果一天 8 小时的编程过程不受干扰，就是不错的一天。相反，如果我被问题、流程或天杀的会议打断的话，我就觉得很糟糕。在这一天中我究竟完成了什么？对我来说，编码和产品特性是实实在在的东西：我可以看见它们，理解它们，还能拿来炫耀一下。相反，“认知”这回事儿既看不见又摸不着。

精益创业要求人们用不同的方法衡量生产力。因为新创企业总会时不时弄出一些没人要的东西，至于这些东西是不是及时开发出来，或是不是在预算之中并非重点。新创企业的目标在于弄明白到底要开发出什么东西，它得是顾客想要的，还得是顾客愿意尽快付费购买的。换言之，精益创业是研究创新产品开发的一种新方式，强调要同时兼具快速循环运作和对顾客的认知、远大的理想，以及壮志雄心。

亨利 · 福特（Henry Ford）一直是最成功、最知名的创业家。从汽车业兴起之初，管理的概念就和汽车制造的历史绑定在了一起。既然如此，我相信用汽车比喻新创企业应该刚巧合适。

内燃机汽车是由两个非常重要而又截然不同的反馈循环驱动的。第一个反馈循环深藏于引擎之中。在亨利 · 福特尚未成为有名的首席执行官之前，他只是位工程师，夜以继日地在车库里琢磨修改那些令引擎气缸运转的精密机器设备。气缸中每次微小的爆炸都提供了让车轮转动的推动力，也带动下一次爆炸点火。如果无法精确掌握这一反馈循环的运作时机，引擎就会爆缸抛锚。

新创企业有着相似的引擎设备，我把它称为“增长引擎”（engine of growth）。不同企业面对的市场和顾客也不同：玩具公司、咨询公司和生产工厂之间看起来可能没有什么相似之处，但我们会看到，他们的运营采用的是相同的“增长引擎”。

每一个新款产品、每一项新特征和每一例市场方案，都是改善这个增长引擎的一次尝试。就像亨利 · 福特在车库里焊接那些设备一样，并不是所有的改动都能成为一次进步。新产品的开发是时断时续的。为了调整增长引擎，新创企业生命周期中的大部分时间都用于提升产品、营销或运营。

汽车里第二个重要的反馈循环在驾车人和方向盘之间。这一反馈循环的作用方式无比自然，以致我们常常没有意识到，但正是对方向的控制，使驾驶汽车与其他大多数运输方式区别开来。如果你每日通勤，你大概对路线熟悉到不能再熟悉了，你的双手似乎自动就能代你驾驶。我们甚至可以在睡梦中驶过这条路线。然而，如果我要你闭上眼睛，准确写下你是如何到达办公室的，不是街道方向，而是你需要做出的每个动作，包括每次用手转动方向盘、踩下脚踏板。当你慢慢回想，你会发现，驾驶的动作极其复杂，要一一写出来几乎不可能。

与之相反，一艘火箭需要的仅仅是预设好的校验。它必须依据最精确的动作指令发射：每次推进、每次助推器点火，以及每次改变航向。须知千里之堤，溃于蚁穴，在发射时哪怕最微小的失误，也会导致过后远在千里之外的灾难性结果。

可悲的是，太多关于创业的商业计划看上去更像是火箭发射，而不是汽车驾驶。这些计划细致入微地制定了要采取的步骤，以及期望的结果，活像是要发射火箭。他们陷入了一种危险境地，哪怕假设中有细小错误，也会带来惨痛后果。

我工作过的一家公司，曾经可悲地错误预测使用新产品的客户数会达到百万量级。公司举办了一场热热闹闹的产品发布会，顺利执行了原定计划。但顾客并没有如期涌来。更糟糕的是，公司已经在大规模的基础设施、人员雇佣，以及处理预期中大量顾客所需的后备支援方面投入了巨资。顾客没有蜂拥而至，但公司已经全部投入，以致无法及时应变。由于公司成功地、全心全意地、严格地执行了一个最后发现是漏洞百出的计划，最终以“完败”收场。

相反，精益创业的方式是教你如何驾驭一家新创企业。你需要的不是基于众多假设制订复杂的计划，而是可以通过转动方向盘进行不断调整，我们把这个过程称为“开发—测量—认知”的反馈循环。通过这样一个驾驭过程，我们可以知道何时以及是否到了急转弯时刻，我把这个时刻称为“转型”时刻。或者，我们是否应该“坚持”走在当前的道路上。一旦引擎加快转速，精益创业提供了以最大加速度扩充和发展业务的方法。

在这个驾驶过程中，你总是清楚知道目的地所在。如果你要去上班，就不会因为临时改道或转错了方向而放弃。你还是会专心致志地驶向你要到达的地点。

新创企业也有一个清晰的方向，一个脑海中的目的地：创造一项成功改变世界的业务。我把它称为新创企业的愿景。为了实现这个愿景，企业制定了战略，包括商业模式、产品方案计划、对合作方和竞争对手的看法，以及谁是顾客的设想。产品是这个战略的最终结果（参见下图）。

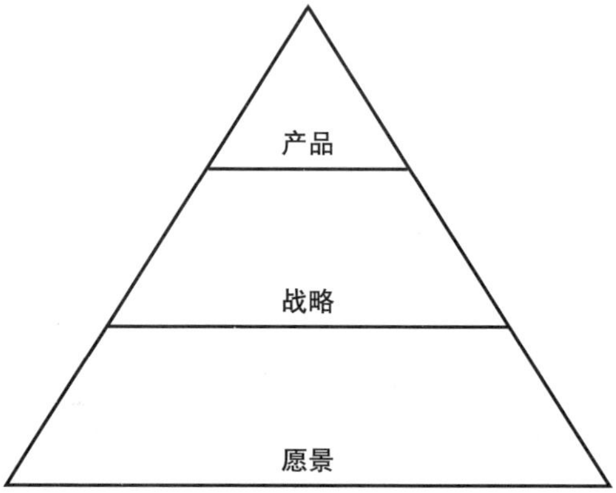

产品在优化的过程中不断改变。我称其为“调整引擎”（tuning the engine）。有时候，可能需要改变战略（称为“转型”）。但是，总的愿景却很少变化。创业者都有志看到企业达成目标。每次挫败就是一个了解如何到达既定彼岸的机会（见下图）。

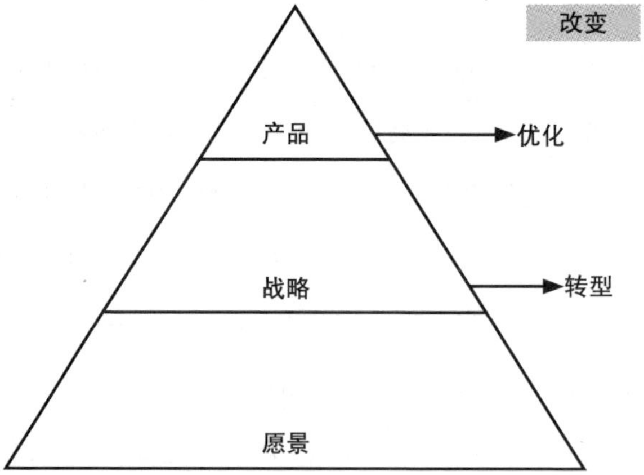

实际情况下，新创企业是一系列活动的组合。很多事件会同时发生：引擎正在运转，吸纳新顾客并服务已有顾客；我们正在调整，试着改善产品、市场营销和运营方式；我们在驾驶过程中，决定是否及何时转型。创业者的挑战在于平衡所有这些活动。即使最小规模的新创企业也面临着既要应对现有顾客，又要锐意创新的挑战。连最成熟的企业也必须在创新上投入资源，以免为时太晚。随着公司的逐渐成长，改变的只是一系列工作中各种活动的不同组合。

创业即管理。然而，想象一下一位经理人在一家成熟企业内从事新产品开发的工作。试想她在一年后对公司的首席财务官说："我们没能达到预计的增长目标。事实上，我们几乎没有新的顾客和新的收入。但是，我们学到了很多东西，现在正处在一项新业务的突破口上。我们需要再多一年时间。"绝大多数情况下，这恐怕就是那位经理向雇主作的最后一次汇报了。原因在于，在普通管理中，如果无法实现目标的话，要么是由于计划不足，要么是执行不力。反正两者都是重大过失，但是在现代经济结构中，新产品开发常常需要直面这种失败，才能渐臻佳境。在精益创业运动中，我们逐步认识到，这些企业内部的创新者亦是真正的创业者，创业管理同时也可以助他们一臂之力获得成功。这是下一章的主题。

第二章　定义

谁才是创业企业家？

当我在全球各地宣讲精益创业的时候，我经常会意外遇到一些圈外的听众。除了一班新创企业的创业者之外，还有一些职业经理人，他们大多在大型企业里工作，负责建立新业务或产品创新的工作。这些人对组织内的政策了如指掌：他们懂得如何组建分别结算损益的独立部门，也会庇护有争议的团队，避免企业插手干涉。最出乎意料的是，他们都是梦想家。他们就像那些我多年来一直与之打交道的创业者一样，能预见自己行业的未来，愿意冒险寻找创新方案，解决企业面临的问题。

举个例子，一家大型企业的经理人马克来参加我的讲座。他是一位部门主管，最近刚被公司委派开发一套互联网应用的新产品，意在把公司业务带入21世纪。讲座结束后，他来找我谈话。一开始，我跟他说了些如何在大企业内建立创新团队之类的标准话题。讲到一半，他就打断了我："是啊是啊，我读过《创新者的窘境》了。[1]那些事儿我都摆平了。"他是公司的老员工，又是成功的经理人，对付企业内部政治驾轻就熟。我早就该想到了：在公司政治、人事以及流程方面游刃有余地出色完成工作正是他所长。

接着，我试图给他建议一些未来趋势、很酷的新型高效产品开发技术。他又一次打断了我："没错，我知道互联网这回事，我也清楚公司需要与时俱进，不然就会被灭了。"

马克具备了所有创业者的"必要条件"——合适的团队架构、优秀的员工、对未来强烈的愿景，以及甘冒风险的勇气。最后我终于想起问他来找我谈话的原因。他说，"我们好像有了所有原材料：引火物、木柴、纸张、打火石，甚至还有一些火花。但是，火在哪里？"马克所学的管理理论关注公司如何构建内部新团队，把创新视为一个"黑匣子"。但是马克发现自己是在"黑匣子里"工作，因此他需要指导。

马克所缺的是一种流程，把创新的原始材料转变为真实世界里的突破性成就。一旦团队建立起来，这个团队该做些什么？采用什么流程？如何对各个阶段性绩效目标负责？这些问题都是精益创业方法论所要回答的。

那么，我的观点是什么？我认为，马克和那些窝在车库里创业的硅谷高科技创业者一样，他需要精益创业的原则，他和我以往认识的那些典型的创业者所需相同。

在一个成熟组织中进行运作的创业企业家有时被称为"企业内部的创业者"，因为他们面临着在大企业中创建新部门的特殊情况。当我把精益创业的概念应用到更广泛的领域、更多企业和行业中时，我逐渐认识到，企业内部的创业者和其他创业者之间的相似之处，比大多数人能想到的还要多。因此，当我使用"创业者"这个字眼儿的时候，不管企业规模、部门或发展阶段如何，我所指的是整个新创企业的生态系统。

本书针对的是所有类型的创业企业家：从毫无背景、志向远大的年轻人，到像马克那样在大公司中经验丰富的远见卓识者，以及那些令他们肩负责任的人。

如果我是创业者，何谓新创企业？

精益创业是一系列的实践，帮助创业企业家提高新创企业成功的机会。要把这个意思说明白，给新创企业下定义就非常重要。

> 新创企业是一个由人组成的机构，在极端不确定的情况下，开发新产品或新服务。

我认识到，这个定义中最重要的部分正是被省略的部分。这其中没有提及企业的规模、行业或经济领域。任何一个在极度不确定情况下开发新产品或新业务的人，都是创业企业家。无论他本人是否意识到，也不管他是身处政府部门、获得风险资本投资的公司、非营利机构，还是由财务投资人主导的营利性企业。

让我们看一下定义中的每个细节。“机构”这个词意味着官僚制度、流程细节，乃至缺乏活力。它们怎能见容于新创企业之中？然而，成功的新创企业内却充斥着与建立机构相关的各类活动：雇用有创造力的员工、协调他们之间的工作，建立以结果为本的企业文化。

我们总是忘记新创企业并不仅仅代表一种产品、一种技术突破或一个天才的设想，新创企业的意义比以上所有的总和还要多，它实质上是一个充满人类活动的企业。

关于“新创企业的产品或服务就是一种创新”的事实表述，也是定义中重要而微妙的一环。我更愿意使用一个广义的“产品”定义，它包含了把普通人转变为顾客的所有价值来源。顾客在和企业的互动中体验到的任何事或物，都应该被认定为公司的产品。无论是杂货店、电子商务咨询网站、咨询顾问服务，还是非营利社会服务机构，都概莫能外。在任何情况下，组织架构都要为顾客提供一种新的价值来源，并关注其产品对顾客的影响。

从广义上理解“创新”这个词也很重要。新创企业运用了各种各样的创新：崭新的科学发现，重新开发现有技术的新用途，发展新的业务模式、释放潜在价值，抑或仅仅是把产品或服务带到新的市场，或带给以往服务力度不够的顾客。凡此种种，创新都是企业成功的核心所在。

定义中还有一个重要组成部分：发生创新的大环境。而大部分企业，无论其规模大小，并没有处在这种环境中。新创企业注定了要在不确定的状态下打拼。如果照搬现有企业的商业模式、定价、目标顾客和产品样式来开办一家新公司的话，那它说不定是一项有吸引力的划算投资，但它成功与否仅仅取决于执行能力，而且这种成功的或然率是可以精确推断出来的，所以不能算是一个新创企业。（由于风险和不确定程度都比较明了，因此银行贷款员能评估其前景。这就是为什么很多小型公司能直接拿到银行贷款的原因。）

对在极不确定的严苛土壤中茁壮成长的新创企业来说，大多数管理工具并不适用。未来难以预测，顾客面前的选择越来越多，而改变的步伐又日益加速。尽管如此，不管是车库派的新创企业，或是大企业内的新创团队，很多还在使用标准的预测方式、阶段性产品目标和详细的商业计划来进行管理。

SnapTax的故事[①]

2009 年，一支新创团队决定尝试一项大胆的举措。他们想让纳税人从昂贵的税务服务中解放出来，把收集 W-2 表格信息的过程自动化。（W-2 表格是员工从雇主那里收到的汇总当年应纳税收入总额的凭单。）公司很快遇到了问题。尽管多数顾客的家中或办公室内就有打印机或扫描仪，但几乎

① SnapTax是由美国财务软件商财捷公司开发的简易报税软件，字面意思是“拍照报税”。——译者注

没人知道如何使用那些设备。经过和潜在顾客的无数次对话后，项目团队想到让顾客直接用手机拍下照片的点子。在测试这个想法的过程中，顾客提出了一个出乎意料的问题：是否可以在手机上完成"整个退税"的过程？

这件事做起来可不容易。传统报税需要顾客费劲地回答上百个问题，填写很多表格，还要准备一大堆文件。这支新创团队作了一个新的尝试，它决定先推出一个比完整报税产品的功能少得多的早期版产品。这个原始版本只针对退税情况非常简单的顾客，而且仅适用于加州。

顾客不再需要填写复杂的表格，新的产品让他们可以用手机拍下自己的W-2表格。根据这张表，公司开发了能收集归档大多数1040 EZ税表的技术。①相比传统报税带给人的一堆麻烦，这个称为SnapTax的新产品给人们提供了一次神奇的体验。从平凡的起步开始，SnapTax成长为一个新创企业成功的研究范例。2011年该产品在全美推出后，受到了用户的喜爱。软件在开始的3周内就被下载了35万多次。

这种了不起的创新正是你期待新创企业能带来的东西。

但是，听到这家公司的名字后，你可能会大跌眼镜。SnapTax是美国最大的财务软件商财捷公司（Intuit）开发的。财捷公司为个人和小型公司提供财务、税收和会计工具，拥有7 700名员工，年收入数十亿美元。它并非一个典型的新创企业。[2]

开发SnapTax的团队看上去也不符合传统创业者的形象。他们并没有在车库里边吃方便面边忙活，他们的公司也不缺少资源，团队成员的收入和福利一应俱全，他们每天踏进办公室上班，但他们的确是创业企业家。

这样的故事在普通的大企业中并不多见。不管怎么说，SnapTax与财捷

① 1040 EZ税表是申报个人收入最简化的报税单，适用于退税情况不复杂的纳税人。——译者注

的主力产品，全功能的TurboTax桌面软件直接竞争。①通常情况下，正如克莱顿 · 克里斯坦森（Clayton Christensen）在《创新者的窘境》中所描述的，像财捷这样的企业常会陷入这样一种情况：它们非常善于逐步完善现有产品，为已有客户服务，即克里斯坦森所说的“持续式创新”。但是企业在开发突破性的新产品上挣扎不已，而正是这种“颠覆性创新”才能制造出新的增长源头。

当我询问SnapTax项目团队的领导者“成功由何而来”时，他们的回答是这个故事中最值得回味的部分。他们是不是从公司外部聘用了明星企业家？没有，团队是在财捷公司内部组建的。高级管理层是否不断干涉他们的行动？要知道这可是很多公司中创新团队的克星。也没有，他们的上司开辟了一个“自由岛”，让他们尽情发挥。那么他们是不是拥有庞大的团队、高额预算和大笔的市场营销投入？统统不对，最初的小组只有5个人。

让SnapTax团队实现创新的不是他们的基因、运程或星座，而是一个由财捷公司的高级管理层刻意营造的流程。创新是由下至上、分散的、难以预测的东西，但这并不意味着无法对它进行管理。事实上，管理创新是可以做到的，但是它需要新的管理法则。不仅创业者需要掌握它来寻找下一个重大发明的灵感，而且支持、培养并要求创业者肩负责任的人也需要熟知它。换句话说，培养创业企业家是高级管理层的职责。在类似财捷公司这样的先锋企业中，如今会出现SnapTax这样的成功案例，正是由于企业认识到需要新的管理范式。这是经过多年沉淀后的领悟。[3]

七千人的精益创业

1983年，财捷公司的创始人，传奇创业家斯考特 · 库克（Scott

① TurboTax是一种电子报税软件，是财捷公司主要的软件产品之一。——译者注

Cook)，联手另一位创始人汤姆 · 普罗克斯（Tom Proulx）提出了一个大胆的想法，个人财务会计应该由电脑完成。当时，成功离他们还遥不可及；他们面对大量的竞争者，不明确的未来，以及初期极小的市场。十几年后，公司上市，旋即而来的是要抵挡来自行业大佬们的攻击，大家想必耳熟能详，这其中包括了软件巨头微软公司。财捷公司之所以能成为一家全方位的企业，“财富 1000 强”公司，在一定程度上要归功于著名的风险投资家约翰 · 杜尔（John Doerr）。现在，公司的主要部门提供了几十种占据市场领先地位的产品。

这是我们常常听到的创业事迹：一群失意者凑合在一起，最后终于赢得了名望、喝彩和财富。

时间快速闪回到 2002 年，库克正灰心丧气。他刚刚列出了 10 年来财捷公司推出的所有新产品的数据，得出的结论是大量投入只带来极少回报。简单地说，就是太多新产品以失败告终。从传统角度来看，财捷是一家管理得当的公司，但库克深挖了这些失败的根本原因，得出了一个难堪的结论：他和公司一直以来使用的管理模式，在解决现代经济环境中持续创新的问题方面无能为力。

到了 2009 年秋，库克已经在改变财捷公司的管理文化上倾注了好几年精力。他看到了我在精益创业方面早期的一些工作，于是叫我去财捷作一次演讲。在硅谷这可是求之不得的机会。我承认我很好奇。我才刚刚踏上探索精益创业之旅，还没有获得面临这种挑战的“财富 1000 强”企业的认同。

和库克以及首席执行官布莱德 · 史密斯（Brad Smith）的谈话开始让我想到，现代职业经理人要像风险投资家和车库创业派一样，为创业而奋斗。为了应对挑战，库克和史密斯回归财捷的本源，要把创业活动和甘冒风险的精神注入各个部门。

以财捷的主力产品之一TurboTax为例。它的销售大多集中在美国的税季，所以风格一度相当保守。一年之中，市场和产品团队只在税季之前推出一次主要的产品活动。现在他们在两个半月的税季中，测试500多种不同的改动。每周进行近70项不同的测试。团队可以在周四把一处改动放到网站上，在周末运行，到周一读取结果，周二一大早得出结论；然后于周四重建新的测试，并在周四晚在网站上公布新的版本。

正如库克所说，“哎呀，他们现在学到了很多东西。这么做是为了要培养创业企业家。只有一个测试时，你得到的不是创业者而是政客，因为你无论如何必须把仅有的东西卖出去。而如果有了100个好想法，你就要推销你的主张。那么，你建立的是一个政客和销售员共存的社会。当你进行了500个测试的时候，每个人的想法都能一一验证。那时你才能得到一些不断测试、学习、再测试、再学习的创业企业家，而不是一群政客。所以，我们用与高科技毫不相干的例子，比如这个网站的例子，在组织上下推行这种方法。每个公司都有一个网站。你不需要什么高科技来进行快速循环的测试。”

这种改变是艰难的。毕竟公司既要满足数量庞大的已有客户不断提出的服务需求，又要以持续稳定的增长回报投资人。

库克说：

> 它违反了一直以来人们在商业社会中的所学，以及领导者的所学。问题并不在团队或创业者身上。他们热爱把自己的心血结晶尽快推向市场的机会，热爱让顾客决定而不是让领导者决定的机会。真正的问题出在领导者和中层管理者身上，因为很多商业领导者是靠分析取得成功的。他们认为自己是分析师，他们的工作就是好好计划和分析研究，然后得出一个方案。

企业凭借早期创新产品占领市场领导地位的时间正在缩短。这种情况让最受保护的企业也不得不在创新上投资。事实上我认为，一家企业唯一持久的长期经济增长之道，就是用精益创业的技巧建立“创新工厂”，不断开发“颠覆式创新”。换言之，成熟企业需要考虑如何实现斯考特 · 库克在 1983 年完成的事情，只不过现在要在行业范围内，和一群沉浸于传统管理文化的成熟的职业经理人一起去做。

一贯特立独行的库克要我把想法付诸实践，于是我向 7 000 多名财捷员工作了一次同步直播的演讲。在这场演讲中，我解释了精益创业的理论，重复了我的定义：一个在极端不确定情况下的开发新产品和新服务的组织。

接下来发生的事情深刻烙印在我的记忆中。首席执行官布莱德 · 史密斯在我讲话的时候一直坐在我旁边。当我说完的时候，他站了起来，在财捷全体员工面前说，“伙计们，听着。你们已经听到埃里克对新创企业的定义了。它包含了三个部分，而我们财捷具备了‘所有这三个部分’，和这个定义刚好匹配。”

作为领导者，库克和史密斯认识到了管理思维中需要新的内容。财捷公司的实例证明了这种想法在大企业中是可行的。史密斯告诉我，他们用两个指标衡量其创新工作做得如何：使用 3 年内的新产品服务的顾客数量，以及 3 年内的新产品服务占总营业收入的比重。

在旧模式中，一个成功的新产品平均要花 5 年半时间才能取得 5 000 万美元的收入。史密斯告诉我，“去年，面市仅仅一年的新产品服务就创收 5 000 万美元。现在，它不只是单独的一项产品服务。它是一整套正在发生的创新活动，是为我们带来活力的东西。我们认为灭掉那些不能尽快产生意义的事，集中精力应对有意义的工作，可以让我们绕过阻碍找到捷径。”对财捷这样的大企业来说，这些只是普通的成绩，而且尚处早期。他们有几十年的传统系统和思维方式要克服。但在领导层采用创业管理的方法之后，成效回报开始显现。

领导者需要创造条件，允许员工们进行创业活动中需要做的实验。比如TurboTax的改变让财捷团队得以在每个税季进行500项测试。在此之前，即使有好想法的市场人员想作这些测试，也作不成，因为当时没有一个迅速修改网站的系统。后来公司投资开发了系统，提高了速度，才让这些测试的建立、部署和分析得以实现。

正如库克所说，“开发这些实验系统是高级管理层的责任；必须由领导层将之实现。它令领导者不再高高在上地同意或否决每个创意，而是将之注入企业文化和组织系统中，让团队以实验系统的速度前进并创新。”

第三章 学习

作为一名创业者，我最烦恼的是公司有没有朝着建立成功业务的方向迈进。同时，作为一个工程师出身的管理者，我在衡量工作进展时通常会考虑工作是否按计划进行、质量是否达到较高标准，以及成本是否在预算范围之内。

身为创业者多年以后，我开始怀疑这种衡量方法是否正确。万一我们发现自己开发的东西没人要怎么办？果真如此的话，我们是否按时、按预算开发出产品又有什么意义呢？每天下班回家，我唯一知道的事情就是这一天我又让大家忙碌了一番，还花了不少钱。我希望团队付出的努力能让大家向目标靠得更近些。如果我们最后选错了方向，那只能自我安慰说，至少我们学到了一些重要的东西。

很不幸，“学习”二字是书本里用以掩饰执行失败的惯用借口。它也是经理人无法兑现承诺时的救命稻草。创业者处于只许成功不许失败的压力之下，一旦需要说明学到了哪些东西，就会变得超级有创造力。我们这些人都能搬出一大堆故事，因为我们的工作、职业生涯、信誉都仰赖于此。

但是，对于那些跟随创业者跨入未知世界的员工，向创业团队投入宝贵金钱、时间和精力的投资者，或大大小小依赖创业革新生存的组织来说，学习是苍白无力的说辞。你无法把学习拿去银行，你没法用它投资或消费，你不能把它给予顾客或回报合伙人。如此说来，学习在创业企业和管理圈中名声不佳，又有什么好奇怪的呢？

但如果创业的根本目的是在极不确定的情况下建立组织机构，那么它最重要的功能就是学习。为了要实现愿景，我们必须明确我们的哪些策略是可行的，哪些是过激的。我们必须了解顾客真正需要的是什么，而不是他们自己说要什么，或者我们认为他们应该要什么。我们必须认清自己是否朝着可持续企业之路发展成长。

在精益创业模式中，我们要重建"学习"的概念。我将之称为"经证实的认知"。经证实的认知不是事后诸葛亮，也不是用于掩饰失败的好听说法。经证实的认知是说明新创企业进展情况的一种严格方式，而通常这些进展情况被极端不确定的企业成长环境所掩盖。它也是一个实证的展示过程，让团队发现新创企业当下和未来商业前景的真相。它更加切实、精确，而且比市场预测或传统的商业计划更快速。成功地执行一项无意义的计划是导致失败的致命原因，而经证实的认知则是解决这个问题的首要方法。

IMVU经证实的认知

让我以自己的职业生涯为例。很多人已经听我讲述过IMVU公司创立的故事，以及我们在开发第一个产品时犯的许多错误。现在我用其中一个错误来详细说明什么是经证实的认知。

参与IMVU创始的这群人都立志成为真正的战略思考者。由于我们每个人之前参与的企业都以失败告终，所以大家都极不愿意再次重复这种惨痛经历。我们一开始主要考虑的问题包括：应该开发什么东西？针对谁？我们能进入并称雄哪些市场？我们能创造出怎样的持久价值，不至于随着竞争而销蚀？[1]

出色的战略

我们决定进入即时通信（IM）市场。2004 年全球这一市场存在上亿的活跃消费者。但是大多数使用即时通信工具的顾客并没有为这类产品付费。美国在线（AOL）、微软和雅虎这些大型媒体或门户网站公司，为招徕顾客而不惜亏本运作即时通信网络，以此通过其他诸如广告之类的服务赚取一定收入。

即时通信是需要强大“网络效应”的市场例证。IM和大多数通信网络一样，被认为是符合麦特卡夫定律（Metcalfe’s law）的，即：一个通信网络的整体价值，约和这个系统用户数量的平方成正比。换言之，网络中的人越多，该网络的价值越高。单凭直觉想想这也是对的。对每个参与者来说，他可以和多少人交流决定了网络的价值。想象一下，在一个网络环境中，只有你的一部电话，它根本没有价值。只有当其他人也拥有电话时，这个网络环境才有价值。

2004 年，即时通信市场被当时主要的几家企业占据。三大IM网络控制了全部使用量的 80%以上，并且正在整合其获取的市场份额，挤占了很多小企业的利益。[2] 大家的共识是，如果不在市场营销上花费大笔资金，要把新的IM网络打进市场几乎是不可能的。

产生这种想法的原因很简单。因为网络效应的力量，IM产品的转换成本非常高。要从一个网络换到另一个，顾客必须要说服他的朋友和同事一起转换。这些对顾客来说的额外工作，造成了业者进入IM市场的阻碍：当所有顾客都在使用一个现有网络商的产品时，没有人会离开去搞独立大队。

IMVU公司制定的产品开发战略是把大众市场上传统的IM，和单位客户收益高的三维视频游戏及虚拟世界相结合。因为要把新IM网络打入市场几乎是不可能的，所以我们决定开发一个IM的附加产品，在现有的网络间运行。那么，顾客就可以选用IMVU虚拟物品和人像的交流技术，而无须改换IM供应商、适应新的用户界面，还有最重要的是，不需要挪动他那整班朋友。

事实上，我们认为最后这一点很关键。要使这项附加产品有用，顾客“必须”和他已有的朋友一起使用。他们的每次交流都会植入要求好友加入IMVU的邀请。这样，我们的产品就会通过现有的IM网络迅速传播开来。要达到这种病毒式增长，我们的附加产品能支持尽可能多的现有IM网络，并能在各种电脑上运行就非常重要了。

发布前的六个月

确定了这个策略之后，我和创业搭档们开始了一轮紧张的工作。作为首席技术官，我的众多职责之一便是编写软件，支持不同网络间IM的互通性。我们连续工作了几个月，投入大量时间，努力争取第一个产品的面世。我们给自己规定了在6个月，即180天的明确期限后推出产品，并吸引到第一批付费客户。这是一个要命的时间表，但我们还是下定决心要按时发布。

这个附加产品既庞大又复杂，我们不得不回避其中种种不确定部分，只求把它及时完成。我就这么说吧：第一版产品真是糟糕透顶。我们花费无数时间争论哪些漏洞需要修补、哪些可以暂且忍受，哪些功能可以不要、哪些必须要有。回想起来，那段时间既精彩又让人恐惧：我们对成功满怀憧憬，却又担心推出糟糕产品的后果。

从个人来说，我顾虑的是低质量产品将损害我作为一名工程师的声誉。别人会认为我不懂怎样开发出高质量的产品。而我们所有人担心的则是损害IMVU的品牌形象。不管怎么说，我们的软件产品是要向顾客收费的，但它却不过尔尔。我们想象着那该死的报纸头条会是：“笨蛋创业人开发差劲儿产品”。

随着产品发布日的临近，我们的恐惧感越来越强烈。在那种情况下，很多创业团队会向恐惧低头，推迟产品发布。尽管我理解这种冲动，但还好我们坚持住了，因为延期会让很多新创企业得不到所需要的反馈意见。之前的失败让我们更担心另一种情况：开发出的产品没人要。这要比推出差劲儿的产品更糟糕。因此我们牙一咬心一横，作好道歉的思想准备，面向公众推出了产品。

发布

接下来居然什么都没发生！我们白白担心了一场，因为没有一个人愿意使用我们的产品。最初我松了一口气，至少没人会发现这个产品有多烂，但很快，沮丧的心情占了上风。花了那么多时间争论需要哪些功能、修补哪些漏洞之后，原来我们的价值主张是那么不着边际，顾客还远未走到发现我们的设计有多蹩脚的那一步。因为他们根本就不下载我们的产品。

接下来的几个月里，我们专心提升产品质量。通过使用者的在线注册和下载，我们逐步取得了一批顾客。我们把每天的顾客视为一张新的成绩报表，了解我们工作的好坏。最后我们意识到该如何改善产品定位，使顾客至少会愿意下载。我们不断改进产品基础，每天提供漏洞修补和新的修正。然而，尽管竭尽全力，我们只说服了极少一部分人掏钱购买产品。

回想起来，我们当时的一个英明决定是在企业成立初期就设置了明确的收入目标。第一个月我们打算挣 300 美元。为此，我们发动了（好吧，是恳求了）很多朋友和家人。结果刚好达标。之后每个月我们小小的收入目标逐步提高，一开始是 350 美元，接着 400 美元。随着数字的增长，我们的困难越来越大。能动员的朋友和家人都动员了一遍；我们的失望之情渐增。产品每天都在改进，但顾客行为没有丝毫变化：他们就是不用。

无法提高销售数字的失败刺痛着我们，让我们赶紧把顾客请进办公室，和他们当面交谈并进行可用性测试。量化的目标激发了我们推行定性的调查，并让我们明确了想要问的问题；这种方式将会在本书中贯穿使用。

我希望我是那个发现错误并提出解决方法的人，但其实，我是最后一个承认有问题的人。总之，我们的整个市场战略分析完全错误。我们没有使用小组讨论或市场调查，而是通过试验实证地弄清了这一点。顾客无法告诉我们他们想要什么；毕竟大多数人从未听说过三维虚拟人像。在我们奋力改进产品的过程中，顾客以其实际行动，或按兵不动向我们揭示了真相。

与顾客交谈

绝望之中，我们决定和一些潜在顾客谈谈。我们把他们请进办公室，对他们说，“试试这个新产品吧。它叫IMVU。”如果对方是个经常使用即时通信工具的年轻人，或是技术新派，他就会和我们说到一起去。相反，如果对方属于那种主流人群，他的反应通常是，“好吧，你究竟要我做什么呢？”和这样的人简直是鸡同鸭讲，他们觉得IMVU实在太古怪了。

想象一下，一个17岁的女孩子坐在我们办公室里使用我们的软件。她选择了虚拟像，一边琢磨着要把“自己”打扮成什么样子，一边对我们说，“哦，这挺好玩的。”于是我们说，“好了，现在可以下载即时通信的附加软件了。”她会问，“那是什么？”

“嗯，是一个在即时通信客户间跨系统运作的软件。”她看着我们想了想，“从来没听说过，我的朋友们也没听过。你干吗要我用那个？”接下来就是一轮漫长的说服工作，因为即时通信附加软件这类产品并不在她的认知范围内。

不过既然她就在我们的办公室里，我们终于说服她试一下。她下载了产品，于是我们说，“好了，现在可以邀请一个朋友聊天。”她马上说，“这不行！”“为什么不行？”我们问道。“我还不知道这东西酷不酷，你就要我冒冒失失地随便请个朋友聊天？他们会怎么看我？”她说，“如果这软件很烂，他们会觉得我很蠢，不是吗？”我们解释说，“不会的。一旦你请一个朋友一起聊，会很好玩的。这是一个‘社交’软件。”她满脸怀疑地瞪着我们，你就知道这表示没戏了。当然，第一次碰到这种场面的时候，我会说，“没事，就她一个人纠结嘛，让她走好了，帮我再找一个。”接着第二个顾客来了，同样的事情又发生一遍。你开始看清形势，不管你多固执，也知道一定是哪里出了问题。

顾客不断提到，“我想自己用一下。我要先试试这个软件好不好用，再来邀请朋友加入。”我们的团队是视频游戏行业出身，所以明白这话的意思：顾客要单人游戏模式。所以我们开发了一个“单人游戏”版本，又把新一批顾客请来办公室。他们像以前的顾客一样自定义虚拟像，下载了软件。接着进入单人游戏模式，我们会说，“用用你的虚拟像，给它打扮一下，尝试一下它能做的各种动作。”然后说，“不错，这些是你自己做的，现在可以邀请一个朋友一起来。”你可以看到顾客的反应。他们会说，“那不行，这不够酷。”我们就回答，“是啊，我们告诉你了这样不够好玩！一个人用社交软件有什么好玩的？”瞧，我们以为听取了顾客意见就能峰回路转，可是顾客对我们的产品仍然不买账。他们会瞧着我们说，“听着，伙计，你不明白，在我不知道这东西靠不靠谱之前，我干吗要邀请朋友一起来？”这简直是彻底的失败！

在绝望中，我们开发了一个称为ChatNow（意为“即时聊”）的功能，用户任意按键就能随机和全世界任何地方的人配对在线聊天。这两人唯一的共同点就是在同一时刻按了键。突然之间，人们在客户服务测试中评价说，“哦，这个好玩！”

所以我们把他们邀请到办公室来使用ChatNow。他们可能在使用过程中遇到一些觉得对胃口的人，于是他们说，“嘿，那老兄不错，我想把他加到我的好友名单中。我的好友名单在哪里？”我们说，“哦，不用，你不需要一个新的好友名单。用你常用的AOL好友列表就行了。”要知道，这正是我们计划中想要实现的网络操作兼容性，它可以达成网络效应，并实现病毒式增长。想象一下顾客望着我们问道，“那你到底要我做什么？”于是我们说，“只要把你的AIM网名给他，①就可以把他加到好友名单中了。”这时他们都会瞪大了眼睛，“开玩笑吧，把一个陌生人放在我的AIM好友名单里？”我们常常这样回答，“是啊，要不然你就得下载一个新好友名单的IM客户端了。”而他们会说，“你知道我现在已经有多少个IM客户端吗？”

“不知道。大概一两个？”我们办公室的这帮人通常只用这么多。而那些十几岁的顾客会说，“切，我有八个。”我们根本就不知道全世界到底有多少使用即时通信的人。

我们之前有一个错误的概念，就是学用新的软件很难，而且把朋友挪到另一个新的好友名单很麻烦。而顾客的反应却并非如此。我们想要在白板上画一幅图，显示我们的战略有多么出色，但顾客却直接无视网络效应和转换成本这些概念。如果我们企图跟他们解释为什么他们应该按照我们预期的那样去做，他们只会对我们困惑地摇摇头。

我们对顾客如何使用软件的思维模式已经落伍了。在几十次这样的会面后，我们最终痛苦地得出结论，IM附加软件的概念存在本质问题。[3]

顾客们不需要一个IM附加软件，他们要一个独立的IM网络系统。他们不认为学用一个新的IM程序是障碍；相反，我们早期的顾客同时使用好几个IM程序。他们并没有因为要把好友带到新IM系统上而吓倒，相反，他们对这种挑战很有满足感。更令人惊讶的是，我们认为顾客会主要在现有朋友圈中使用IM虚拟像，这种假设是错的。他们要结交新的朋友，而三维虚拟像的使用特别适合这种场合。顾客就这样一点一点地把我们最初看上去精彩的战略批得体无完肤。

---

① AIM是美国在线（AOL）旗下的即时通信软件。——译者注

心血付诸东流

也许你会同情我们的遭遇，谅解我的固执。不管怎么说，要被抛弃的是我先前花了几个月完成的工作。我费尽心力开发的软件，让我们的程序能在各类即时通信网络之间运行，这本是最初战略的核心所在啊。当到了要转型调整、放弃原有战略之时，我所有的工作几乎都付诸东流，那可是几千行的代码啊。被出卖的滋味油然而生。我是最新软件开发方式（合称为敏捷软件开发）的忠实拥趸，这种方式本应有助避免产品开发过程中的浪费，尽管如此，我却犯了最大的浪费问题：开发了一个顾客拒绝使用的产品。这才真是令人沮丧不已！

我不由得想，鉴于我的工作最终变成一次对时间和精力的浪费，那么在过去的六个月里，我还不如躺在沙滩上啜一口鸡尾酒，也许对公司来说也没什么损失。真需要我这个人吗？如果我什么都不做岂不更好？

就像我在本章开头时提到的，当人们痛苦地要为自己的失败寻找理由的时候，总有那么最后一招。我安慰自己说，第一个产品不管是不是个错误，如果没有开发它，我们就不会掌握对顾客的这些重要认知，也不会知道我们的战略有缺陷。这个借口有些道理：早期关键几个月中的所学所知，把IMVU领上了最终获得突破性成功的道路。

在一段时间里，用“学习”这种慰藉令我稍加释怀，但放松是短暂的。最困扰我的问题是：如果那几个月的目标是要获得关于顾客的这些重要认知，为什么我们耗费了如此长的时间？在这些必须学得的重要经验教训上，我们做了多大努力？如果我没有一门心思地关注如何增添功能、修补漏洞、把产品做得更好，我们是否能更早认识到那些经验教训？

价值VS浪费

换言之，我们的努力有多少创造了价值，有多少被浪费了？这个问题是精益生产的核心所在；这是所有精益生产拥护者被教会提出的第一个问题。学会预见到浪费所在，并有系统地排除它们，让丰田这样的精益企业称雄全行业。而在软件圈子里，在精益想法形成之前，敏捷开发方法论是用来杜绝浪费的，它也一直是我所奉行的。

但是我所在团队的大部分努力都付诸东流，这件事令我对那些方法非常失望。这是为什么？

接下去的几年，我慢慢找到了答案。精益的思维方式把价值定义为“向顾客提供利益”，除此之外的任何东西都是浪费。在制造行业中，只要产品能正常工作，顾客们并不介意它是如何组装的。但在新创企业中，谁是顾客、顾客认为什么东西有价值都是未知数。而这种极端不确定性，正是新创企业定义中的一个重要部分。我认识到，作为一家新创企业，我们需要一个新的价值定义。IMVU取得的真正进步是我们在最初几个月中学到的：什么为顾客创造了价值。

在这几个月中，我们所做的若和学习认知无关，便是一种浪费。有没有可能少花一点力气学到一样的东西？当然是有可能的。

就说一件事，想想所有耗费在产品功能特性、工作优先排序上的争论，而最终顾客根本没去体验。如果早些推出产品，我们就可以避免那些浪费。再想想由于错误的战略假设而造成的所有浪费，还有，我为十几种不同的即时通信客户和网络开发了系统互通。为了测试我们的战略假设，这么做真有必要吗？只完成一半数量的网络互通是不是也能获得相同的顾客反馈？只覆盖三种网络行吗？只做一种又会怎样？既然所有即时通信网络的顾客都认为我们的软件毫无吸引力，那么我们学到的教训其实是一样的，但花的力气原本可以少得多。

我们的软件真的需要支持即时通信网络吗？这个问题令我夜不能寐。如果我们什么都不开发，有没有可能发现当初假设中的错漏？举例来说，如果在产品开发之前，我们就让顾客有机会下载仅含基本功能的软件，这个办法行得通吗？要知道，几乎没有顾客愿意使用我们最早的产品，所以就算我们无法实现预期，也用不着向很多人致歉。（要注意这和询问顾客他们想要什么不同。大多数时候，顾客事先并不知道他们想要什么。）我们原本可以先做个实验，提供顾客使用新品的机会，然后评估他们的行为。

这种想法困扰着我，因为它动摇了我的工作性质。作为产品开发的领头人，我以为自己的工作是确保及时开发出高质量的产品和功能。但如果大部分功能都是浪费时间，那我到底该做些什么？如何避免这种浪费？

我逐渐相信，学习是新创企业进步的重要部分。了解顾客所需之外的任何努力都可以不要。我把这种学习称为“经证实的认知”，在新创企业的核心衡量标准中，它总是显示为积极的改善结果。正如我们所见，你很容易自以为清楚顾客想要什么，也很容易在折腾了一堆东西后发现它们毫无意义。因此，经证实的认知必须要以从真实顾客那里收集到的实证数据为基础。

从何证实？

我担保任何在新创企业过程中失败的人，都会声称自己从这个经历中学到很多东西，他们都有令人信服的故事可说。从IMVU到目前为止的故事中，你可能已经注意到缺了些东西。尽管我自称在早期几个月里，我们学了很多，各种经验教训让我们最终走向成功，我却还没有提供支撑这个故事的任何证据。事后来看，这说起来容易，听上去可信（你会在本书后面的部分看到一些证据），但想象一下，IMVU在最初几个月中要试图说服投资人、员工及家人，最重要的是说服自己：我们没有虚耗时间和资源。那时我们何以为证？

我们的失败故事固然有趣，我们关于做错了什么、该做什么来开发一个更成功的产品的理论也颇值得回味。但直到把这些理论付诸实践，随后开发的产品有了真正的顾客、取得了出色的成绩后，我们才有了有力的证据。

接下来的几个月才是IMVU真实故事的开始。没有精彩的假设、战略、白板上的策划分析花招，只有对顾客真实需要的探求，以及调整产品和战略去迎合这些需要的种种艰苦工作。我们认为，我们的工作就是要让企业愿景和顾客接受度相匹配。这并非向顾客自以为需要的东西让步，亦非告诉顾客他们应该要什么。

更好地了解顾客后，我们就能改进产品了，业务的基本衡量指标也随之相应产生了变化。在早期，尽管我们下了很大工夫改进产品，但衡量指标还是顽固地停滞不动。我们把每天新增的顾客当成新的成绩报表，监测有下载和购买产品行为的新顾客百分比。尽管产品改进不少，但每天购买产品的顾客数量都差不多，而且，这个数字几乎等同于零。

但是，当我们改变了原来的战略后，事情开始变化。有了一个出色的战略，我们开发产品的工作神奇地变得更有效率，这并不是因为我们更加努力，而是对照顾客真实所需，更聪明地工作。衡量指标的积极变化成为一种量化的证据，说明我们学到的东西是真实的。这点至关重要，因为我们让所有利益相关者，包括员工、投资人和自己看到了真正的进展，而非自欺欺人。这也是正确看待新创企业生产力的方式：并不在于我们开发了多少东西，而在于我们的努力换来多少经证实的认知。[4]

举例来说，在某个早期实验中，我们更改了整个网站、主页和产品注册流程，用“虚拟像聊天”替换了“三维即时通信”。根据这两个网站版本，新顾客被自动分成两组：一半人看到原网站，另一半人看到实验网站。我们因此得以衡量这两组人的不同行为。实验组的人注册产品的可能性不仅更高，而且更有可能成为长期付费用户。

但是，我们也有不少失败的实验。在某个阶段，我们认为顾客不明白产品的众多优点，所以不愿使用。我们想尽办法，甚至花钱请客户服务代理担任新顾客的虚拟参观向导。但悲剧的是，得到VIP待遇的顾客并没有变得更活跃，或成为付费用户。

就算放弃了IM附加产品战略后，我们还是用了几个月才弄明白为什么这个战略不成功。在转型和多次实验失败之后，我们终于得到这样一条启示：顾客想用IMVU在网上结交“新”朋友。他们凭直觉抓住了我们慢慢才认识到的道理。已有的所有网上社交软件都是围绕顾客的真实身份，但是IMVU的虚拟人像技术非常独特，适合帮助人们在网上结识，但不用顾虑身份会被盗用或其他安全隐患。这个前提假设一经确立，我们的实验就更有可能取得正面的结果。我们发现每次改进产品，让顾客能更容易地找到并保留新朋友时，他们就更加投入。这才是真正的新创企业的生产力：有系统、有步骤地找到要开发的正确东西。

以上例子只是我们周复一周做的几百个实验中的几个，我们开始了解到哪些顾客会使用产品、为什么会使用。每得到一点认知，就表示又有新的实验要做，由此逐步把衡量指标一步步推向既定目标。

零的愚勇

IMVU尽管获得了早期成功，但我们的总收入还是很低。以衡量企业的传统方式来看，这种情况相当危险。但讽刺的是，比起有少量营业额的情况，在零收入、零顾客数、零进展的状况下，更容易筹到资金或寻求其他资源。因为“零”让人有遐想空间，而低收入则令人质疑，不知道高收入能否实现。每个人都知道，或以为自己知道产品一夜成名的故事。只要产品还没推出，数据尚未收到，那么幻想一下未来的成功也未尝不可。而半死不活的低收入则给希望当头泼上一盆冷水。

这种现象激发了一个非理性的观点：推迟数据收集，直到确认能取得成功。当然，正如我们看到的，这种延误造成的消极效果是大量工作的浪费，重要反馈信息的减少，企业开发出无人想要的产品的风险剧增。

然而因为上述观点的存在，马上发布产品然后坐等天上掉馅饼也不是个好计划。当我们创办IMVU时，却忽视了这一点。最早的投资人和顾问认为，先有一个每月300美元的收入计划着实不错。但几个月后当我们的收入在每月500美元左右徘徊的时候，有些人开始丧失信心了，其中有我们的顾问、员工甚至其配偶。事实上，曾经有一些投资人非常认真地建议我们把产品撤出市场，转入暗中秘密开发。还好，随着我们把获得的认知结合到产品开发和营销努力中，开展转型和实验，我们的收入开始提升。

可是数字增加得并不多！一方面，我们的增长模型看上去开始像典型的上升曲线图了，但另一方面，图表上的数据每个月只上升几千美元。这些早期图表尽管看着不错，但它们本身并不足以挽回我们在之前失败中丧失的信心。同时，我们缺乏“经证实的认知”的表述语言提供思想理念，重振士气。所幸当时一些投资人理解这一点的重要性，不拘泥于收入数字，而看到了我们取得的真正进展。（你会在第七章看到他们的图表。）

因此，我们用经证实的认知来减少对零的无畏造成的浪费。我们需要展示的是，如何不受诱惑，摆脱那些虚荣浮夸的指标，不粉饰太平吹嘘自己多么成功，而要凭我们在产品开发上的努力，走向巨大成功。我们当然可以使用一些营销招数，比如购买“超级杯”总决赛中的广告，或用花哨的公关手段渲染一下我们的总收入水平。虽然这会让投资人看到增长的假象，但它仅仅是暂时的。最终，公关上的热闹会褪去，胜出的是业务的根本特质。要是我们把宝贵的资源浪费在追求戏剧效果而不是争取实质进展上，这才是大麻烦。

在销售了6 000万个虚拟像之后，IMVU的表现依旧强劲。它带来的不仅是一个出色的软件产品，一支优秀的团队，大有前途的财务业绩，更是一整套衡量新创企业发展的新方法。

IMVU之外的启示

自从斯坦福大学商学院根据IMVU早年情况撰写了一份正式研究后，我有很多机会把IMVU的故事作为一个商业案例进行讲授。[5]这个案例现在是哈佛商学院等好几个商学院创业课程中的一部分。我也兼任哈佛商学院常驻创业企业家。同时，我还在很多研讨会、讲座和大型会议上讲述过这些故事。

每次当我讲授IMVU的案例时，学生们都非常执著地关注故事中展现的策略技巧：开发一个低质量的早期原型，从第一天起就向顾客收费，以及用低收入目标作为驱动责任的方法。这些确实是有用的技巧手段，但却并不是故事的寓意所在。凡事总有例外，比如并不是每类顾客都能接受低质量的原型产品。如果学生们持怀疑态度，他们会争论说这些技巧之所以可行，仅仅因为IMVU是一家软件公司，从事消费者互联网业务，产品是非关键业务应用。因此，它们并不适合学生自己所处的行业或状况。

以上总结的那些技巧并非特别有用。精益创业不是各种技巧的合成，而是新产品开发的方法原理。只有理解了可行方法的根本原理，那些技巧手段的推荐才有意义。我们会在后面几章中看到，精益创业模式已经广泛运用到各行各业：制造业、清洁技术、餐饮甚至洗衣业。IMVU故事中的技巧可能适用于你的业务，也可能不适用。

取而代之的方法是学着把各行业中每个新创企业视为一次大型实验。问题不是“这项产品能开发出来吗”，在现代经济中，几乎每件想象得到的产品都能被开发制造出来。所以更贴切的问题是“需要开发这个产品吗”和“围绕这一系列的产品和服务，我们能建立一项可持续的业务吗”。要回答这些问题，我们需要一种方法，系统地把商业计划分解成其基本的组成部分，并且实证地测试每个部分。

换言之，我们需要科学的方法。在精益创业的模式中，新创企业要做的每件事，包括每种产品、每项功能、每次营销活动都被视为一次实验，用来获取“经证实的认知”。我们会在第四章里看到，这种实验的方法通用于各行业各部门。

第四章　实验

我碰到过很多新创企业都在费劲儿地寻找以下诸多问题的答案：如果得到了顾客意见，我们应该如何取舍？有待开发的众多功能中，应该如何确定优先顺序？哪些功能对产品开发至关重要，哪些是次要的？产品的哪些改变不会有问题，哪些会惹恼顾客？哪些做法虽然能取悦眼前的顾客，但长远来说却得不偿失？我们接下来该做什么？

如果创业团队的计划是“先推出产品，再来看会发生什么情况”，他们很难回答这些问题。借用耐克的一句著名口号，这些人是“想做就做”的创业者。[1]很不幸，如果他们的计划是“看看会发生什么情况”，那么准保成功，因为他们一定会看到发生的情况，但却并不一定能获得证实的认知。这是科学方法中的重要一环：如果你无法失败，就学不到东西。

从点金术到科学

精益创业方法论重新构建了新创企业的工作，它用实验测试战略，观察哪些方面是高明的，哪些是疯狂的。一项真正的实验运用的是科学的方法：在一个清晰的假设前提下，预测将要发生的事件，接着再用实证法进行验证。正如科学实验是以理论为基础，新创企业的实验则由其愿景为指引，每个实验的目标都是为了要建立一项围绕愿景的可持续业务。

胸怀大志，从小处做起

全球最大的网上鞋店Zappos的年收入总额超10亿美元。它被认为是全球最成功、最以客为尊的电子商务公司之一。但最初的情况并非如此。

当时，还没有哪家网站集中出售各种鞋类，Zappos的创始人尼克·斯威姆（Nick Swinmurn）对此相当不满。于是，他构想了一种新的独特零售体验。斯威姆原可以等得再久些，坚持测试一个完整的网站，全面涵盖仓储、分销伙伴支持，并提供大减价等。毕竟很多电子商务先驱都是这么做的，虽然其中不乏惨痛的失败案例，比如网上超市Webvan和网上宠物用品店Pets.com。

然而斯威姆并没有那么做，他从实验网站开始运行。他的前提假设是顾客已经就绪，并愿意在网上购鞋。为了证明这个假设，他询问本地的鞋店是否能让他为店里的库存产品拍照。为了获得拍照许可，他承诺会把照片放在网站上，如果网上有顾客要买这双鞋，他就会代客以全价从这家店里买下这双鞋子。

Zappos最初的产品很少也很单一。它只回答一个最根本的问题：市场对独特的网上购鞋体验有没有足够的需求？但Zappos开展的这种新创企业实验计划周详，所测试的并不仅是商业计划中的一个方面。在验证首要前提的同时，也一一测试了其余假设。要售卖鞋子，Zappos必须和顾客互动交流，从收取货款、处理退货，到客服支持。这和市场调研截然不同。如果Zappos依赖已有的市场研究或调查形式，它就可能会问：顾客认为他们想要什么。而Zappos所做的是先建立网站，尽管规模很小，但企业还是从中获益良多：

1. 它获得了更精确的顾客需求数据。因为它观察到真实的顾客行为，而不是通过提出假设性问题来估计。

2. 它站在一个和真实顾客互动交流的位置上了解顾客的要求。比如说，原本的经营计划可能需要涉及折扣定价，但是顾客对打折产品到底有何看法？
3. 它可以意外发现一些突如其来的顾客行为，一些以前可能没想到的问题。比如，该怎么处理顾客退货？

Zappos的初期实验得出了一个清晰的、量化的结论：不在网上购买鞋子的顾客数量固然很多，但会在网上购买鞋子的顾客也不少。同时，实验让企业观察到真实顾客与合作伙伴，与他们互动并且了解他们。这些定性认知和量化测试相辅相成。尽管Zappos早期的投入规模相当小，但这并不妨碍它最终大展宏图。2009年，Zappos被电子商务巨头亚马逊网站（Amazon.com）收购，据报道收购价为12亿美元。[2]

为了长期改变，立即进行实验

卡洛琳·芭琳（Caroline Barlerin）是惠普公司全球社会创新（global social innovation）部门的总监。惠普是一家拥有30万员工，年收入超1 000亿美元的跨国企业。卡洛琳是一位社会创业企业家，领导全球的社区活动，动员更多惠普员工充分利用公司的志愿者政策。

公司鼓励每位员工每周可以用长达4个小时的工作时间，在其社区提供志愿服务。这种志愿活动可以是任何形式的慈善工作，比如粉刷围栏、建造房屋，或者在公司事务之外运用与工作相关的专业技术，提供免费的专业服务。卡洛琳关注的是鼓励员工从事那些与专业技能相关的志愿工作。凭借惠普自身的人才和价值，所有员工联合起来的力量足以产生积极的社会效应。比如一位设计师可以帮助一家非营利机构制作一份新的网站设计，而一组工程师就可以帮助一所学校接入互联网。

卡洛琳的项目才刚刚起步。很多员工并不知道公司还有这样的志愿者政策，只有极少一部分人那么做。但是大多数志愿工作是影响力较低的活动，就算志愿者本人是技能娴熟的专才，他们做的也只是体力劳动。卡洛琳的想法是发动公司的几十万员工，把他们转变为推动社会福祉的力量。

在世界各地的企业中，这样的企业活动每天都在发生。相比传统的定义或者我们在电影中看到的，它看上去并不像一个新创企业的样子。但是我希望，第二章中的讨论已经提示你对这种情况抱有一点怀疑。我们会用精益创业的架构来分析这个项目。

卡洛琳的项目面临着极大的不确定性：在惠普，从来没有这样大规模的志愿者活动。她到底有没有把握了解员工不做志愿工作的真实原因？最重要的是，对于改变公司在170多个国家中几十万名员工的行为这回事儿，她到底知道多少？卡洛琳的目标是要激励员工“把世界变得更美好”。这样看起来，她的计划宏大，却充斥了各种未经证实的假设。

依据传统的管理实践，卡洛琳花时间制订计划，争取各部门和其他经理的支持，并准备了一个18个月的前期项目详细活动方案。她还制订了一个包含衡量指标的责任框架，以便确保4年后该项目在公司内如期产生影响。她和很多创业者一样，拥有一个宗旨明确的商业计划。但尽管做了所有这些工作，她只是取得了一次性的成绩而已，至于她的抱负能否施展却远未可知。

比如，第一个假设是，企业长期以来的价值观中包含了改善社区的信念，但是近期的经济困境导致在公司内部形成了关注短期盈利的战略重点。也许老员工们会希望通过志愿工作回报社区，重新体现他们的价值。第二个假设可能是，员工会觉得这样做更有满足感，因此更能不断地把他们真正的工作技能应用到志愿者工作中。这样，员工就会代表企业，试图在其投入时间的社区工作中产生更大的影响力。除此之外，在卡洛琳的计划中还潜藏了很多实际的假设，比如员工花时间做志愿者的意愿，他们的信念和渴求的程度，以及把信息传播给其他员工的最佳方式。

精益创业的模式立刻提供了严格彻底测试这些假设的方法。战略计划要花费几个月时间完成，而这些实验却可以马上执行。从小处做起，卡洛琳的憧憬不会被埋没，还可以防止一路上大量的浪费。

化整为零

第一步要做的是把大的愿景分解成一个个独立的部分。我把创业者最重要的两个假设称为价值假设和增长假设。

“价值假设”（value hypothesis）衡量的是当顾客使用某种产品或服务时，它是不是真的实现了其价值。员工感到捐献他们的时间是否有价值的指标是什么？我们当然可以调查收集他们的观点，但由于大多数人很难客观地评估自身感受，所以结果可能不怎么准确。

而实验可以提供更精确的评估。什么能马上体现出参与者从志愿工作中获取的价值？我们可以寻找机会让少量员工参加志愿工作，接着看看他们的保留率，其中有多少人再次报名？当员工自愿在这项工作中投入时间和注意力时，这就是一个有力的指标，证明员工觉得自身的工作是有意义的。

“增长假设”（growth hypothesis）是用来测试新顾客如何发现一种产品或服务的。我们也来作个类似的分析。一旦志愿项目确立并运作起来，怎样在员工中传播，从早期少数参与者发展到公司上下的大规模参与？这个项目较可能的扩大方式是病毒式增长。如果想法正确，最重要的衡量指标就是员工行为：早期的参与者会积极地把情况介绍给其他员工吗？

这种情况下，可以做一个小型实验。挑选一些老员工，可能十几个就够了，然后向他们提供一个特别的志愿机会。因为卡洛琳认为，员工希望遵循并实践惠普服务社区的传统信念，而志愿工作将推动他们的积极性，所以，实验针对的目标对象会是那些强烈感受到日常工作与企业宣扬的价值观脱节的员工。实验的意义不在于找出普通顾客，而是要找到“早期使用者”：就是那些最迫切需要产品的人。他们对错误更容易谅解，而且渴望提供反馈意见。

接着运用的技巧我称之为“贵宾式最小化可行产品”（concierge minimum viable product，具体细节在第六章讲述）。卡洛琳可以完全按照她对未来的构想，尽其所能给最早的参与者提供一次良好的经历。和小组座谈会不同的是，她的目标将由顾客真实的行为来衡量。举例来说，第一批志愿者中有多少人真正完成了他们的工作？多少人再次参加？多少人愿意在接下来的志愿活动中招募同事一起参与？

更多的实验可以进一步扩展早期取得的反馈和认知。比如，增长模式中要求有一部分参与者和同事分享经历，并鼓励同事参与，那么即使样本人数很少，但相关行为的发生程度还是可以得到验证的。如果有 10 个人完成了第一次实验，我们预期多少人会再次参与？如果要求他们每人招募一位同事，我们预期有多少人会这样做？要记得，这些人本是早期参与者，从项目中获得的体验经历是最好最多的。

另一种情况下，如果 10 个早期参与者全都不愿意再次参与志愿工作该怎么办？这是一个非常消极的结果，但很能说明问题。如果早期实验中得到的数据看上去没有希望，那么很明显就是基本战略出了问题。但这并不意味着到了放弃的时候。恰恰相反，它意味着是时候马上获取如何改善项目的定性反馈。这就是此类实验比传统市场研究所具有的优势。我们不需要作一般意义上的调查，或找新的人员来访谈。我们早已有了能与之交谈，并了解其真实行为的一群人：他们就是初期实验的参与者。

整个实验可以在几周内完成，时间跨度不到传统战略规划流程的十分之一。它也可以与战略规划同时进行。即便实验结果是负面的，这些失败也有建设性的启示，从而影响战略的制定。举例来说，企业价值和员工愿望原本是项目计划中至关重要的一条假设。但要是由于人们在组织中经历着价值冲突，组织因而找不到志愿者怎么办？如果是这样，那么恭喜你，是时候考虑转型了（转型这个概念会在第八章中详细阐述）。[3]

实验也是产品

在精益创业模式中，实验不仅只是理论上的探寻，也是第一项产品。如果实验是成功的，经理人就可以开展他们的活动：招募早期使用者、增加员工从事深入或重复的实验，最终着手开发产品。到了该产品可以大范围推广之时，顾客群也已经建立起来了。实验可以解决真实的问题，对应该开发什么产品提供详细的规格说明。与传统战略规划或市场研究不同的是，这些规格说明根植在“今天哪些东西有用”的反馈中，而不是对“将来哪些东西有用”的预测。

看一下现实中柯达的例子。柯达的历史与相机和胶卷紧密相连，不过今天它也经营着一项重要的网上业务，称为“柯达影廊”（Kodak Gallery）。马克 · 库克（Mark Cook）是柯达影廊的产品副总裁，他正致力于改善柯达影廊的产品开发文化，为其注入实验的概念。

马克说，“过去，产品经理说‘我就是要这个。’工程师会回复，‘我会把它开发出来。’而现在，我会要求团队成员先提出以下 4 个问题：

1. 顾客认同你正在解决的问题就是他们面对的问题吗？
2. 如果有解决问题的方法，顾客会为之埋单吗？
3. 他们会向我们购买吗？
4. 我们能够开发出解决问题的方法吗？”

产品开发的常见倾向是直接跳到第 4 个问题，在确认顾客真有问题之前就去开发解决方案。比如，柯达影廊在网站上提供有装饰文字和图片的婚庆卡片。这些设计在将要结婚的顾客中非常受欢迎，进而项目团队重新设计了卡片，用于其他诸如度假的特殊场合。市场研究和设计流程显示，顾客应该会喜欢这类新的卡片。这一发现令公司对于新产品的大量产品开发投入显得合情合理。

产品上市前几天，项目团队才发现，从网站上的产品描述来看，这些卡片太难以理解；人们看不到它的美妙所在。另外，要制作卡片也很麻烦。库克意识到，他们的工作方向弄反了。他说，“在我们弄明白如何销售和制作产品之前，不值得投入任何工程开发的时间。”

库克从这个经历中汲取教训，采取不同的方法，和团队仔细检查了新开发的一系列功能。新的功能使人们能更方便地分享在活动中拍摄的照片。大家相信，一个网上的“活动相册”可以为参加婚礼、大型会议等各种聚会的人们提供与其他参与者分享照片的方式。和其他网上照片共享服务不同的是，柯达影廊的活动相册有严格的隐私保护措施，确保照片只在参加相同活动的与会者之间交流。

在与旧方法划清界限的过程中，库克带领团队在开发任何产品之前，先认清风险和假设，然后用实证的方式验证那些假设。

计划中的活动相册以两个主要假设为基础前提。

1. 项目团队认为，顾客会想要创立相册。
2. 项目团队认为，活动参与者会把照片上传到由朋友或同事创建的活动相册中。

柯达影廊团队开发了一个简单的活动相册原型。它的功能很少，少到项目团队都不情愿将它展示给顾客。但即便是在这样的早期阶段，让顾客使用产品原型仍帮助团队证明了原来的假设是错误的。首先，创建相册并不像他们预期得那么容易，没有一个早期顾客能创建起一个新相册。而且，顾客抱怨这个早期产品缺少很多重要功能。

这些消极结果让团队大失所望。产品可用性的问题固然令人沮丧不已，顾客对产品功能缺失的抱怨同样让他们灰心，要知道很多缺失的功能本来是列在产品的计划方案中的。但库克解释道，虽然产品的功能还不全，但项目本身却没有失败。早期产品尽管有缺陷和其他种种问题，可它确认了用户的确对创建活动相册跃跃欲试，这是一条非常有价值的信息。顾客们抱怨产品功能缺失，正说明了团队的开发方向是正确的。团队成员如今有了初步证据，显示这些功能确实重要。而那些列在产品设计方案中，但没有被顾客提及的其他功能该怎么处理？也许，它们并没有最初想象得那么重要。

通过发布产品公测版，项目团队继续学习、反复实验。早期用户充满热情，使用者的数量也大有改善，而团队则有了一个重要发现。通过网上调查工具KISSinsights，大家发现很多客户在邀请其他人提供照片前，希望自己能给照片排序。当意识到发布产品时机尚未成熟之时，库克阻止了他的部门总经理，向他解释在营销活动开始前，不断重复和实验能产生更好的结果。在一个通常提前几个月就定好产品发售日的商业环境中，等待项目团队真正解决了问题再来发布产品的做法，是对过去传统方式的一大突破。

以上描述了柯达影廊发生的显著改变。员工的表现曾经一度是由工作完成的进展来衡量的。但如库克所说："成功不是实现一项产品功能；成功是学会如何解决顾客的问题。"[4]

乡村洗衣服务

在印度由于价格原因，只有不到7%的人口在家中拥有洗衣机。大多数人要么在家里手洗衣物，要么付钱让洗衣工来洗。洗衣工把衣服拿走，到附近的河边用河水清洗，在石头上敲打衣服去污，然后挂起来晾干。这大概要花 2~7 天。结果如何？衣服在 10 天左右送还，而且可能洗得也不怎么干净。

阿克沙 · 米拉（Akshay Mehra）嗅到这一商机之前，在宝洁公司新加坡分公司工作了 8 年。作为负责汰渍和潘婷的印度和东盟区域品牌经理，他认为他可以向原来无力承担洗衣服务的人们提供这项服务。回到印度后，阿克沙加入了美国创投公司创新洞见（Innosight Ventures）建立的乡村洗衣服务公司（Village Laundry Services, VLS）。VLS 开始了一系列实验，用于验证其商业假设。

他们的第一个实验是在货车后面安装一台消费级洗衣机，把车停在班加罗尔的一个街角。这项实验的成本不到 8 000 美元，目标也很简单，就是证明人们会把衣物拿来，并支付洗衣费用。创业者们没有为了营销或作秀的目的在车上洗衣，而是把衣服拿到其他地点清洗，并在当天晚上交还顾客。

VLS 团队持续做了一周的实验，把车停在各个街角，尽可能发掘潜在顾客的所有相关信息。他们想知道该如何鼓励人们来到车旁。这和清洗的速度有关吗？洁净程度是否在考量范围内？当人们留下衣物时他们有什么要求？团队成员发现，顾客很乐意把衣服交给他们清洗。但是，顾客对装在货车后面的洗衣机心存疑虑，担心 VLS 会不会拿着他们的衣物跑路。为了打消这种顾虑，VLS 对货车稍加改造，让它看上去更像个流动摊点。

VLS 也测试了把车辆停放在当地小型连锁市场前的情况。更多重复实验帮助 VLS 弄清了哪种服务是人们最感兴趣的，以及人们愿意支付什么价格。他们发现，顾客常常要求烫好衣服，也愿意付双倍的价钱在 4 个小时内拿回衣服，而不是等上 24 个小时。

这些早期实验促使 VLS 确定了最终产品：一个 3 英尺 ×4 英尺见方的流动洗衣摊点，包括节能的消费级洗衣机和一条超长的电线。摊点使用西式洗涤剂，并且由VLS每天提供干净水源。

从那以后，VLS的业务取得了重大增长，在班加罗尔、迈索尔和孟买共有14处运营网点。首席执行官阿克沙·米拉告诉我，“我们在2010年清洗了116 000公斤的衣物（2009年为30 600公斤）。近60%的业务来自老顾客。仅在上一年内，我们所有的网点为10 000多位顾客提供了服务。”[5]

政府部门中的精益创业？

2010年7月，美国总统奥巴马正式签署了《多德－弗兰克华尔街改革与消费者保护法案》。[①]法案中一项标志性的条款催生了新的联邦机构，称为消费者金融保护局(CFPB)。这个机构的职责是保护美国公民免受诸如信用卡公司、学生贷款和高利贷等金融机构掠夺性的借贷。为了实现这个计划，需要建立一个电话中心，由受过专门培训的工作人员处理公众来电。

在自行决定工作方式的情况下，一个新的政府机构通常会雇用一大批员工，花一大笔经费制订一个昂贵又耗时的计划。但是CFPB决定换种方式来做。尽管有5亿美元的预算和高利润来源，但它其实还算是一家新创企业。

奥巴马总统委派政府首席技术官阿尼什·乔普拉（Aneesh Chopra）收集如何建立新创机构的想法，我就是这样参与其中的。在乔普拉到硅谷的一次访问中，他邀请了几位创业企业家，请他们就如何在新的政府机构中培养创业理念的问题发表意见。重点问题是，如何利用技术和创新使政府机构更高效、更具成本效益、更完善。

我的建议直接体现在本章的原则中：将CFPB视做一项实验，找到计划中非事实性的、假设性的部分，然后制定测试的方法。如果采用这种方法，

① 《多德－弗兰克华尔街改革与消费者保护法案》被认为是美国历史上最严厉的金融监管改革议案之一。该法案要求金融机构向消费者提供准确信息，禁止各种隐藏性、掠夺性和欺诈性的条款，保护消费者利益。——译者注

我们可以开发一个最小化可行产品，让政府机构可以在正式计划启动之前，小规模地先行运作起来。

目前计划中第一个潜在假设是，一旦国民知道他们可以致电CFPB寻求帮助，应对金融欺诈或财务滥用，打来电话的人会非常多。基于对美国人每年遭遇这类问题的市场研究，这种情况的出现听起来合情合理。但是，就算有这些研究，它毕竟还只是一个假设。如果真正的来电数量和计划中预估的相差甚远，那么就需要作出重大调整。如果容易遭受财务滥用的美国人并不认为自己是受害人，因而并不寻求帮助呢？如果他们对什么是重要问题的想法不尽相同呢？如果他们致电要求帮助的问题在机构的权限之外呢？

一旦该机构正式成立运营，投入5亿美元和相应的大量雇员，再来改变计划就会既耗财又耗时。但为什么要干等着反馈信息呢？想要马上开始实验的话，政府可以利用Twilio[①]那种低成本且可快速建成的新型平台，先开设一个热线号码。只要几个小时的工作，就可以添加简单的语音提示，为来电者提供与财务问题相关的菜单选项。在第一个版本里，所有的提示选项可以直接取自现有的研究。这个阶段中没有在线的人工服务，每个提示选项可以为来电者提供解决问题的有用信息。

政府不需要在整个美国范围内推广这条热线，只需在一个非常有限的范围内进行这项实验：从一个小规模的地理区域开始，可能小到城市内的几个街区。要把这项服务告知大家，不必斥资做电视或电台广告，可以采用具有高度针对性的广告形式。布告板上的传单、针对那几个街区的报纸广告，特别是针对目标人群的网上广告投放都是不错的开始。因为锁定地区非常小，所以可以承受高价在这个区域内建立高知名度，同时却能保持

① Twilio，美国的云通信服务商。——译者注

很低的总成本。

相比一个5亿美元的政府机构针对财务滥用综合的问题所能做出的解决方案，这个最小化的可行产品并不绝对理想，但它也不昂贵。这个产品可以在几天或几周内就开发出来，而且整个实验大概只花费几千美元。

但是我们从这个实验中能学到的东西却是无价的。从最初的来电选择中，政府马上就能大致了解到美国公民认为自己遇到了哪些问题，而不是他们“应该”有什么问题。政府也可以开始验证一下市场推广信息：什么促使人们致电？它还可以开始推断真实情况中的行为倾向：在目标区域里真正致电者的百分比是多少？推断结果不会很完美，但比起普通的市场调查，它可以定下一个更准确的行为基准线。

最重要的是，这个产品可以作为一个雏形，逐渐形成更完善的服务。有了这个起步，政府可以不断改善，稳步增加更多更完善的解决方案。最后再增加在线个案工作人员。可能一开始他们只回复某一类问题，以期获得最大的成功机会。到了正式计划准备实行的时候，这种早期服务就能成为实际工作中的一个模板。

CFPB现在刚刚起步，但已经显示出使用实验方法的迹象。举例来说，尽管他们没有实施限定区域的推广方式，但他们以个案使用情况给第一套产品分类。他们对提供给顾客的金融产品服务作了初步排序，先从信用卡业务开始。随着第一项实验的展开，他们将有机会近距离观察其他投诉，并接收顾客反馈。这些数据将影响到未来产品服务的深度、广度和顺序。

CFPB的首席技术官戴维·福瑞斯特（David Forrest）告诉我，“我们的目标是为美国民众提供一种简便的途径，将他们在消费金融市场中目睹的问题告诉我们。我们有机会近距离监测到公众诉求，从而对新的信息作出反应。市场无时不在改变，而我们的工作正是要随其同时改变。”[6]

本书中描述的创业者和经理人都充满智慧、富有才干，并且目标明确。在很多情况下，他们创建组织机构的过程在某种意义上和当前管理思维中的最佳实践是一致的。无论身处什么行业，无论在私人企业还是政府机构中，他们都面临着相同的挑战。如我们所见，即使是全球顶尖企业中资历老到的经理人和执行官，也要致力于不断推陈出新，开发创新的新产品。

他们的挑战就是要跳脱出以往的思路，不要把信心寄托在调查完备的计划上。要知道，计划这种管理工具只在具备长期稳定运营记录的情况下才管用。但是，你难道真觉得我们周围的世界每天都一成不变吗？改变既有思维方式固然困难，但它对新创企业的成功却至关重要。我希望，本书将帮助经理人和创业者实现这种改变。

The Lean Startup

第二篇　驾驭

如何驾驭愿景

究其本质，新创企业是把理念转变为产品的催化剂。顾客和产品互动时提供了反馈和数据，这些反馈既是定性的（比如喜欢什么，不喜欢什么），也是定量的（比如有多少人使用了该产品，并认为它是有用的）。我们已在第一篇中提出，新创企业开发的产品是实验性质的；而这些实验的结果是学到了如何创建一项可持续的商业模式。对企业来说，这些信息比金钱、奖励或者登上报纸杂志更重要。因为它可以影响并重塑下一轮的想法概念。

我们可以通过下面简单的图示看清这个三段式流程。

开发—测量—认知反馈循环

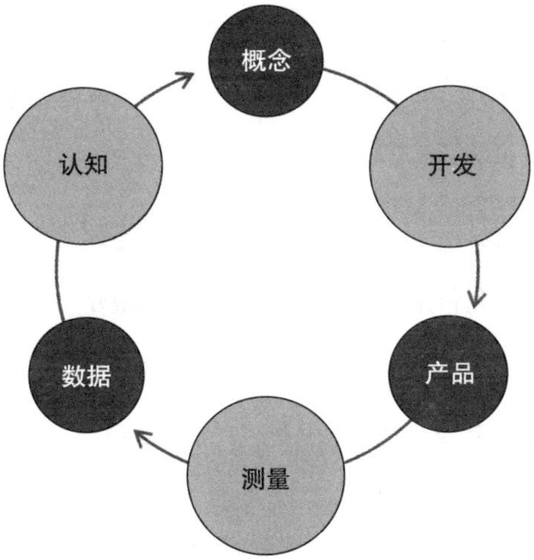

在循环中把总时间缩至最短

这个“开发—测量—认知”的反馈循环是新创企业模式的核心内容。在第二篇之中，我们会详尽考察探讨。

很多人受过的专业训练只针对这个循环中的某一部分。对工程师来说，学习认知能让他尽可能有效地开发产品；而一些经理人擅长在白板上分析策略、学习知识；很多创业者则注重把精力放在各种实务上，比如有最好的产品概念、最佳设计的初期产品，抑或沉迷于各种数据和指标。实际上，这些活动本身并不是最重要的。我们要做的是集中精力，尽量把反馈循环流程的总时间缩减到最短。这就是驾驭新创企业的精髓所在，也是第二篇的主旨。我们会参详整个“开发—测量—认知”的反馈循环，对每一部分详加讨论。

本书第一篇的目的是探讨用学习来衡量新创企业进展情况的重要性，我希望到现在，已经清楚地证明了把精力集中在经证实的认知上，可以避免如今很多新创企业中肆虐的浪费现象。正如在精益生产的概念中，认识到在何时何地投入精力，可以节省时间和金钱。

要把科学的方法运用到新创企业中，我们必须找出哪些假设是需要测试的。我认为这是新创企业的计划中风险最大的部分，这部分内容全要依赖“信念飞跃”(Leap-of-faith) 式的大胆假设。其中最重要的两个假设是“价值假设”和“增长假设”。它们对调控新创企业增长引擎的各种可变因素起到影响作用。新创企业的每次重复试车，都是为了要加速引擎，促使其发动。一旦运作开始，这个过程会不断重复，逐步推进到更高的档位上。

一旦明确了这些大胆的假设，第一步要做的，就是用一个最小化的可行产品（minimum viable product, MVP）尽快进入“开发”阶段。所谓MVP的产品版本可以让我们花最少的力气、最短的开发时间，经历一次完整的“开发—测量—认知”循环。这个最小化可行产品少了很多日后可能相当重要的功能特性。但是，从某种角度来说，开发MVP需要投入额外的工作：因为我们必须能衡量它的影响力。比如，开发出的原型产品只用于工程师和设计师的内部品质测评是不够的，我们还必须把它推向潜在顾客，评估他们的反应。我们甚至还需要把这个原型产品销售给顾客，这一点我们接下来就会谈到。

进入“测量”阶段时，我们最大的挑战在于，产品开发上的努力是否带给企业真正的发展。要记得，如果我们开发出来的东西没人想要，那么它是否按时、按预算完成都无关紧要了。我推荐一种称为“创新核算”（innovation accounting）的定性方法，它能让我们看到我们调整引擎的努力是否奏效。这种方法也能让我们建立起“阶段性认知目标”，作为传统的阶段性业务和产品目标的另一种形式。阶段性认知目标对创业者很有用，它可以准确、客观地评估创业者的进展情况。另外，阶段性认知目标对经理人和投资者同样价值重大，因为他们需要创业者负起相应责任。但是，我们并不需要同等地建立起所有衡量指标。在第七章里，我会说明“虚荣指标”（vanity metrics）的危险性，以及与之相对应的“可执行指标”（actionable metrics）的必要性。后者有助于分析顾客行为，从而支持创新核算。

最后，最重要的就是“转型”了。在完成“开发—测量—认知”的循环之后，我们面临着所有创业企业家都会遇到的最困难的问题：是变更最初的战略，还是坚持下去？如果我们发现有一个假设是错误的，那么就到了需要作出重大改变、设置新战略假设的时候了。

用精益创业的方法能够建立有效资本（capital-efficient）企业，因为这种方法让新创企业及早看到转型时刻，减少时间和金钱上的损失。尽管我们把反馈循环按活动发生顺序写成“开发—测量—认知”，但我们制订计划的工作却是相反的：先确定需要知道什么，再用创新核算方法来确定需要评估什么、是否获得了经证实的认知，最后确定需要开发什么产品来进行实验，并获取那些评估。第二篇中涉及的所有技巧，都是为了把完成“开发—测量—认知”反馈循环的总时间缩减到最短。

第五章　飞跃

2004 年，三个大二学生带着他们尚处于雏形阶段的大学社交网站进军硅谷。这个网站只在几个大学校园内运行。它没有占据市场领导地位，甚至不是首个出现的大学社交网站；其他公司早就推出了这种服务，而且功能更齐全。网站当时只有 15 万注册用户，几乎没有收入。但在那年夏天，他们筹集到了第一笔 50 万美元的创业资金。不到一年后，他们又另外筹到了 1 270 万美元。

现在你肯定已经猜到这三个大二学生就是Facebook的马克 · 扎克伯格（Mark Zuckerberg）、达斯汀 · 莫斯科维茨（Dustin Moskovitz）和克里斯 · 休斯（Chris Hughes）。他们的故事如今举世皆知。这其中有很多值得注意的东西，但我只关注一件事：Facebook当时如何在实际使用量那么小的情况下，筹到那么多资金？[1]

据说，Facebook早期成长中最打动投资人的有两点。一是它的活跃用户耗费在该网站上的时间量。超过半数的用户每天都会访问Facebook。[2]这就是一个企业验证其价值假设的例子——客户发现了产品价值。Facebook早期力量给人留下的第二个深刻印象，是它抢占最初几个大学校园的速度。Facebook的增长速度是惊人的：它在 2004 年 2 月 4 日创立，到了当月月底，近 3/4 的哈佛学生都在使用它，而它没有在营销和广告上花过一分钱。换言之，Facebook同时也验证了其增长假设。这两个假设代表了所有新创企业都要面对的两个最重要的“信念飞越”式问题。[3]

那时我听到很多人批评Facebook早期的投资人，声称Facebook“没有商业模式”，而且根据其投资人的评估价值，网站只能达到普通收入水平。人们在Facebook这件事上看到了互联网爆发时代的回潮，当时收入很低的公司筹到大量现金，用来追求“吸引眼球”和“迅速扩充”的战略。很多互联网时代的新创企业所设计的赚钱方式，就是把买来的眼球效应再转卖给其他广告商。事实上，那些失败的互联网企业和中间商差不多，实际上就是花钱购买顾客关注度，然后再把这些关注卖给其他人。但是，Facebook使用的增长引擎不同，因而它和过去那些企业不一样。网站没有靠烧钱招徕客户，它的高使用量意味着每天都累积了大量的用户关注度。对广告商来说，客户关注度是否有价值从来不是个问题，问题只是他们打算为此付多少钱而已。

很多创业者有志创建下一个Facebook，但是，当他们尝试借鉴Facebook的经验，或其他著名新创企业的成功故事时，很快就糊涂了。Facebook的经验到底要告诉新创企业什么？不要在早期向顾客收费？还是不要在市场营销上花钱？这些问题无法用抽象的方式来回答；因为针对任何策略技巧都能找出无数反例。但是，正如我们在第一篇中所见，新创企业要通过实验来决定，在其独特环境中哪些技巧是可行的。新创企业的战略任务就是弄清到底要提出哪些正确的问题。

战略基于假设

每个商业计划都是从一系列假设开始的。在默认这些假设的基础上，提出一项战略，并阐述如何实现企业愿景。但假设终究是假设，它们未经证实，而且在现实中往往还是错的。因此，新创企业早期努力的目标，应该是尽可能迅速地验证这些假设。

传统的商业战略擅长帮助经理人清楚地识别，在某项特定业务中作出了哪些假设。但创业者面临的首要挑战，是建立可以系统测试这些假设的组织架构。而第二项挑战，则是在任何创业条件下忠于企业的总体愿景，严格执行这些测试。

在典型的商业计划中，很多假设是具有普遍性的。它们是从过去的行业经验或直接推理中得出的非常成熟的事实。在Facebook的案例中，毫无疑问，广告商们愿意为顾客关注度埋单。隐藏在这些平淡细节中的，是很多需要更多勇气来提出的假设：比如，我们认为顾客非常想要使用我们这种产品，或者，我们认为超市需要我们的产品。记得要用一般现在时态[①]来提出这些假设。把假设说得像真的一样，是创业者典型的超能力。正是因为整个企业的成功寄托在这一点上，所以它们被称做“信念飞跃”。如果对了，无数机遇尽在眼前；如果错了，企业将岌岌可危。

多数“信念飞跃”是用类推法以一种争论的形式出现。比如，我记得有这样一个大家争论的商业计划：“正如逐步图像加载的发展，使万维网超过拨号呼叫获得了广泛应用，因此我们的逐步渲染技术将允许我们的产品在低端个人电脑上运行。”你大概对“逐步图像加载”或“渲染”摸不着头脑，但这无关紧要。不过，你已经知道争论的是什么了吧，或许你自己也用过这一招：

> 以前使用的X技术，因为其Y特性，赢得了Z市场。现在我们新的X2技术，因为同样有Y特性，所以也能让我们赢得Z2市场。

这种类推法的问题在于它遮蔽了“信念飞跃”的真相。这样类比的目

---

① 在英文文法中，一般现在时态表示陈述的是事实，而非虚拟或假象。——译者注

的是设法让业务看上去没有那么大的风险。这个方法是用来说服投资人、员工或合伙人签字画押的。如果像以下这样描述创业者的“信念飞跃”，那么会令他们多数人惴惴不安：

> 很多人早想要接入万维网。他们知道万维网是什么，他们付得起费用，但是因为加载图像耗时太久，所以他们无法接入网络。当逐步图像加载技术出现后，人们才能够上网，并把这种体验告知了友人。因此X公司赢得了Z市场。
>
> 同样，现在也有很多潜在客户想要马上获取我们的产品。他们知道自己需要什么，并支付得起，但因为渲染耗时太久，所以无法使用。当我们的逐步渲染技术首次问世，人们将会涌向我们的软件产品，并告之友人。因此我们将赢得Z2市场。

在以上这个修正过的陈述中，要注意几个地方。第一，清楚地辨明事实很重要。逐步图像加载技术是否真的促成了万维网的应用，还是它只是众多影响因素之一？更重要的，是不是真的有大量潜在客户想要马上使用我们的解决方案？前一个类推法是用来说服利益相关群体的：合理的第一步行动是新创企业开发新技术，再看看顾客会不会使用它。而第二个重新阐述的方式则明确说明了先进行实证测试的必要：让我们确认外界是否真有需求强烈的顾客，急于接受我们的新技术。

类比和反证

把策略构建基于和其他公司及行业的比较，这种做法从本质上并没有错。实际上，这种方式可以帮助我们找到那些并非“信念飞跃”式的假设。比如风险投资家兰迪·科米萨（Randy Komisar）在他的《制订B计划》（*Getting to Plan B*）一书中详细讨论了“信念飞跃”的概念，使用“类比”和“反证”的框架方法来制订策略。

他以iPod为例，阐释了类比—反证的概念。“如果你想找类比，你可以参考随身听的案例。随身听解决了一个史蒂夫·乔布斯根本不会问的关键问题：人们会不会在公众场合使用耳机听音乐？今天我们认为这个问题不值一问，但它却是个基本问题。索尼当时提出这个问题时，他们并没有答案。而史蒂夫·乔布斯则用类比得到了答案。”索尼的随身听就是一种类比的方法。接着，乔布斯面临的问题是，尽管人们愿意下载音乐，但却不愿意为之付钱。“音乐服务供应商Napster是一个反证。这个反证促使乔布斯采用某种特殊的方法从事他的业务。”科米萨说，“如果我和企业讨论后，从这些类比和反证中发现一些独特的、没有答案的问题，那么作为一个创业者，我会把这些问题视为‘信念的飞跃’。它们对企业发展来说，可谓成也萧何，败也萧何。在iPod业务中，信念飞跃之一就是假设人们会花钱购买音乐。”当然这次是飞对了。[4]

“适逢其时其地”之外

有不少著名创业家看起来是因为生逢其时其地，从而赚得盆满钵满。可是，在每个生逢其时其地的成功创业家之外，还有很多也身处相同时间地点的人，他们的创业却以失败告终。在20世纪早期，包括亨利·福特（Henry Ford）在内有近500位创业企业家。想象一下，作为汽车行业的一个创业者，受过最先进的工程学训练，处在一个史上最可观的市场机遇的起点上，但绝大多数人却一无所获。[5]在Facebook的故事中，我们看到了相同的情形，它遭遇了先期进入市场的其他校园社交网络，而竞争对手的先发优势最终却不值一提。

成功案例和失败案例之间的差别在于，成功的创业者高瞻远瞩，有能力和工具去发现他们的计划中哪些部分运作顺利，哪些部分误入歧途，然后相应调整策略。

价值和增长

正如我们在Facebook的案例中所见，有两个“信念飞跃”非常突出：价值创建假设和增长假设。了解新产品或服务的第一步，是从根本上确定它是“价值创建”，还是“价值破坏”。在这里，我使用了经济学语言，说的是“价值”，而不是“利润”，因为创业者中还包括了建立非营利社会团体的人、政府机构中的新创部门，以及那些不仅仅以利润论成败的内部提升团队。更复杂的情况是，很多企业组织尽管在短时间内大幅赢利，但最终却破坏了价值。比如庞氏计划[①]的组织者，以及像安然公司、雷曼兄弟等等一些使用不正当手段、误入歧途的企业。

同样的情况对增长也适用。从价值的角度来考虑，创业者非常需要了解新创企业增长背后的原因，避免很多价值破坏类的增长。比如，一项业务的增长是通过不断向投资人募款，以及大量付费广告取得的，却没有开发出创造价值的产品。

我把这样的企业叫做“升平戏院”，它粉饰成功的表象，让自己看上去像那么回事儿。创新核算的目的之一，就是帮助把伪新创企业和真正的创新者区别开来。这一点会在第七章中深入讨论。传统的核算方法把用于成熟企业的标准套用在新创企业身上，但是用这些指标预测新创企业的前景并不靠谱。想想亚马逊公司这样的企业，在通往突破性成功的道路上，曾一度经历了巨额亏损。

和传统核算方式类似的是，创新核算需要新创企业拥有并维护一个定量的财务模型，用以严格衡量企业的发展情况。但是在企业创立早期，尚

---

① 也称“庞式骗局”，以商人查尔斯·庞齐（Charles Ponzi）的名字命名。它是一种欺诈性的投资计划，该计划并无任何真实产品、业务或企业，其承诺的高收益率来自新投资者投入的资金。一旦新加入的资金不足以向老投资者支付利息和短期回报时，即告破灭。是一种最古老、最常见的投资诈骗。——译者注

无足够数据形成有根据的假设，来决定这个模型该是什么样子。新创企业最早的策略计划很可能是凭着直觉预感来的，这是一件好事。而要把这些直觉转化成数据，借用史蒂夫·布兰克的名言，创业者必须"走出办公大楼"，开始学习。

现地现物

注重把战略决策建立在对顾客第一手的理解上，是丰田生产体系中最核心的原则之一。丰田用一个日文术语"现地现物"（genchi gembutsu）来概括这个原则，它是精益生产词汇中最重要的一个用语。在英语中，它作为一种指令，通常被翻译成"自己去看"，以便人们基于深刻的第一手信息，作出商业决定。杰弗瑞·莱克（Jeffrey Liker）详细记载了"丰田模式"，他是这样描述的：

> 当我采访丰田时，问及丰田模式与其他管理方式的区别是什么。不管是在制造、产品开发、销售、分销还是公关部门，最常听到的第一反应是"现地现物"。除非亲自观察，你无法确定自己是否真正了解任何商业问题中的任何部分。想当然和依靠别人的汇报都是不能被接受的。[6]

让我们以丰田2004年款塞纳小型厢式车的开发为例。在丰田，负责新车款设计和开发的经理人被称为首席工程师，他是一位跨部门的领导者，监管从概念到生产的整个流程。分管2004年款塞纳开发的首席工程师是横谷雄司。塞纳的主要市场在北美，而横谷对北美市场却知之甚少。为了了解如何改良这款车型，他提出了一个大胆的创业家式的做法：开车走遍全美国50个州、加拿大13个省和墨西哥的所有地区。总行程超过53 000英里。在各个小城镇和大都市，横谷除了观察真实顾客并与他们交谈之外，就是租一辆当年款的塞纳驾驶。横谷就北美消费者对小型厢式车的要求作出了一些重要假设，而从这些第一手的观察资料中，他得以对这些假设进行评估。

一个常见想法是：向消费者销售产品要比向企业推销容易，因为个人客户不像企业客户那样复杂，后者有众多部门和不同人员在购买流程中扮演不同角色。但横谷发现，向他的顾客销售产品绝非易事："拥有这辆车的可能是父母或祖父母，但扮演支配角色的却是家里的孩子，因为他们占据了车厢后 2/3 的部分。因此，孩子的因素至关重要，他们也最关心车内环境。如果说我在旅途中学到了什么的话，那就是新塞纳必须对孩子具有吸引力。"[7] 找到这些假设有助于新车的开发。比如，横谷把塞纳开发预算中的相当一部分花在了内饰的舒适度上，这对家庭长途旅行非常重要，而这样的长途旅行在美国比在日本常见得多。

业绩结果是令人叹服的，塞纳的市场份额获得了惊人增长。2004 款的销量比 2003 款的销量高出 60%。当然，像塞纳这样的产品是典型的"持续创新"，是丰田这样管理精良的全球企业所擅长的。而创业者们在不确定性高得多的情况下运作，他们面临的是不同类型的挑战。进行"持续创新"的企业非常了解他们的客户是"谁"、"在哪里"，他们会用"现地现物"的方法去考察顾客想要什么。但新创企业和潜在顾客的早期接触，仅仅揭示了那些需要立即测试的假设。

走出办公大楼

数据当然具有说服力，但我常常提醒创业者：人亦是重要的衡量指标。不管在企业和顾客之间有多少中介物，最终端的顾客才是会呼吸、会思考、会作出购买决定的个体。他们的行为可以衡量，并会发生改变。即便是在以大机构为销售目标的商业对商业（B2B）的模式中，记得每个业务单位是由个体组成的这一点，会对你大有裨益。所有成功的销售模式，都要依靠把迥然不同的个体从其组成的整体组织中分解出来。

多年来，史蒂夫 · 布兰克谆谆教导创业者，我们所要收集的顾客、市场、供应商以及渠道的情况，都只存在于“办公大楼之外”。新创企业需要广泛接触并了解潜在客户，所以，别再黏在办公椅上了，赶快走出去认识客户吧！

这个过程的第一步，是确认“信念飞跃”式问题的真实性，也就是顾客确实有一个重要的问题需要解决。[8] 当斯考特 · 库克在 1982 年构想财捷公司的时候，他的愿景在当时相当超前，即未来的某一天，顾客会使用个人电脑支付账单和控制开销。当库克辞去他的咨询工作，一头扎入创业时，他并没有翻阅一大沓市场调研资料，或在白板上作深度分析，而是挑了两本电话簿：一本是他当时居住的加州帕洛阿尔托，另一本是伊利诺伊州的温内特卡（Winnetka）。

他随机致电给不同的人，询问是否可以问几个他们如何理财的问题。这些早期谈话是用来回答一个“信念飞跃”式的疑问：人们是否感到付账单很麻烦？结果确实如此。这个早期验证表明，库克确实需要开始寻找解决方案。[9]

这些早前对话并没有深入到产品功能中，去推荐解决方案什么的；要那么干的话就太蠢了。那时候普通顾客对个人电脑的精通程度还不足以形成具体观点，获知他们是否会以新的方式使用电脑。另外，初期的对话在主流客户中展开，而不是针对早期使用者。但无论如何，这些对话形成了一个基本认知：如果财捷公司能找到一种解决问题的方法，就可能赢得一大批主流消费群，从而建立起一项可观的业务。

设计和顾客典型

这些与早期顾客接触的目的并非要寻找确切答案，而是在基本的大致层面，确认我们了解潜在顾客，以及他们的问题。有了这些了解，我们可以创建一个“顾客典型”，它是一个简明的文件，旨在将目标顾客具体化。这个典型是产品开发的重要指南，确保每个产品开发团队日常工作优先顺序的决策与企业希望吸引的顾客相符。

在设计界，经过多年实践，发展出很多建立准确顾客典型的技巧。传统的互动设计或设计思想都非常有用。我觉得讽刺的是，这类方式很多是高度实验性和迭代式的，使用的技巧包括迅速建模，以及亲自进行顾客观察以指导设计师的工作。但是，由于设计公司的这些工作一向是有偿的，因此所有这些工作在积累起来打包交给顾客之后，便戛然而止。于是突然间，快速的学习和实验停止了；其假设就是设计师已经了解了所有应该了解的东西。对新创企业来说，这个模式是行不通的。无论再多的设计也无法预测将产品投入真实世界有多复杂。

实际上，新锐设计师在精益用户体验（Lean User Experience）的大旗下，正在开发一些新的技巧。他们认识到，顾客典型是一种假设，而非事实。我们必须通过经证实的认知，证明我们能够用可持续的方式服务此类顾客，否则所谓顾客形象就是暂时的。[10]

分析瘫痪症

当创业者进行市场调研并和顾客交谈的时候，有两种危险永远存在。“跟着感觉走”的创业派总是等不及要赶紧开始，不想花时间分析他们的战略。通常在几次仓促的顾客访谈后，就迫不及待地要动手开发。不幸的是，由于顾客并不真的知道自己要什么，结果令这些创业者很容易自以为走在正确的道路上。

另一些企业家可能成为分析瘫痪症的受害者，无休止地调整计划。这种情况下，和顾客交谈、阅读调研报告以及在白板上改变策略都同样无济于事。大多数创业者的计划中的问题并不是因为没有依据成熟的战略原则，而是立足的事实点就错了。可悲的是，由于产品和顾客之间微妙的互动，这类错误大多数无法在理论分析中察觉到。

如果分析太多是危险的，而不分析又会招致失败，那么创业者怎么知道何时应该停止分析、动手开发呢？第六章的主题“最小化可行产品”的概念就是答案。

第六章　测试

Groupon是史上成长最快的企业之一。它的名字源于“团体礼券”，这个巧妙的点子繁育了由无数模仿者组成的整个社会化电子商务（社交商务）行业。但是，它的起步并不成功。顾客在Groupon的第一次交易，是20个人组团在Groupon芝加哥办公室的一楼餐厅里购买“买一送一”的比萨饼——这根本算不上是一个改变世界的事件。

事实上，Groupon的初衷并非电子商务。创始人安德鲁·梅森（Andrew Mason）原本打算让公司成为一个“集体行动平台”，称为“热点”（The Point）。目的是把人们聚在一起，解决一些独自无法解决的问题，比如为公益事业筹款，或抵制某个零售商。热点早期的成效令人大失所望，但是到了2008年末，公司创始人决定尝试一些新鲜玩意儿。尽管他们依然胸怀大志，但这次他们打算把新产品做得简单一些，并开发了一个最小化可行产品。梅森是这样说的，看一看，这像是一家身价几亿美元的公司吗？

> 我们在WordPress网站上开博客，做了一些装饰，把它命名为“Groupon”。接着我们每天发一个新帖子。当时确实相当寒酸。比如，要在这个第一版的Groupon上售卖T恤衫，我们会在博文里写，“进货的T恤衫是红色，大号。如果你想要其他颜色或尺寸，请发电邮给我

们。”我们都没有设置什么表格让顾客填一填。一切都很粗糙。

但这已经足够验证我们的想法，说明真的有人喜欢。我们用FileMaker软件①制作礼券，运行一个脚本，用电邮把PDF文档格式的礼券发出去。后来，我们逐渐发展到在一天内卖出500张礼券，同时还要用苹果的邮件系统发送500条PDF文档。直到第一年七月，公司还陷在不得章法的抓狂状态中，试着赶上脚步，把产品合理地拼凑到一起。[1]

手动生成的PDF文件、比萨饼礼券和简单的博客，已经足够把Groupon推向破纪录的成功了。Groupon稳步成为史上最快实现10亿美元销售收入的企业，颠覆了本地商家寻找新顾客的方式，为全球375个城市的消费者提供各种划算的交易。[2]

一个最小化可行产品（MVP）有助创业者尽早开启学习认知的历程。[3]它并不一定是想象中的最小型产品；它是用最快的方式，以最少精力完成“开发—测量—认知”的反馈循环。

传统的产品开发通常要耗费很长的筹划时间，反复推敲，尽量把产品做到完美。与之相反，最小化可行产品的目的则是开启学习认知的流程，而不是结束这个流程。与原型或概念测试不同的是，最小化可行产品并非用于回答产品设计或技术方面的问题，而是以验证基本的商业假设为目标。

① FileMaker，简单易用的数据库软件，可以跨电脑操作平台使用。——译者注

为什么第一个产品不完美

向风险投资人提出要为IMVU筹资的时候，我们感到非常尴尬。首先，我们的产品还有一堆漏洞，质量低下。其次，尽管我们满意自己的业务表现，但它实在拿不出手。好消息是，我们的增长曲线呈持续上升的势头。坏消息是，这个上升势头仅仅表现为每个月差不多8 000美元的收入。这个数字实在是太低了，以至于投资人常常问我们："这些图表使用的计数单位是什么？是以千位数来计的吗？"我们不得不回答说，"不是的，先生。是个数单位。"

但是，那些早期成果对预测IMVU的未来之路极其重要。在第七章中你会看到，我们验证了两个"信念飞跃"式的假设：其一，IMVU给顾客提供的东西是有价值的；其二，我们拥有一个可行的增长引擎。虽然总销售额很小，但那是因为我们仅把产品卖给一些具有远见的早期顾客，我们称其为"早期使用者"。新产品在成功推向大众市场之前，会先销售给这些"早期使用者"。这些人是一类特殊的顾客群体。他们接受——甚至更乐意接受一个只完成了八成的作品。你不需要用一个完美的解决方案去俘获他们的兴趣。[4]

比方说，尽管第一代的iPhone电话缺少一些基本的功能特性，像复制粘贴、3G网速以及对企业电邮的支持等等，早期的技术迷们还是趋之若鹜，在苹果商店门前大排长龙。谷歌最初的搜索引擎能回答一些专门问题，比如什么是斯坦福大学和Linux操作系统，但它离"把全世界信息组织起来"的日子尚有好几年，可是这并不影响早期使用者对其赞不绝口。

早期使用者会用自己的想象来填补产品的不足部分。他们偏好这种情境，因为他们在意的是成为第一个使用新产品或新技术的人。在消费品市场里，成为街区中第一个炫耀新篮球鞋、新音乐播放器或最酷手机的人，总是自我感觉良好。而在企业产品市场里，愿意冒险采用对手尚未启用的新产品，则是为了争取竞争优势。早期使用者对于那些太过精致的东西反而心存芥蒂：如果这种产品什么人都能用，那么作为早期用户又有什么好处？因此，任何超出早期使用者需要的额外功能或修饰，都是资源和时间上的浪费。

这是一个令很多创业者难以接受的真相。不管怎么说，创业者头脑中向往的是一种行将改变世界的高质量主流产品，并非针对那些在产品成形之前愿意一试的小众群体。这个改变世界的产品要精致、巧妙，即将步入全盛时代，在行业展览中得奖无数，最好是让消费者可以骄傲地拿来向老爸老妈显摆。一个漏洞百出的早期半成品则像是个令人难以接受的妥协。难道我们受的教育不都是要求我们做到最好吗？正如最近一位经理人对我说的，“就我个人来讲，总觉得最小化可行产品有那么一点危险——当然没有冒犯的意思——但要知道，我自己一直是个完美主义者。”

根据最小化可行产品的复杂程度，它可以从一次极简单的“冒烟测试”[①]（其作用比广告多不了多少），到一个存在问题、缺失某些功能的早期产品原型。我们无法用公式来确定一个最小化可行产品到底该多复杂，而要靠判断。所幸这种判断不难作出：大多数创业者和产品开发人员大大高估了一个最小化可行产品所要具备的功能。当遇有疑问，就化繁为简。

举个例子，有一项服务以赠送一个月免费试用的方法来销售，顾客必须先注册试用，才能使用这项服务。那么，这项业务模式的一个明显假设就是，当顾客对这项服务有一定了解之后，他们就会注册试用。要考虑的关键问题是，顾客是否真的会为了一些承诺的功能（即价值假设）而注册试用。

① smoke test，源自硬件行业的术语，是用来确定和修复缺陷的最经济有效的方法。——译者注

或许在商业模型某处，在试算表内的某栏中有一行写道：“顾客看到免费提供试用后注册的百分比。” 我们可能会预测这个数字是10%。请仔细想想，这其实是一个“信念飞跃”的问题。它应该用大写字母并以红色加粗体标示出来：**我们假设10%的顾客会注册。**

大多数创业者处理这种问题的方式是先开发产品，然后再来验看顾客对产品的反应。我认为这种方式会导致许多浪费，因此已经落伍了。首先，如果最终发现我们开发的东西没有人要，那么所有努力将化为时间和金钱上的无谓消耗。如果顾客不注册试用的话，他们就无法体验到未来那些令人惊喜的功能。即使他们注册了，还是有很多浪费的可能。比如，我们到底需要开发多少功能来吸引早期使用者？要知道每项额外功能都是一种浪费。同时，如果我们延迟测试那些额外功能，那么在学习认知和循环周期方面，也意味着巨大的潜在成本。

最小化可行产品的经验教训在于，不管某项工作在当时看起来多么重要，只要在开启认知流程所需之外的，都是浪费。

为了说明这一点，让我来分享几个精益创业企业的最小化可行产品技巧。在每个案例中，你会看到创业者如何避免过度开发和过度许诺的诱惑。

视频式最小化可行产品

德鲁·休斯顿（Drew Houston）是Dropbox公司的首席执行官。这家位于硅谷的公司开发了一种非常简单易用的文件分享工具。安装了该应用程序后，你的电脑上会出现一个Dropbox“收纳盒”文件夹。任何拉入文件夹内的资料都会自动上传至Dropbox的服务器，然后即刻复制到你所有的电脑和设备上。

由于该产品需要精通技术的专才来开发，公司的初创团队都是由工程师组成的。比如，它需要整合不同的电脑平台和操作系统：Windows、

Macintosh、iPhone、Android系统等等。要深入每种系统的内部实现这些应用，就必须有专业技能知识才能创造出非同凡响的用户体验。实际上，Dropbox软件最大的竞争优势之一在于，它的运行是如此顺畅，以至于令对手难以超越。

Dropbox公司的这群人并不是人们观念中的营销天才。事实上，他们中没有人从事过市场销售工作。他们有很强的风险投资方面的背景，人们原以为他们会用标准的工程思考方式来建立业务：即把产品开发出来，业务自然就来了。但是Dropbox实际采用的方式却有所不同。

这些创业者在开发产品的同时想要取得顾客反馈，了解顾客真正在意的是什么。Dropbox特别需要检验它的“信念飞跃”式问题：如果我们能够提供一种超级顾客体验，人们会不会试用我们的产品？他们相信，文件同步是一个大多数人没有意识到的问题（后来发现确实如此）。一旦你体验了相应的解决方案，你简直无法想象生活中怎么可以没有它。

这不是一个你会想到的那种创业问题，也不会期望从小组座谈中得到答案。顾客往往不知道他们想要什么，当听到Dropbox的概念时，他们很难明白这到底是怎么回事。筹措创业资金的时候，休斯顿遭遇了不少挫败才意识到这一点。在一次又一次的会议中，投资者都说，已有产品充斥了这个“市场空间”，没见谁赚到多少钱，而且，文件同步也不是什么重要问题。休斯顿会问：“你亲自试用过那些产品吗？”如果他们称是，他会问：“你觉得它们运行顺畅吗？”回答几乎都是否定的。但是一次次的会议之后，风险投资家们还是无法想象休斯顿的理想国究竟是什么。而休斯顿则坚信，如果这个软件能“神奇地运行”，顾客自然会蜂拥而至。

他的挑战在于，根本不可能以原型产品形式来展示一个运行的软件。实际产品需要克服重大的技术障碍，并且产品中的在线服务部分也需要做到高度可靠和有效。为了规避风险，以免开发多年之后才恍悟产品没人想要，休斯顿使的一招出乎意料的简单：他拍了一段视频。

这是一段普通又直观的3分钟视频，针对技术圈内的早期使用者演示了该技术的工作情况。休斯顿亲自给视频配了旁白。当描述到他要同步的文件种类时，观众可以看到他如何用鼠标操作电脑。当然，如果注意看的话，你会发现他挪来挪去的那些文件中有很多闹着玩的幽默，这正是圈内人好的那一口。休斯顿回忆道，“这个视频吸引了几十万人访问我们的网站。产品公测版的等候名单一夜之间从5 000人上升到75 000人。让我们又惊又喜。”时至今日，Dropbox是硅谷最炙手可热的公司之一，据说其身价已超过10亿美元。[5]

在这个案例中，一段视频就是最小化可行产品。它证实了休斯顿“信念飞跃”的假设，即顾客确实需要他正在开发的产品。这不是因为顾客在小组座谈中那么说，也不是因为它比其他业务更具有希望，而是由顾客真实的注册数量决定的。

贵宾式最小化可行产品

考虑一下另一种最小化可行产品技巧：贵宾式最小化可行产品。为了理解如何实施这种技巧，来见见得州奥斯汀一家新创企业的首席执行官曼纽尔·罗素（Manuel Rosso）。他的公司叫“桌上美食”（Food on the Table）。桌上美食公司制定每周菜单，并根据用户和用户家庭的喜好，开列食品杂货店清单，然后再链接到当地的店家，寻找最划算的食材。

上网注册后，你要作一些设置，标明常去的食品杂货店，勾出你家爱吃的食物。之后，如果要比较价格，你可以挑选附近另一家商店。接着，你会得到一张根据你的喜好列出的项目清单，并问你，“本周心情如何？”圈定之后，选择你准备计划几顿饭，以及你最注重的是什么，比如时间、花销、健康或多样性。这时，网站会搜索与你要求匹配的菜谱，算出一顿饭的开销，还能让你打印采购清单。[6]

显然，这是一套相当详尽的服务。在后台，一组专业厨师利用遍布全美国的食品杂货店的打折食材设计菜谱。通过电脑测算，这些菜谱和每个家庭的独特需求偏好相匹配。设想一下牵涉到的工作：必须维护全国几乎每家食品杂货店的数据库，包括本周哪家店有哪些折扣。这些店必须要匹配合适的菜谱，然后相应地进行定制、标签和分类。如果一张菜谱中需要西兰花菜台，那它是不是和本地市场中打折的西兰花是同一种食材？

读了这些描述之后，你能想象桌上美食公司是从仅仅一位顾客起家的吗？你大概会很惊讶吧。如今桌上美食公司的服务可以支持美国几千家食品杂货店，而当年它只能支持一家店。公司是怎么选上这家店铺的呢？当然不是企业创始人决定的，而是公司第一位顾客的选择。同样，公司刚开张的时候也没有菜谱之类的东西，直到第一位顾客打算要准备菜单的那一刻才有了菜谱。实际上，公司在服务第一位顾客时，没有开发任何软件系统，没有签署任何商业开发合作协议，甚至连一位厨师都没有。

罗素和他的产品副总裁史蒂夫·桑德森（Steve Sanderson）走访了他家乡奥斯汀的超市和杂货店。他们的任务之一就是观察顾客，将观察发现的收获纳入设计理念和其他技术构想。同时，曼纽尔和他的团队也在寻找其他东西：他们的第一位顾客。

当他们在食品杂货店这些地方遇到潜在顾客时，他们会像所有能干的市场调查员那样提问，每次谈话后，他们还会试着推销，描述“桌上美食”的好处，说明每周服务的定制费用，并邀请顾客加入。大多数情况下他们得到是拒绝。不管怎么说，他们遇到的许多人都不是早期使用者，而且也不太会接受一项看不见摸不着的新服务。不过还好，最终还是有人点头了。

这位早期使用者受到了贵宾式的待遇。她不是通过冷冰冰的软件与“桌上美食”的产品服务打交道的，而是得到了公司首席执行官本人的每周登门拜访。罗素和产品副总裁会从她常去的食品杂货店里查找哪些东西在打折，然后根据她的喜好精心选择菜单，甚至做到从她喜爱的菜单中找出哪些东西是她经常为家人烹制的。每周，他们会亲自把一个准备好的小包裹交到顾客手中，里面包括了购物清单和相关菜谱，同时听取顾客的反馈意见，并相应调整。最关键的是，每周他们会收到一张 9.95 美元的支票。

这个效率也太低了！如果用传统标准衡量，这一系统实在太烂了，完全没有规模化，简直就是在浪费时间。首席执行官和产品副总裁不去开发业务，而跑去解决一位顾客的问题；不是把公司推广到百万受众面前，却只伺候一个人。最差劲儿的是，他们的辛苦看上去并没有带来什么实质内容。没有产品，没有像样的收入，没有菜单的数据库，甚至连一个靠得住的组织架构都没有。

然而从精益创业的角度来看，他们的进展意义非凡。每过一周他们都越来越了解如何让产品成功。几周以后，他们已经准备好接待下一位顾客了。每多争取一位顾客，就更容易说服下一位，因为“桌上美食”可以专攻同一家食品杂货店，了解它的货品，以及在那里购物的顾客群。每位新顾客都获得了专人上门拜访和服务的贵宾待遇。但再多了几位顾客以后，提供一对一服务的费用开支就逐渐提高了。

直到罗素和他的团队已经忙得无暇再接纳新顾客时，他们才开始向自动化方面投入，作为产品开发的一种形式。每次最小化可行产品的重复应用，得以让他们挤出更多一点时间，再多服务一些顾客。比如通过电邮而非登门拜访来递送菜单，不再用人工而是由软件来自动分析折扣产品清单，直至最后采取信用卡网上支付替代收取手写支票。

不久之后，他们便打造了一项可观的服务产品，起先是在奥斯汀地区，最终推广到全美范围。这一路上，产品开发团队始终着眼于把有用的功能提升扩大，而不是想着发明一些将来才可能用得上的东西。结果，他们在开发投入中发生的浪费，远比同类企业在传统情况下浪费的少得多。

把这个案例和小企业的案例相对照十分重要。在小企业中，CEO、创始人、总裁和企业业主亲自服务顾客是极为常见的。但在贵宾式最小化可行产品的情形中，个人化服务不是产品，而是企业增长模式的一种学习认知活动，用于检测信念飞跃式的假设。事实上，贵宾式最小化可行产品的常见结果是证明公司原本设定的增长模式无效，由此清楚表明采用其他方式的必要性。即便最初的最小化可行产品让公司赢利，也不意味着原定模式一定有效。如果没有真正可行的增长模式，很多公司见了一些蝇头小利就会沾沾自喜、故步自封，却没意识到一次转型（改变方向或战略）也许会带来重大增长。唯一确认的方式就是在真实顾客那里系统地检测这个增长模式。

别在意那八个幕后人员

麦克斯·凡蒂拉（Max Ventilla）和戴蒙·霍洛维茨（Damon Horowitz）是两位有远见的技术专才，他们开发了一种新的搜索软件，用于回答令谷歌这样的尖端企业犯迷糊的问题。谷歌也会犯迷糊？想想吧，谷歌派的搜索方式善于回答事实性问题，比如世界最高峰是哪座？美国的第23任总统是谁？但遇到主观问题时就无法回答了。如果你问，“在我的城市里，球赛以后到哪里喝一杯好？”技术上对此无所适从。这类提问的有趣之处在于，它们由“人”来回答会比较容易。比如在一个周围都是朋友的鸡尾酒会上，你的主观问题能获得高质量解答的可能性有多少？你几乎一定会得到一个满意答复。这些主观问题和事实性问题不同，它们不存在唯一的正确答案，因此很难用当今的技术作答。这些问题的答案有赖于给出答案的那个人，他的亲身经历、喜好以及他对你要找的答案的认知。

为了解决这个问题，麦克斯和戴蒙开发了一种称为Aardvark①的产品。根据他们深厚的技术知识和行业经验，人们自然而然地认为他们会一头扎入编程工作。但是，这两人花了六个月来确定该开发什么。而且，他们并没有把那一年的时间用在在白板上进行战略规划，或实施一项冗长的市场调查项目。

取而代之的是，他们开发了一系列的功能性产品软件，每个软件用来测试一种解决顾客问题的方法。每个软件产品都提供给公测用户试用，然后以他们的行为逐条证实或反驳各个假设。请参见以下附表中的例子。

以下项目列表是Aardvark观念构成时期的例子。[7]

Rekkit（瑞吉特）：从各网站上收集你的打分，以给你提供更好的建议。

Ninjapa（任加帕）：通过一个网站，让你能在各种应用程序中开设账号，并管理你在多个网站上的数据。

The Webb（韦伯）：你可以致电一个号码和真人交谈。这个人可以帮你做任何你能在网上做的事情。

Web Macros（网络宏）：一种记录你在网站上行为顺序的方法。让你能在不同网站上重复常用操作，并且分享你如何完成网上各项工作的“秘诀”。

Internet Button Company（互联网按钮公司）：一种把在网络上的行为和智能填表功能相结合的方法。人们可以给按钮加密，然后以社交书签的方式共享这些按钮。

① Aardvark，词义为“食蚁兽”，是一种社会化的搜索引擎。——译者注

麦克斯和戴蒙的愿景是用电脑创造一种虚拟助手，用户可以向其提问。因为这位助手要回答主观问题，因此其答案需要人来作出判断。所以，针对这个主旨，Aardvark在早期实验中尝试了多种不同的方法，开发了一系列原型产品，让顾客和虚拟助手互动，寻找他们问题的答案。但所有的早期原型产品都无法吸引顾客。

麦克斯如此描述，“公司自己掏钱开发，推出非常便宜的原型产品进行测试。最后形成Aardvark的是第六个原型。每个原型产品的工作量是2~4周。我们尽可能用人工替代后台运行。我们邀请了100~200位朋友来试用原型产品，并评估有多少人还会再次使用。在Aardvark之前，我们得到的全是一边倒的负面结果。”

由于开发时间短，没有一个原型产品包含高科技。这些最小化可行产品是用来测试一个更为重要的问题：要吸引顾客使用产品并转告朋友的话，我们需要做什么？

麦克斯说，“当我们选择Aardvark时，用真人替代后台那部分的工作共持续了9个月。我们雇了8个人来应对问询，把对话分类等等。基于真人和人工智能之间的障碍可以逾越的假设，以及表明顾客对我们开发的东西有兴趣的证据，我们在系统自动化之前就筹得了种子期投资和成长期投资。

“在产品调整期间，我们每周请来6~12个人试用正在开发的模型、原型产品或模拟软件。他们中既有当前用户，也有从未接触过产品的人。我们的工程师参与了很多次这样的活动，这样他们就可以立即进行产品修改。而同时，我们也和顾客一起体验了不知如何操作的苦恼。”[8]

他们最后定下的Aardvark软件是通过即时通信（IM）运作的。顾客经由IM把问题发给Aardvark，软件会从顾客的社交网络中选出答案，交给顾客。也就是说，系统会寻找顾客的朋友，以及朋友的朋友，向他们提出问题，一旦得到合适的答案，系统会反馈给提出问题的顾客。

当然，这种软件产品需要一套非常重要的规则系统：根据问题的既定主题，在顾客的社交网络中，谁是回答这个问题的最佳人选？比如，要是顾客询问旧金山的餐厅，就不该连线他在西雅图的朋友。再比如一些复杂的情况，如果是关于电脑编程的问题，就可能不该找一位文科生来回答。

在整个测试过程中，麦克斯和戴蒙遇到了诸如此类的很多技术难题。每次，他们都断然拒绝在实验早期就解决这些问题。相反，他们使用了“即时反应的测试向导”（Wizard of Oz testing）①进行模拟。在这种测试法中，顾客相信他们是和真正的产品互动，但在后台工作的其实是真人。这种方法和贵宾式最小化可行产品一样低效。想象一下，顾客向研究人员提出问题，还期待即时获得答复，这样的服务居然是免费的。一旦上了规模，这种服务肯定亏本，但建立在小规模上就比较容易处理。同时，这种方法也让麦克斯和戴蒙回答了几个重要问题：如果我们能解决这个人工智能产品背后棘手的技术问题，人们会使用它吗？人们的使用会促成一个具有真实价值的产品诞生吗？

正是这个系统让麦克斯和戴蒙一次又一次转型，抛弃那些看似大有前途，其实并不可行的概念。当他们准备好扩大规模的时候，对于要开发什么东西已经有了一个详细的计划。根据最近的报道，Aardvark以5 000万美元被谷歌收购。[9]

质量和设计在最小化可行产品中的角色

最小化可行产品最烦人的地方之一，是对传统质量观念的挑战。最好的专业人员和制作人员都致力开发高质量产品，因为这关乎骄傲。

现代生产流程以高质量作为一种提升效率的方式，它们遵从质量管理

① OZ是offline zero的简写，指的是测试中的实验员（Wizard）就用户的指令作出实时反应。——译者注

大师爱德华·戴明（W. Edwards Deming）的格言：顾客是生产流程中最重要的部分。这意味着，我们必须全神贯注于顾客认为有价值的生产结果上。如果在工作流程中容忍粗枝大叶的话，将不可避免地形成多余的差别化产品。这种差别化在顾客眼中就是质量参差的产品，好一点儿的需要重新返工，糟一些的会导致顾客流失。大多数现代商业和工程业哲学关注的首要原则，都是为顾客创建高品质的体验。这也是六西格玛、精益生产、设计思想、极限编程和软件工艺运动的基础所在。

这些对质量问题讨论的前提是，企业已经了解哪些产品特质在顾客眼里是有价值的。而新创企业作这种假设是要冒风险的。通常情况下，我们甚至不确定谁是顾客。因此，对新创企业而言，我信奉的质量原则是：

如果我们不知道谁是顾客，我们也不知道什么是质量。

即便是“低质量”的最小化可行产品也能为开发高质量的产品服务。确实，有时顾客认为该最小化可行产品是低质量的。如果是这样，我们应该视其为一个机遇，去了解顾客在意的是什么品质。这绝对比凭空想象或纸上谈兵好得多，它为开发未来的产品提供了坚实的实证基础。

但有时候顾客的反应则截然不同。很多著名产品都是以“低质量”的状态推向市场的，而顾客就是爱它们。试想一下如果克雷格·纽马克（Craig Newmark）在创立分类信息网站Craig List的早期，因为电邮新闻没有漂亮的设计而不愿意发布，情况会是怎样？又如果Groupon的创始人感到“买一送一的比萨”太丢份儿呢？

我自己有过很多相似的经历。在IMVU的早期，我们的虚拟人像停滞在荧幕一角，没法挪动。为什么会这样？因为我们开发的最小化可行产品还没有攻克技术难题，无法让人像在他们居住的虚拟环境中自由行动。在视频游戏行业中，标准的三维虚拟人像应该能够行走自如，避开途中障碍，并选择捷径抵达目的地。像艺电公司（Electronic Arts）开发的《模拟人生》（*The Sims*）这类热门游戏，就是以此为准则开发的。在这个功能上，我们不想推出低质量的版本，于是索性做了一个静止的虚拟人像。

顾客给予的反馈非常一致：他们想要在场景中移动他们的虚拟人像。在我们看来这是个坏消息，因为它意味着我们不得不花费可观的时间和金钱，寻求类似《模拟人生》那种高质量的解决方案。但是在下狠心那么干之前，我们决定先尝试另一种最小化可行产品形式。我们用了一招作弊似的简单处理方式：顾客们点击虚拟人像需要到达的地方，它就会瞬间移动到那里。这个过程中没有呈现走路的动作，也没有跨越障碍。虚拟人像突然消失，又突然出现在另一个新地点。我们甚至负担不起设计花哨的瞬间转移图像或音效。推出这样的功能真是让人害臊，但我们只能做到这些。

你可以想象当我们开始收到积极的顾客反馈时有多么惊讶！因为实在羞于启齿，我们从来没直接问过顾客有关动画功能的问题。但是，当向顾客征求他们最喜欢IMVU的三项功能特性时，他们始终把虚拟人像的“瞬间转移”列入前三位。令人难以置信的是，他们还经常特别指出：“它比《模拟人生》更赞！”这个廉价的妥协方案，比我们其他很多引以为傲、花费大量时间金钱开发的软件功能取得了更好的效果。

顾客才不在意某项功能花了多少时间开发。他们只在意这种功能是不是满足他们的需求。我们的顾客更喜爱快速的瞬间转移功能，因为他们希望尽快抵达想去的地方。现在回想起来，这不无道理。难道我们不是都喜欢马上赶到要去的地方吗？不需要排队、不需要乘飞机或在机场等候、不需要转乘其他交通工具、不需要坐出租车或乘地铁。“传送我吧，史考蒂！”[①]我们昂贵的“真实世界”的设计思路，被酷感十足的“奇幻世界”轻易打败，

① 是美国著名科幻电视系列剧《星际迷航》中的一句经典台词，意为将船员化为光束，瞬间转移到另一个地方。——译者注

后者更便宜、更受顾客钟爱。

那么，到底哪种软件版本是低质量的？

最小化可行产品需要我们有勇气验证自己的假设。如果顾客的反应和我们期待的一致，那就确认了我们的假设是对的。如果我们发布了一个设计糟糕的产品，让顾客甚至早期使用者都无法弄明白如何使用，那就说明我们需要投资以获取出色的设计。但我们一定要不断自省：如果顾客对设计并不像我们这样在意怎么办？

因此，精益创业模式和开发高质量的产品并不矛盾，但它只以赢得顾客为目的。我们必须愿意把传统的专业标准搁置一边，尽快进入“经证实的认知”环节。但要强调的是，这并不意味着用马虎或松散的方式运营。（这是一条重要的注意事项。有一类质量问题会减慢开发—测量—认知的反馈循环，造成直接影响。这种缺陷令产品的成型变得更加困难。它会扰乱我们学习认知的能力，纵容它存在于生产流程中很危险。在本书的第三篇里，我们会讨论如何确定何时投入资源以防范此类问题的方法。）

当你想要开发最小化可行产品的时候，应当符合一条简单规则：放弃对你需要的认知没有直接用处的一切功能、流程或努力。

开发最小化可行产品中的减速路障

开发最小化可行产品具有风险，既有真实的风险，也有想象的风险。如果事先没有充分了解，它们足以令一家新创企业的努力付诸东流。最常见的减速路障是法律问题、对竞争对手的恐惧、品牌风险，以及对士气的影响。

那些依赖专利保护的新创企业，发布早期产品会面临一些特有的挑战。在某些司法管辖区内，申请专利的窗口期从产品向公众发布的那一刻开始算起，而且根据最小化可行产品的构成方式，一旦产品发布，计时可能就开始了。即使你的公司不处在那些司法管辖区内，如果你想要取得国际专利保护，这或许将要求你必须遵守更严格的规定。（在我看来，这是现有专利法律制约创新的诸多方面之一，它应该作为一种公共政策问题加以修正。）

在许多行业中，专利大多有着防御目的，作为一种威慑力制约竞争对手。这种情况下，相比最小化可行产品在认知方面的所得，它的专利风险较小。但是，在某些以新的科学突破为公司核心竞争优势的行业中，则需要更小心地平衡这种风险。无论哪种情形，创业者都应该寻求法律咨询，确保自身充分了解所有风险。

法律上的风险或许已令人畏缩，但更令人惊讶的是，我多年来最常听到开发最小化可行产品的反对意见，居然是惧怕竞争对手——特别是对大型的成熟企业的恐惧，唯恐他们盗用了新创企业的构想。但要是盗用一个好点子真那么容易就好了！作为一个新创企业，想要你的构想、公司或产品不为任何人所知，几乎是不可能的，更别提竞争对手了。这本就是新创企业特有的挑战之一。实际上，针对创业者的这种恐惧，我总是给他们派发以下作业：选取你的构思之一（可能不是最好的那个），找到在成熟企业中负责这个领域的相关产品经理的名字，然后让这家公司盗用你的主意试试。打电话给他们、写备忘录给他们，或者发一份新闻通稿给他们好了——你尽管折腾吧。真相是，大多数公司的大多数经理人对好的构想早已应接不暇。他们的挑战是如何把这些构想排出先后顺序，并且落实执行。正因如此，才给了新创企业生存的希望。[10]

如果一旦创意构想为人所知，而竞争对手能比新创企业更好地执行这些创意，那这家新创企业反正也没戏唱了。之所以要建立一支新团队去实现这个构想，是因为你相信在开发—测量—认知的反馈循环中，你可以比任何人推进得更快。如果这是真的，那么竞争对手知道什么都无关紧要。如果不是真的，这家新创企业存在更大的问题的话，那么保密解决不了问题。一家成功的新创企业迟早要直面快速跟进者的竞争。先发优势几乎起不了太大的作用。而避开消费者的那种秘密开发状态所争取的时间，也几乎不可能带来起步优势。唯一的取胜之道是比任何人学得更快。

很多新创企业想要投资建立一个好的品牌，但最小化可行产品似乎带来品牌风险。在企业内的创业企业家中也有类似情况，他们因为害怕损害母公司的已有品牌形象而束手束脚。不论是哪种情形，有一个很简单的化解方法，即用不同的品牌名称发布最小化可行产品。此外，如果公司举行了公关活动，或制造市场热点之类的高调发布活动，就有可能对它的长期声誉造成风险。因为一旦产品无法兑现当初的许诺，对企业品牌真正的长期损害就会发生。但是新创企业那不起眼、少得可怜的顾客量，以及有限的曝光，反而是它的优势。与其为之哀叹，不如利用这种优势，埋头进行实验。当产品在真正的顾客群中得以验证时，再来办一场对外市场发布吧。[11]

最后，要知道最小化可行产品常常带来坏消息，作好接受这些事实的准备，会对你有所裨益。最小化可行产品和传统的概念测试或产品原型不同，它并非用于解决设计或技术问题，而是要解答一系列商业问题。并且，最小化可行产品常常揭示了一部分必要的现实。事实上，进入“现实扭曲力场”①总令人感到不自在。梦想家们特别害怕这样的伪真理：即顾客会排斥一个太小或太有限的、有瑕疵的最小化可行产品。企业发布未经先期测试的成型产品，正体现了这种畏惧态度。这些人就是无法接受在产品尚未四角俱全之时就开始测试。当然，他们的恐惧是有道理的。因为埋头于传统产品开发方式的团队，习惯有规律地定期做出继续或终止的决策，这正

① 语出自苹果副总裁巴德·特里布（Bud Tribble）。原用来形容史蒂夫·乔布斯说服自己和他人相信任何事情的能力。意为改变或违背现实，扭曲观众感受，使其相信不可能的事是可能的。——译者注

是瀑布模型[①]或门径开发模式[②]的精要所在。假如一项最小化可行产品失败了，团队很容易会一并放弃希望、放弃项目。但是，这种问题还是可以解决的。

从最小化可行产品到创新核算

解决这种两难境遇的方法是下决心重复实验。你必须事先就坚定不移地承诺：无论最小化可行产品的测试结果如何，都不放弃希望。成功的创业者既不会一看到麻烦冒头就退避三舍，也不会一条道走到黑。他们兼有坚持不懈和灵活应变的特质。最小化可行产品只是学习认知过程中的第一步。在这条道路上经历多次反复后，你可能会认识到产品或战略中有部分瑕疵，然后到了决定改变的时刻（即我所说的转型），用另一种不同的方式实现你的理想。

当新创企业的外部利益相关群体和投资人（特别是参与企业内部项目的公司首席财务官）处于信心危机的时候，企业就特别危险。项目一经授权或得到投资，创业者都会保证新产品将会改变世界，顾客会纷至沓来，创下纪录。但为什么实际上这样的事情总是很少发生呢？

在传统管理中，一个经理人承诺要做某事，但最终失败的话，他的麻烦就大了。失败只有两种解释：要么是执行不力，要么是没能好好计划。两种情况都不可饶恕。创业经理人遇到的则是不同的问题：因为计划和预测原本就充满了不确定性，当我们不可避免地失败、无法兑现承诺的时候，又怎能宣称自己成功呢？换个说法好了，首席财务官或风险投资人怎么知

---

① 一种软件开发模型，指按固定的顺序，像瀑布一样，一个阶段接一个阶段地逐级过渡，最终完成所要开发的软件产品。——译者注

② 一种新产品开发流程，也称为阶段–关卡流程。它利用管理决策关卡将新产品开发的工作量划分为几个阶段。相关团队必须完成该阶段内预先定义的相关活动，才能获批进入下一阶段。——译者注

道我们的失败是因为从中学习到一些重要的东西，而不是因为偷懒耍滑或误入歧途？

这个问题的解决之道是精益创业模式的核心所在。我们需要一个有条不紊的、系统的方法，来确定我们是否取得了进展、有没有真正获得经证实的认知。我把这套替代传统的核算方式的系统称为创新核算，专门用于新创企业。这就是第七章的主题。

第七章　衡量

新创企业在一开始差不多就是一个纸上的模型而已。商业计划内的财务考量包括了：预测企业期望吸引的顾客数量，要花多少钱，以及将产生多少收入和利润。在新创企业的早期，这只是一个理想，离实际相去甚远。

一家新创企业的工作是：（1）严格测量企业目前的状况，正视评估中揭示的现实真相。（2）设计实验，从而了解如何让真实数据向商业计划中的理想目标靠得再近些。

很多产品——即便是失败的产品——都不会交白卷。大多数产品总会有些顾客、些许增长和一些积极成果。对新创企业来说，最大的危险之一就是陷入进退两难的境地。员工和创业者从本性上总是抱有乐观倾向，即便看到大事不妙，还是想要抱定宗旨不动摇。锲而不舍的传说是非常危险的。我们都听过创业英雄的故事，他们在前景看似暗淡无光的情况下力挽狂澜，取得最后胜利。不幸的是，我们没听到的是更多无名者的故事，他们死守不放，公司最终倒台。

为什么看似枯燥的核算将改变你的生活

人们习惯地认为“核算”枯燥乏味，是一种“必要之恶”，主要用来准备财务报表和对付审计。有这种想法是因为核算已经被认为理所当然。历史上，在通用汽车的阿尔弗雷德·斯隆（Alfred Sloan）这些人的引领下，核算成为集中控制多部门的方法中的一个重要部分。它让通用汽车为每个部门设立了清晰的阶段性目标，并由各位经理人负责其部门成功达标。所有现代企业都使用了类似方法。核算是成功的关键。

不幸的是，标准的核算形式对评估创业者没有帮助。新创企业太难以预料，无法精确地作出预测和确立阶段性目标。

我最近刚和一支优秀的新创团队见面。他们资金充足，有很好的顾客凝聚力，而且发展迅猛。他们的产品在新兴的企业软件品类中占据领导地位，并运用了消费品市场营销的手段向大企业销售。举例来说，他们依靠员工之间的病毒式传播，而没有采用针对首席信息官或IT主管的传统销售流程。因此，他们有机会使用最前沿的实验技巧，不断改进软件产品。我在会议中向他们提了一个简单的问题，这个问题我在和新创企业见面时常常会问："你是否把产品做得更好？"每个人都回答"是"。我接着问："你怎么知道？"我总是得到这样的答复："嗯，我们正在设计开发，上个月还做了好几个产品改动，看上去顾客挺喜欢的。还有，我们这个月的销售总量更高了。我们肯定走在正轨上。"

这种表述方式几乎在每个新创企业的董事会议中上演。大多数产品阶段性目标的设立方法都差不多：可能是和一些顾客交谈，再看看收入数字是否上升，就算完成某个里程碑了。但这并不是衡量新创企业是否取得进步的好指标。我们怎么知道作出的改变和我们追求的目标有关？更重要的是，怎么知道我们是否从那些改变中获得了真正的经验教训？

要回答这类问题，新创企业迫切需要一种新的核算方式，特别是用来支持颠覆式创新。这就是创新核算。

在各行业均可行的核算框架

创新核算使新创企业能客观地证明，他们正在学习开发一项可持续的业务。创新核算始于把信念飞跃式的假设（在第五章中讨论过）转化为定量的财务模型。每个商业计划，即便是在餐巾纸上的涂鸦，都具备了与这种转化相连的某种模式。该模式提出一些假设：即将来业务成功时会是什么样子的？

比如，一个成熟的制造公司的商业计划，会显示公司的增长随着其销售量等比增长。当把产品销售所获的利润投入营销和推广时，公司就会得到新客户。公司的增长率主要取决于三个因素：单一客户获利率、获得新顾客的成本，以及现有顾客的重复购买率。这些指标表现越好，公司增长得越快，也越赢利。它们是公司增长模式中的驱动因素。

与之相反，一个把买家和卖家结合在一起的市场型公司则有不同的增长模式，比如全球最大的在线交易平台eBay。它的成功主要依靠网络效力，使该网站成为买卖双方交易的首选之地。卖家需要一个有最多潜在顾客的市场，而买家则需要一个卖家之间有最大竞争的市场，以求带来丰富的产品和低廉的价格。(在经济学中，这有时候被称为“供给端报酬递增”和“需求端报酬递增”)。对此类新创企业而言，新卖家和新买家的高保留率可以证明网络效力，而网络效力是否起效，就是要加以衡量的重要内容。如果人们关注该网站，不轻易分心，那么不管企业如何捕获新顾客，这个交易市场都会扩大。这条增长曲线看上去就像一张复利表，增长率就取决于来到该网站的新顾客的“兴趣度”。

尽管这两类公司具有截然不同的增长驱动因素，我们还是可以采取常用的核算框架，使其领导者负起责任。即便增长模式改变，这个框架还是支持责任制的。

如何实行创新核算——三大认知阶段性目标

创新核算分三步走：第一，使用最小化可行产品确定企业目前所处阶段的真实数据。如果你无法看清眼下的状况——不管离目标可能还有多远——你都无法开始跟踪企业的进展情况。

第二，新创企业必须尝试把增长引擎从基准线逐步调至理想状态，这期间可能要经过多次尝试。新创企业在这个调整过程中进行了能做的一切微调和产品优化后，就到了一个决策的时刻。这就是第三步：转型还是坚持？

如果公司正朝着理想目标稳步前进，那就意味着公司认知得当，并且有效地运用了那些认知。在这种情况下继续前进是有意义的。若非如此，管理团队最后必须得出结论，承认目前的产品战略是有问题的，需要重大改变。当企业转型时，整个流程会重新开始，再次确定新的基准线，并从那一点上调整引擎。如果这些引擎调整的活动比先前更具成效，就是成功转型的好迹象。

确定基准线

举例来说，新创企业开发了一个完整的原型产品，通过主要营销渠道销售给真实顾客。这个单一的最小化可行产品可以测试企业的大多数假设，并且同时为每个假设建立基准线的指标。另一种方式是，新创企业可能会倾向于开发几种不同的最小化可行产品，每次分别针对一个假设获取反馈。在开发原型产品前，公司可以使用其营销材料先进行一次冒烟实验。这是直接营销中早有的一个技巧，即让顾客有机会预订一个尚未开发出来的产品。冒烟实验仅测量一件事：顾客是否有兴趣试用产品。实验本身并不足以证实整个增长模式。但是，在下决心向该产品投入更多资金和其他资源之前，得到这个假设的反馈意见是非常有用的。

这些最小化可行产品提供了“认知阶段性目标”中的第一个案例。最小化可行产品让新创企业在其增长模式中填入第一串真实的基础数据——转化率、注册和试用率、顾客生命周期价值等。它提供了顾客情况、顾客对产品的反应等基础信息，即使一开始都是坏消息，但却很有价值。

当你在商业计划内众多的假设中挑选时，先选最冒险的假设来测试才有意义。如果你找不到降低这些风险的方法，何谈向理想进发、创建可持续业务，也没有必要测试别的假设了。比如，从事广告销售的媒体业务有两个基础假设，于是形成这样的问题：它能持续捕获一个既定客户细分市场的注意力吗？它能把这种注意力卖给广告商吗？在媒体业务中，特定客户细分市场的广告率是为人熟知的，所以风险更高的假设是捕获受众注意力的能力。因此，第一个实验应该涉及内容制作，而不是广告销售。也许公司可以制作一个试映片段或试刊，用以观察其如何吸引顾客。

调整引擎

一旦确立了基准线，新创企业就可以向第二个认知阶段性目标前进了：即调整引擎。每次产品开发、营销或新创企业的其他活动，都应该以提升增长模式中的某个驱动因素为目标。比如，一家公司可以花时间改进产品设计，让新顾客更容易使用。这种做法的前提假定是：新顾客的“激活率”是增长的驱动因素，而且它的基准线目前低于公司期望。如果这个假定要成为经证实的认知，产品设计的改进就必须能提高新顾客的激活率。反之，新的设计就应该被判定是失败的。这就是一条重要规则：好的设计是能改善顾客行为的设计。

比较一下两家新创企业。第一家公司设置了一个清楚的基准线指标、一个关于如何提高这个指标的假设，以及一套用于测试这个假设的实验。第二家公司的团队则不断争论要如何改进产品，立刻实施其中部分改动，一旦看到任何数量发生任何增长就庆祝一番。那么，哪家新创企业更可能有效地工作，并取得持久的成绩呢？

转型还是坚持

新创企业团队通过一段时间的不断学习，朝着可持续业务的方向发展。他们会看到增长模式中的各项数字，由最小化可行产品建立的糟糕低基准线上逐步攀升，并向商业计划中的理想状态靠拢。而做不到这点的企业则会看到理想离他们渐行渐远。如果做法正确，即便最强大的“现实扭曲力场”也不能掩盖一个简单事实：无法推动商业模式中的驱动因素，就不会取得进步。它成为一个明确的提示，说明已经到了转型时刻。

IMVU的创新核算

这里显示了IMVU早期创新核算看起来的样子。我们的最小化可行产品有许多缺陷，第一次发布时，销售额极低。我们想当然地认为，产品卖不出去的原因和质量有关，所以我们周复一周地把工作集中在提高产品质量上，并坚信我们的努力是值得的。每个月末我们会召开一次董事会议，介绍工作成果。会议前一晚，我们收集常规分析数据，测量转化率、顾客数量和收入数据，来显示我们干得不错。但是，产品质量的提高并没有产生任何顾客行为的改变。几次会议之后，我们产生了一种大祸临头的恐慌。有一些董事会议着实令人沮丧：我们可以展示很多产品“进步”，但业务表现却没有进展。过了一阵子，我们不再等到最后一分钟才来担心，而开始更频繁地追踪各项指标，缩短产品开发的反馈循环。但结果让人更加郁闷。几周下来，产品的改动没有带来任何效果。

每天花五美元提升产品

我们追踪了一种对增长引擎非常重要的“漏斗式衡量指标”行为：即从顾客注册、下载应用程序、试用、重复使用到购买行为。为了有充分的数据来获取认知，我们需要足够多的顾客来使用产品，以取得他们每个行为的真实数据。我们每天拿出5美元的预算：刚好能购买谷歌关键字广告（那时这项服务才推出）上的点击。当时，你可以用最少5美分的价格买到一个点击，而且并未规定最低购买额。因此尽管我们的预算很少，但还是付得起钱开个账号，使用这种方法。[1]

5 美元带给我们每天 100 个点击。从营销角度而言并不多，但对获取认知来说却是无价的。每天，我们都能在新的客户群中测量产品表现。同时，每次修正产品之后，我们在第二天就能获得一份新的产品成绩报告，看看做得如何。

举例来说，某天我们会针对新增用户首次推出一个新的营销信息。第二天，我们可能会改变产品接纳新顾客的方式。另一天，我们会添加一些新的功能、修补漏洞、推出新的视觉设计或者尝试新的网站排版。每次我们告诉自己，我们正在把产品做得更好，但这种主观的信心是要被放诸酸性测试中检验真实数据的。

我们日复一日地开展随机产品试用。每天都是一个新实验。每天的顾客都是独立于以往顾客之外的。最重要的是，尽管总体数量在增长，但很明显，我们的漏斗衡量指标却没有发生变化。

这是IMVU早期某次董事会议上使用的一张图。

三维即时通信“漏斗”

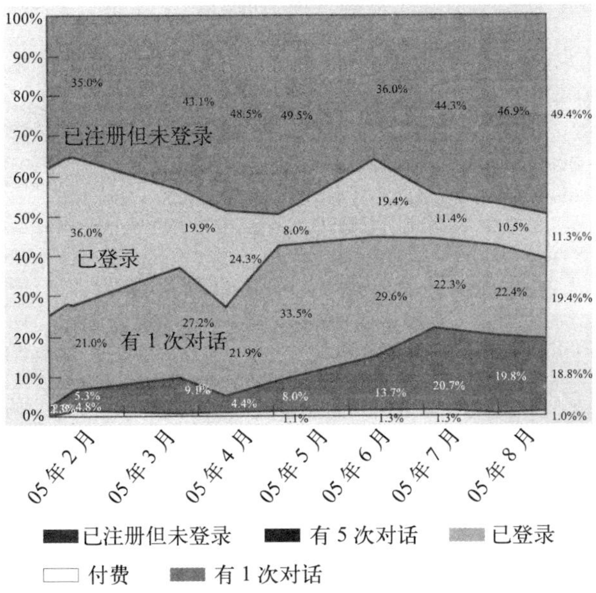

这张图显示了将近七个月的工作。在那段时期，我们不断改进IMVU软件产品，每天发布新的功能。我们亲自作了很多顾客访谈，产品开发团队工作得非常辛苦。

同期群分析

要读懂这张图就先要了解一下什么是“同期群分析”（cohort analysis）。它是新创企业分析中最重要的工具之一。虽然听上去很复杂，这个分析还是基于一个简单的前提假设。它看的不是总收入和总顾客数量这样的累积总额或总数，而是分别接触产品的每组顾客的表现。每一组被称为一个同期群（cohort）。该图中显示了IMVU每个月内增加的新顾客的转化率。每个转化率说明了在当月注册的顾客中，有多少比例的人接着做出了一些我们预期的动作。举例来说，在2005年2月加入IMVU的顾客中，有60%的人登录我们的软件至少一次。

有企业销售背景的经理人会认出，这个漏斗分析和传统上用于管理潜在顾客群转化为真正顾客的销售漏斗类似。精益创业把这个漏斗应用到了产品开发上。因为每个公司都是以一系列的顾客行为（称为“流向”）作为立身之本，所以这种技巧对很多业务有用。顾客流向决定了顾客和企业产品的互动关系。它让我们可以量化地理解一项业务，而且比使用传统的总数衡量指标有更强的预测力。

如果仔细看一下，你会发现该图清楚显示了一些趋势。有些产品改进是有用的——或者说有一点点用处。我们看到，使用软件至少5次的新顾客百分比从不到5%上升到近20%，尽管多次使用的顾客量增加了4倍，但购买IMVU的新顾客百分比还是停滞在1%左右。仔细想想这一点。经过几个月的工作、几千次的修改、小组讨论、设计会议和可用性测试，更多顾客有机会试用我们的软件，可是掏钱购买产品的新顾客百分比和项目刚开始时的数字是一样的。

好在有同期群分析，我们才不会把失败归咎于以前的顾客不愿意改变，或外部市场环境，或其他什么理由。每个同期群代表了一张独立的产品成绩报告。不管我们怎么努力，我们得到的分数都是“中”。这令我们意识到存在问题。

我当时负责一支小小的产品开发团队。我和我的创业搭档们交流了一下想法，感到问题应该是出在我们团队的工作上。我更加拼命地工作，专心提高各项功能的质量，度过了无数不眠之夜。沮丧的情绪日益滋生起来。到了黔驴技穷的地步，我终于要祭出最后一招了：和顾客谈一谈。在调整增长引擎上的进展失利之后，我准备好了要提出正确的问题。

这次失败之前，在公司创立之初，我们和潜在顾客的谈话相当轻松，对自己的前进方面也很有把握。实际上，以前把顾客请来办公室访谈并进行可用性测试的时候，我们很容易否定顾客的负面评价。如果他们不想使用软件，我就认为他们不属于我们的目标市场。我会对负责招募受试人员的管理者说，“不要这个顾客，给我找一个我们目标群中的人。”如果下一个顾客的反应比较积极，我就认为自己对目标群体的看法得到了确认。如果情况相反，我就把这个顾客打发走，再找下一个。

但眼下一旦数据在手，我和顾客的互动方式就改变了。突然之间，我发现有很多迫切需要解答的问题：为什么顾客对我们产品的“改进”无动于衷？为什么我们努力付出却得不到回报？比如，我们不断简化顾客和他们当前好友使用IMVU的方式，但不幸的是顾客却根本不想用，因此不管产品再怎么简便易用都是徒劳。一旦意识到要找的是什么，我们很快真正理解了产品。正如第三章所述，这些认知最终促成了至关重要的产品转型：放弃开发用于现有朋友之间的即时通信附加产品，转而成为让人们结交新朋友的独立网络。突然之间，我们对工作效率的担忧化为乌有。当我们的努力方向和顾客真实所需一致时，我们的实验就更可能把顾客行为往更好的方面调整。

从每月只有几百美元收入到实现几百万美元收入的这段时间里，有一种模式反复发生。事实上，这是一个成功转型的好迹象：总的来说，新运行的实验比过去的实验更富成效。

这种模式就是：糟糕的量化结果迫使我们宣告失败，并由此产生了更多量化研究的动机、背景和空间。这些研究产生了新想法——即新的假设——有待验证，并带来转型的可能，接着这个循环再次发生。每次我们都重复着一个简单的节奏：建立基准线，调整引擎，并决定是转型还是坚持。

优化VS认知

工程师、设计师和市场营销人员都擅长优化工作。比如，直营者非常了解如何对价值主张进行对比测试，他们为两组相似的顾客群提供不同的产品服务，再测量这两组人的不同反应率。工程师当然对改进产品表现很有一套，而设计师好像天生就有办法让产品更容易使用。在一个运营良好的传统组织架构中，所有这些具有渐进优势的活动，令企业逐步取得成效。只要我们好好执行计划，努力工作就一定会有回报。

但是，这些产品改进工具在新创企业中却不太好使。如果你开发的东西是错的，那么优化产品或营销方式都不会产生什么重大结果。新创企业必须以高标准来衡量其进展状况：即它能够围绕产品或服务建立起一项可持续业务的证据。只有当新创企业事先作出清晰、实际的预测，才能对这个标准进行评估。

没有这些预测的话，产品和战略的决策就极端困难并耗时。我做咨询顾问时，常常看到这种情况。某家新创企业觉得其工程开发团队“工作不够努力”，因而好几次叫我去给点儿意见。当我和这些团队会面时，总能找到有待改善之处，于是我就建议他们如此这般。但实际上，真正的问题都不是因为缺少开发人才、干劲儿或努力。每次团队努力工作，业务上却总是不见成效。于是，受传统模式训练的经理人得出一个“符合逻辑”的结论：我们的团队没有努力工作，没有有效地工作，或工作没有效率。

这样一来，一个下行的循环开始了：产品开发团队从创意或业务领导那里接到产品规格信息，于是拼命按要求开发。当没有得到好的结果时，业务领导者就认定，问题产生的原因来自产品设计和实际开发之间的差别。于是在下次迭代开发中，就尽量把要求说得再仔细一些。而当产品规格变得更详细的时候，制订计划的流程就随之减慢，批次规模增大，反馈延迟。如果还有董事会或者首席财务官作为利益相关者介入其中的话，用不了多久，公司里就该发生人事变动了。

几年前，一个向大型媒体销售产品的公司邀请我做他们的咨询顾问，因为他们觉得自己的工程开发团队工作不力。但是问题并非出在工程师身上，而出在整个公司的决策流程上。公司手头有客户，但并不了解他们。客户对产品功能的要求令公司的销售团队和业务领导应接不暇。每个新发现变成了一个非要马上解决的紧急事件。所以，那些长期项目不断遭受干扰。更糟糕的是，公司团队并不清楚他们所作的种种改动对顾客是否有意义。尽管不停修改和调整产品，他们的业务表现一直平平。

这种消极的螺旋式流程凸显了一大可能：公司正在执行一项没有意义的计划——而且按部就班地这样做着！认知阶段性目标可以防止这种情况。创新核算框架说得很明白，当公司停滞不前时，就需要改变方向。

以上案例中，在创业的初期，由于公司创始人发现了目标市场中尚有很大一块未被满足的需求，所以产品开发团队的工作曾经一度卓有成效。初期产品尽管不够完善，但在早期使用者中普遍受到欢迎。有了这些人到处广泛宣传这项创新，把顾客要求的主要功能直接加入产品中，似乎取得了不错的效果。但是，顾客没有提出的和未被回答的则是另一些潜在问题：公司有没有一个行之有效的增长引擎？早期的成功和目前产品开发团队的日常工作相关吗？大多数情况下，回答是否定的；成功来自公司过去的决定，而现在从事的任何活动都没有产生效应。但是，由于总指标“增长势头良好”，所以这些问题都被掩盖了。

等一下我们就会看到，这是一个常见的危险情况。公司不论规模大小，就算已经有了一个可行的增长引擎，也可能用错误的衡量指标作为行动指导。它会诱使经理人依赖那些常用的“成功法宝”：临时购买广告、充塞渠道①、使用花哨的演示样品等等，让总体数据尽量再好看一些。但与其把精力用在卖弄招数上，还不如设法建立可持续的业务。我把判读新创企业的传统数据称为“虚荣指标”，创新核算要求我们避免诱惑，不要使用这些指标。

小心虚荣指标

为了看清虚荣指标的危险，让我们再回到IMVU的早期。看看下图，它和前文提到的处于同一时期，代表的时间段和第95页上的那张同期群分析图是一样的。也就是说，它是同一次董事会上的演示文件。

这张图显示了到那时为止IMVU的传统总指标：总注册用户数量和总付费顾客数量（总收入图看上去和它几乎一样）。从这个角度看，形势一片大好。这就是为什么我把它称为“虚荣指标”：它们展现的是最美好的景象。你看到了一个传统的上升曲线，这可是高增长公司的理想模式啊。如果你只关注这些收入数字（更多顾客注册，总营业额增长），就此认为这支产品开发团队正取得重大进展，那也是可以理解的。公司的增长引擎工作良好。

---

① 充塞渠道，指要求经销商提前以超过实际需求的量购货，填塞分销渠道。以庞大的出货量造成销售业绩高的假象。——译者注

每个月都能获得新顾客，投资回报都是正数。来自新顾客的盈余收入被重新投入下个月，用以获取更多顾客。这就是增长的来源。

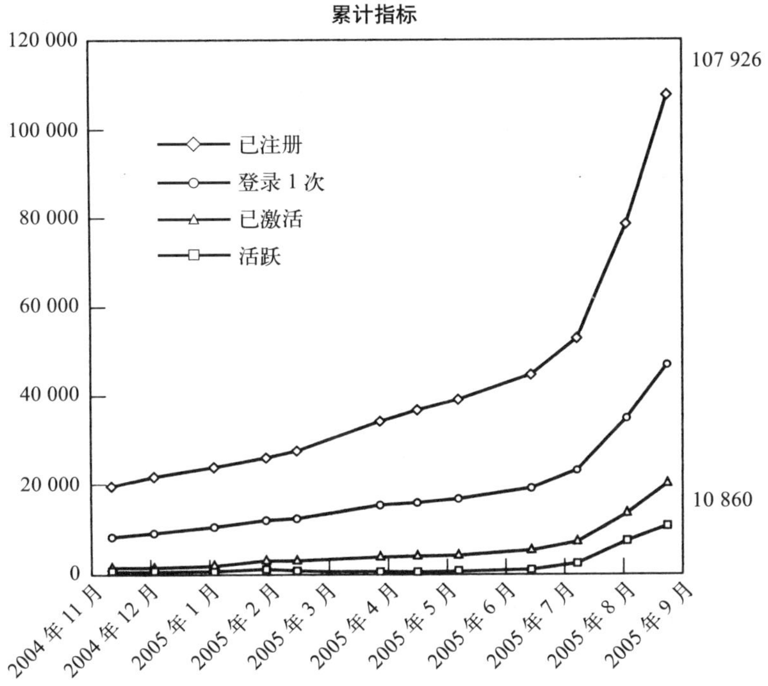

但回头想一想相同数据在同期群图中的表现。IMVU 确实不断有新顾客增加，但每个新顾客群产生的收益却没有提高。增长引擎已经开动，但调整引擎的努力却不见实效。如果只从传统图表来看，你无法分辨 IMVU 是否正稳步建起一项可持续业务；你当然也无从了解创业团队背后的实效。

如果新创企业被这些“总顾客数量”等等的虚荣指标误导，那么创新核算就无从谈起。我们判断业务和认知阶段性目标要用另一种衡量指标，称为“可执行指标”。

可执行指标 VS 虚荣指标

要深入了解一套好的衡量指标的重要性，让我们参考一下在线教学网站

Grockit的例子。网站创始人法布德 · 尼维（Farbood Nivi）在两家大型营利性教育机构——普林斯顿教育咨询（Princeton Review）和楷博教育（Kaplan）做过十几年教师，帮助学生备考标准化考试，比如经企管理研究生入学考试（GMAT）、法学院入学考试（LSAT）和学术能力评估测试（SAT）。他富有魅力的教学风格不仅赢得学生的赞誉，也不断获得上司的赏识和提拔，还曾获颁普林斯顿教育咨询的年度全国教师。但是法布德并不满足于这些机构的传统教学方式。每天给几千个学生授课 6~9 个小时的丰富经历，让他有很多机会尝试新的方式。[2]

法布德在一段时间后得出结论，传统讲课教育模式使用的一对多教学法，这对学生而言是不够的。他开发了一种更好的方法，把以教师为主的讲课、个人家庭作业和小组学习结合起来。让法布德特别感兴趣的是学生们结伴的小组学习方式，对学生非常有效。他们互相帮助，教学相长。首先，他们能得到同伴针对性的讲授，不像老师那样让人生畏。其次，他们也可以在教导同学的同时，加强自己的学习。此后，法布德的课堂逐渐社群化，并取得了成功。

随着这些事情的发生，法布德越来越觉得坐在课堂里不是那么重要。他由此产生了一个重要的联想："我的课堂里使用了社群学习模式，而这类社群社交活动在网上到处都是。"他的想法是，推广社群化的结伴学习方法，让无力负担楷博或普林斯顿的高价课程或更昂贵的私人教师课程的学生受益。Grockit就是在这个愿景下诞生的。

法布德这样解释道，"不管你是在准备SAT还是学习代数，你无非是在使用以下这三种学习方式中的一种：花时间跟专家学、自己学或者跟同伴一起学。Grockit就提供了这三种学习形式。我们所做的是运用技术和运算来加以优化。"

法布德是一个典型的创业梦想家，他这样描述他最初的想法："让我们忘记到目前为止的教育方式，忘记什么才是可能的。想一想今天的学生和今天的技术，重新计划如何学习。尽管在教育界有很多身价几十亿美元的机构，但我不认为他们像大家希望的那样有所创新，而且我也不认为我们还需要他们。对我而言，一切应该以学生为本，我觉得学生们并没有获得他们应得的服务。”

如今的Grockit提供多种不同教育产品，但在最初，法布德使用的是精益创业的方式。Grockit开发了一个最小化可行产品，它仅仅是法布德通过热门在线网站会议工具“网迅易通”（WebEx）讲授如何作考前准备。他没有开发定制软件，也没用新技术。法布维只是尝试通过互联网把他的新教学方式带给学生。关于法布德的新式私人教学的新闻不胫而走，几个月后，他在网上教学的月收入就达到了可观的10 000~15 000美元。但是，法布德和很多有雄心壮志的创业者一样，他开发最小化可行产品的目的不仅只为了过日子。他憧憬着为各地学生提供更深入协作的、更有效的教学方式。法布德凭着初期的成绩，从硅谷最有声望的投资人那里筹措到了资金。

当我第一次遇见到法布德的时候，他的公司已经走在了成功的快车道上。他们从有名的投资人那里获得了创业资金，建立了强大的团队，并且刚刚在硅谷著名的新创企业评比中完成一场令人印象深刻的首发仪式。

他们非常注重流程，而且严谨自律。法布德的公司和位于旧金山的枢纽实验室（Pivotal Labs）合作，遵照敏捷开发方式中的一种严格形式，称为极限编程（下文予以叙述）进行产品开发。他们的早期产品被媒体盛赞为“一大突破”。

Grockit是一个非常典型的案例。它的问题并非执行不力或不够自律，而是看不到使用产品的顾客有足够的增长。

根据敏捷开发的标准做法，Grockit的工作是按一系列的“冲刺阶段”（Sprints）展开的，每个阶段即为一个30天的迭代周期。每个周期中，法布德会写出一系列的“用户故事”（一种从敏捷开发中借鉴的技巧），对那个月里要做的工作按轻重缓急排序。法布德的“故事”是从顾客的观点描述产品功能特性，而不是用技术术语描述新功能的规格明细。这样的“故事”能帮助工程师在产品开发过程中关注顾客的认知。

每个产品功能特性都用简明的语言表述，不管你有没有技术背景都能读懂。根据标准的敏捷开发方式，法布德在任何时候都能随意重新排列工作的优先顺序。随着他对顾客需求的深入了解，他可以在有待撰写的故事列表，即所谓“产品列表”中，变动工作内容。这种方式有利于调整开发方向，唯一的局限是不能打断已经进入流程的工作。所幸的是，每次故事撰写的工作批量（我将在第九章中详述）很短，仅为一两天。

这个系统之所以称为敏捷开发是有充分道理的：使用它的团队能迅速改变方向，轻装上阵，并且快速响应产品负责人的业务改变需要。这个负责人就是安排故事优先顺序的流程经理，在这个案例中的负责人是法布德。

团队在每个冲刺阶段结束之时感觉如何？他们不断完成新的产品功能。他们以记录和访谈的形式收集顾客反馈，来说明至少有一些顾客是喜欢新功能的。总会有一部分数据显示出改善：或许是顾客总数增加了，或许学生回答问题的总数增加了，又或许是回头客的数量增加了。

但我觉得，法布德和他的团队对公司的总体进展有所疑虑。增长的数字是否真的由产品开发促成？还是出于其他原因，比如报刊上对Grockit的报道？当我和团队成员开会的时候，我问了一个简单的问题：你怎么知道法布德排列的优先顺序真的有道理？

他们回答说：“这不是我们部门的事。法布德作出决定，我们负责执行。”

那时候，Grockit只专注一个顾客细分市场：正在准备GMAT报考商学院的学生。他们的产品让备考同一门考试的学生能加入网上学习班。该产品确实奏效：在Grockit完成学业的学生获得了比他们以前高得多的分数。但是Grockit被一个在新创企业看来是老生常谈的问题困扰着：我们怎么知道优先排列哪种产品功能？如何让更多顾客注册和购买？怎么把产品宣传出去？

我问法布德的问题是："你对自己排列优先顺序的正确性有多大的把握？"法布德和多数新创企业的创始人一样，看的是手头已有的数据，然后尽量作出最合理的猜测。但这就留下了很多模糊和疑问的空间。

法布德坚信自己的理想，但他开始质疑公司是否能跟上实现愿景的脚步。产品每天都在改进，而法布德希望可以确定这些改进对顾客是有意义的。我认为他能想到这一点很不简单。法布德和其他梦想家不同的是，他没有不管不顾、死抱着最初的理想不放，而愿意把理想放诸实验之中。

法布德努力维系着团队的信念，相信Grockit一定会成功。他担心一旦团队成员知道掌舵人对前进方向举棋不定，会影响士气。但他自己也不确定他的团队会不会接受一种真正的学习文化。要知道敏捷开发的一大软肋是：工程师愿意根据不断改变的业务要求调适产品，但是对这些商业决策的质量概不负责。

在产品开发者看来，敏捷开发是一个有效的开发系统。它让开发团队集中精力关注功能开发和技术设计。把学习的需求引入这个流程的想法可能会影响生产效率。

（在把精益生产应用到工厂中时，也遇到了相同问题。经理人习惯于关注每台机器的使用率。工厂就是要保证机器在尽可能多的时间里满负荷运作。从机器的角度来看是有效率的，但从整个工厂的生产率来看，却常常是没有效率的。因为在系统理论里，优化了系统中的某部分就必定危及系统整体。）

法布德和他的团队没有意识到，Grockit的进展是用虚荣指数衡量的：

即所谓的顾客总数和回答问题总数。这是造成他的团队原地踏步、浪费时间的原因。那些衡量指标让团队感到自己好像在进步，但实际上却没有取得什么进展。有趣的是，法布德采取的方法表面上看起来和精益创业的认知阶段性目标非常相似：他们先推出一个早期产品，并建立某种基准线衡量指标。他们有较短的重复周期，每个周期都以改善顾客指标的能力来衡量。

但是，Grockit使用了错误的衡量指标，所以企业并未取得真正进步。法布德不满意自己对顾客反馈的了解程度。每个周期内，他的团队关注的指标类型都有所不同：这个月他们看的是用户总数，下个月则是注册数量，诸如此类。这些指标看上去各自上下波动，法布德无法得出清晰的因果推论。要在这样的环境中正确排出工作优先顺序是非常困难的。

法布德可以要求他的数据分析师特别调查某个问题。比如，当我们推出某功能后，它是否影响了顾客行为？但回答这个问题需要花费大量时间和精力。该功能到底是在何时推出的？哪些顾客接触到它？同一时间前后，有没有推出其他功能？有没有季节性的原因会造成数据偏差？找到这些答案需要解析一大堆数据，而且常常是在问题提出几周后才能找到答案。在这段时间里，开发团队可能早已进入新的一轮优先工作中，要马上关注新的问题。

和很多新创企业相比，Grockit团队有一个巨大的优势：他们非常自律。一支严谨的团队可能会使用错误的方法，但一旦发现错误，则可以迅速调转船头。更重要的是，一支严谨的团队可以把他们的工作风格贯彻在实验之中，并且得到有意义的结论。

同期群和对比测试

Grockit从两个方面改变了以前用来评估成功的衡量指标。一是公司从关注总数指标转向以同期群为基础的指标；二是从事后再找因果关系，改为把每个新产品的发布当做一次真实的对比测试。

所谓对比测试就是在同一时间向顾客提供不同版本的产品。通过观察两组人的行为变化，对不同版本的影响力得出推断。这种技巧首先采用在直邮广告上，比如，像服装用品“大地尽头”（Lands’ End）或家居用品“箱笼柜盒”（Crate & Barrel）这类给顾客寄送产品目录的邮购公司。如果你想要测试产品目录的设计，你可以向一半顾客邮寄新版，向另一半顾客邮寄旧的标准版。为了保证结果科学，两份目录中的产品应该完全一致，唯一不同的是版面设计。想知道新的设计是否奏效，你就要追踪两组顾客的销售数字。（这种技巧有时候也称为“甲乙组测试”，因为两个版本分别以甲和乙标注。）尽管对比测试常常被当做市场营销的特有方法（甚至是直接营销的特有方法），但精益创业可以把这种方法直接融入到产品开发当中。

这些变化马上改变了法布德对业务的理解。对比测试常常会揭示出一些让人意想不到的结果。比如，在工程师和设计师眼中许多产品功能的改善，对顾客行为却毫无影响。这正是Grockit遇到的情况。在我看到的所有使用这种技巧的公司中，也有同样的情况发生。因为需要额外核算和衡量指标，来跟踪观察对比测试中的每个版本，所以采取对比测试看起来似乎更加困难。但是由于去除了顾客并不在意的工作，长期而言它还是节省了大量时间。

对比测试还有助于团队更细致地理解顾客想要什么，不要什么。比如，开发团队希望社交沟通工具能提升产品价值，因此不断添加新的方法，让顾客能相互交流。这些工作基于的观点是，顾客希望在学习中有更多交流。但是，当对比测试显示这类附加功能并未改变顾客行为时，这个观点就有问题了。

疑问激发了开发团队的求知欲，他们希望更深入地理解顾客的真实需求。他们开始构思讨论可能会更具影响力的实验。事实上，很多想法并不新鲜，但因为公司过去只注重开发社交工具，所以它们被忽视了。后来，

Grockit测试了一个单人深度学习模式，需要完成过关任务或类似游戏的等级。这样一来，学生既可以选择自修，也能和别人一起学习。这两者相结合的学习方法在法布德以前的课堂上已经被证明是十分有效的。但是没有严谨的对比测试，公司可能不会意识到这一点。实际上，在一段时间里经过几十次的测试后，可以清楚地看到，吸引学生的关键是同时提供他们社群学习和单人学习功能。学生们更希望能够选择学习方式。

看板

根据精益生产的“看板”管理原则，即对生产量的控制，Grockit改变了产品排序的流程。新的系统规则中，用户故事在带来经证实的认知之前就不算完整。用户故事会按四种开发阶段归类：尚在产品列表中、正在开发、完成（技术角度上的功能完成），以及处于验证的过程中。这里的“验证”指的是“了解这个已完成的用户故事首先是不是一个好的想法”。这种验证往往使用对比测试法来揭示顾客行为变化，也可以使用顾客访谈或调查的形式。

“看板”规则只允许一定数量的用户故事存在于任意四个阶段中。随着故事从一个阶段进入另一个阶段，它被填入下一个阶段的方框中。一旦方框填满就不能再接受其他故事了。只有当一个用户故事通过了验证，才能从“看板”上移除。如果验证失败，发现这个故事是个糟糕的想法，那么和它相关的功能就会从产品中删除。（参见下页的表。）

我曾和几组团队一起实施过这个系统。最初的结果总是让人沮丧：“已验证”和“完成”的方框都被填满，已没有可能开展任何新的工作。开发团队习惯只用完成故事的数量衡量生产效率，这时感到动弹不得。唯一再开发新功能的方法，是调查一些已完成但尚未被验证的故事。而这常常需要投入产品开发以外的工作：即和顾客交谈，查看对比测试的数据，以及其他诸如此类的事。

工作发展阶段的看板表

（每个方框中同一时间里不能有三个以上的项目）

产品列表	正在开发	完成	已验证
A	D	F	
B	E		
C			

A项目的工作开始。D和E正在开发中。F有待验证。

产品列表	正在开发	完成	已验证
G		D	F
H	B	E	
I	C	A	

F已经验证。D和E有待验证。G，H，I是即将开始的新工作。B和C正在开发中。A已完成开发。

产品列表	正在开发	完成	已验证
	G	D	F
H→	B→	E	
I→	C→	A	

B和C已完成，但根据“看板”规则，不能移到下一个方框去验证，必须等待A、D、E验证完毕。H和I的开发工作无法开始，需要等下一个方框中有空位。

很快大家找到了一些窍门。一开始工作的进展走走停停，产品开发那里可能已经完成了很多工作，但接下来需要进行大规模的测试和验证。工程师们要想办法提高生产效率，他们开始意识到，如果从一开始就考虑了验证工作，整组团队就会有更多产出。

举例来说，为什么要开发一个不在对比测试中的新功能？在短时期内可能节省时间，但到了验证阶段，却要花费更多时间来测试。同样，工程师不愿开发他们不理解的用户故事也是出于同样的逻辑。在老系统中，工程师只负责开发，至于为什么要这么做乃是后话。而在新系统中，那种行为无疑阻碍了生产效率：没有清楚的前提假设，用户故事怎么可能被验证？在IMVU里也有类似情况。有一次，我看到一位初级工程师在一个较小的产品改动争论上挫败了一位高管。这位工程师坚称，该项新功能要像其他功能一样作对此测试，而他的同事也齐声附和。不管谁提出改动产品功能的要求，都要例行测试，这已经被认为是理所当然的。令人尴尬的是，我常常是那个被质疑的管理人员。稳固的流程根植于健康的企业文化基础：创意想法是以价值大小，而不是职位高低来评估的。

最重要的是，在这个系统中工作的团队不是根据新功能的开发量，而是根据经证实的认知来衡量其生产效率的。

Grockit的假设测试

经历了这次转变后，Grockit取得了显著的效果。有一次，他们决定测试一个称为“懒惰注册”的重要产品功能，考察从长期支持的角度，目前为之投入的大量投资是否值得。他们对这项功能很有信心，因为“懒惰注册”被认为是网上服务中最好的设计实践之一。在这种系统中，顾客不必为获得服务先注册，而是马上可以使用相关服务。只有当顾客体验了该服务的好处时，他们才会被要求注册。

Grockit的懒惰注册是这样为学生设置的：当你登录网站后，你会马上被放到一个和你准备相同考试的其他学生的学习班中。你不需要提供自己的姓名、电邮地址或信用卡号就可以马上加入，开始学习。这是Grockit的核心假设之一，对其进行测试非常重要：只有当顾客先看到新的学习方式行之有效，他们才愿意使用这种方式。

在这个前提假设下，Grockit网站需要管理三种用户：非注册访客、注册（试用）客户，以及购买产品高级版的顾客。这种设计的开发和维护需要大量的额外工作：用户种类越多，顾客跟踪的任务越繁重，也需要更多营销工作来制定相应的奖励措施，吸引顾客升级到高级版产品。既然大家都认为懒惰注册是行业中的最佳实践，Grockit只得承担了这些额外工作。

我鼓励Grockit团队作一个简单的对比测试：取一组同期群顾客，要求顾客在只看到网站营销材料的情况下就立即注册。结果开发团队惊讶地发现，这组顾客的行为和懒惰注册组并无二致，他们的注册率、激活率及后续的保留率均相同。换言之，尽管懒惰注册是业内公认的最佳方法，但Grockit花在这上面的额外精力纯属浪费。

这项测试还揭示了比减少浪费更重要的市场洞见：顾客决定使用Grockit与否不是基于他们使用了产品，而是其他因素。

想一想那些被要求马上注册才能获得产品的同期群顾客。他们并没有加入其他学生的学习班。除了网站首页上的介绍和注册表，他们几乎不了解什么产品信息。相反，懒惰注册组的顾客已经使用过产品，拥有大量产品信息。尽管双方获得的信息量有差异，但顾客行为却完全一致。

这种情况说明了，提升Grockit的市场定位并加大营销力度，可能比添加新的产品功能影响力更大，更能吸引新顾客。这个实验只是Grockit早期的几项重要实验之一。从那时候开始，网站的顾客群大幅扩充。现在他们提供大量标准化考试的备考指导，包括了GMAT、SAT、ACT和GRE，还为七年级到十二年级的学生[①]提供在线数学和英文课程。

Grockit继续发展其流程，在每个发展阶段不断寻找提升机会。公司在旧金山的办公室有二十几名员工，他们仍然以其历来招牌式的严谨方式运营。Grockit已经帮助了近100万名学生，而且必将帮助更多莘莘学子。

---

① 七年级到十二年级的学生，指美国的初中生和高中生。——译者注

三个“可”的价值

Grockit的这些案例分别说明了三个“可”的衡量指标，即：可执行、可使用和可审查指标。

可执行

一个产品成绩报告要可执行的话，必须清楚地显示因果关系。否则就是虚荣指标。Grockit用来判定认知阶段性目标的报告，非常清楚地说明了要得到结果，必须采取什么行动。

相反，虚荣指标无法给出这种判据。让我们以公司网站的点击量为例，比如说，本月我们创下4万个点击率的新纪录。要得到更多点击该怎么做？好吧，那就要看情况了：新的点击从何而来？它是出自4万个新顾客，还是一个特别活跃的网络浏览者？这些点击是因为新营销活动的成果，还是公关推广？一个点击究竟指什么？是每次网页浏览计为一个，还是把所有嵌入的图像和多媒体内容都计算在内？在会议上争论报告中测量单位的人，都会发现这个问题。

虚荣指数对准了人的思想弱点，因而造成混乱。在我的经验中，每当数字上升，人们就会认为是由自己的行动，或自己正在进行的工作而产生的。因此，我们常在会议上看到，营销部门认为新的公关或营销活动令数字上升，而开发部门觉得这和新增的产品功能息息相关。而要知道究竟发生了什么所费不赀，所以很多经理人只有一笔带过，根据他们的经验和在会议室内收集到的信息，尽可能作出自己的判断。

但是，当数字下跌时，则会产生截然不同的反应：这都是别人的错。因此大多数的团队成员或部门都觉得只有自己部门才不断把事情做得更好，是其他一无所知的部门把自己的辛勤劳动给毁了。既然如此，那么这些部门弄出自己的一套语言、行话、文化以及对付那些傻瓜们的招数又何足为奇呢。

可执行的衡量指标是这些问题的解决之道。只要清楚理解了因果关系，人们就能从自己的行动中更好地学习。当人们得到了清晰客观的评估时，你会看到，他们生来就是天才的学习者。

可使用

产品成绩报告本应是员工和经理人用来作出决策的指南，但大多数报告都让人难以理解。可惜的是，很多经理人在这种复杂情况下，本可以和数据存储团队联手简化报告，寻求更好的理解，但他们并没有积极应对。为了得到想要的信息，很多部门常常自己花力气研究如何使用数据，而不去了解真实的顾客反馈，指导未来的行动。

对付数据滥用的方法是：第一，把产品报告做得尽量简单，让每个人都能理解。记住“人也是衡量指标”的说法。让报告易懂的最简单办法是使用明确具体的单位。比如，网站点击是什么？没人真的知道，但每个人都知道用户访问网站的意思：大家脑海里都会浮现出人们坐在电脑前的画面。

所以，同期群报告是认知阶段性目标的金科玉律。它们把复杂的顾客行为转化为以人为本的报告。每个同期群分析都会说：在这段时间内使用了我们产品的顾客中，有多少人表现出了我们期望的各种行为。在IMVU的例子中，我们看到了四种行为：下载产品、从电脑上登录该产品、和另一个顾客交谈，以及升级到付费版的产品。换言之，报告涉及的是人和他们的行为，这要比一堆数据有用得多。比如，想一想如果我们的报告只有人们交谈的总数，要凭这个辨别IMVU成功与否谈何容易。如果说我们在一段时期内得到了1万个对话。这到底算好还是不好？是因为有个家伙特别活跃，还是有1万人每人都试用了一次产品，然后又都放弃了？如果不再做一份更详细的报告，这些问题根本无从而知。

随着总数的增大，指标的使用性变得越来越重要。很难想象网站点击量在某月从25万降到20万是什么意思，但绝大多数人会马上理解损失5万个顾客意味着什么。这就是说有一整座体育场那么多的人放弃了这个产品。

第二，指标的使用性也指更多人能方便地获得产品报告。Grockit在这方面做得非常好。每天，系统会自动生成一个文件，其中包括了每项对比测试的最新数据，以及其他信念飞跃式的衡量指标。这份文件寄给每位公司员工：他们的电子邮箱里总会有一份最新资料。报告排版精良简单易读，每个实验及其结果都以平实的语言加以说明。

采用我们在IMVU开发的一种技巧，也是让产品报告具有使用价值的一种方法。我们的报告数据及其基础构架就是产品本身的一部分，由开发团队掌握；而不是把分析或数据放到其他系统中。这些报告就张贴在我们的网站上，每位有员工账号的人都可以看到。

每个员工可以随时登录系统，挑选一项目前或过去的实验，便可以看到一页简明的实验结果概述。这些单页概述逐渐成为公司上下解决产品争议的实际准则。当人们需要证据支持他们认识到的某项观点时，他们就会带上打印出来的单页去开会，坚信每个看了这份文件的人都会了解其含义。

可审查

当听到自己钟爱的项目是个失败时，我们大多数人都想要责怪传来消息的人、数据、经理人、老天爷，或其他我们想得到的人或事。因此第三个“可”的衡量指标，即“可审查”是非常必要的。我们必须确保数据对所有员工来说都是可信的。

IMVU的员工会挥舞着那张单页报告，证明自己的认知观点，解决产品争端。但这个过程通常不那么顺畅。大多数时候，当经理人、开发者或相关团队在面对可能否决自己宝贝项目的决议时，争论的失意方就会质疑数据的真实性。

这样的质疑比大多数经理人愿意承认的还要多，而且糟糕的是，很多数据报告系统都无法回复他们的质疑。之所以会这样，有时是出于保护顾客隐私的考虑，它本意良好，但不该用在这里。更常见的情况是，缺少这类支持性文件的原因仅仅是由于它们被忽视了。大多数的数据报告是由业务经理人和分析师创建，而不是产品开发团队，因为后者的工作只是排出产品功能的优先顺序，并进行开发。对必须使用这些系统的经理人而言，他们只能查看各份报告是否彼此一致，但却常常无法检验这些数据是否与现实相符。

解决办法是什么？第一，记得“人也是衡量指标”。我们需要亲自测试这些数据，在繁杂的现实世界中和顾客交谈。这是查证报告里的情况是否属实的唯一方法。经理人必须有在真实顾客中抽查数据的能力。它的另一个有利之处在于，能提供这种详细审查程度的系统，可以让经理人和创业者有机会了解为什么顾客会做出如数据所示的行为。

第二，在产品报告的创建中，必须确保生成报告的机制不会太复杂。只要有可能，就应该直接从总数据中得出报告，而不是通过中介的系统，这样可以减少出错机会。我注意到，每次如果一个团队的判断或假设是被有技术问题的数据推翻的话，那么团队的信心、士气和自律精神就会被破坏。

我们在好莱坞或书本杂志的传奇世界中看到的创业家成功故事，总是从一个模子里刻出来的。首先，大胆的主人公突然顿悟，想出一个绝妙的点子。接着，我们了解了他们的个性和品格、他们如何尽享天时地利，以及如何跨出惊人一步开创了企业。

然后出现了电影蒙太奇。这一段常常很短，也就是几分钟的图像或旁白，说明时间流逝。我们看到，主人公建立团队，在实验室里工作，在白板上奋笔疾书，完成销售，或猛力敲击键盘什么的。在蒙太奇的结尾处，创业者已经取得成功。接下来的故事变得更有趣：他们如何分享成功果实，谁上了杂志封面，谁告了谁，以及对未来的影响。

不幸的是，决定新创企业成功的真正工作发生在蒙太奇之中。但它实在太过乏味，因而没有在故事中出现。创业活动中只有 5% 用于构想大创意、商业模式、进行书面策划，以及分配胜利果实。剩余的 95% 都是用创新核算来衡量的艰苦工作：诸如决定产品优先排序、确定瞄准或倾听哪些顾客，以及有勇气把伟大的理想投入不断的测试和反馈中去。

在新创企业所有的决定中，有一个决定最困难、最耗时，并且是最大的浪费源头。我们都必须面对这个重大考验：决定何时转型，何时坚持。要了解在电影蒙太奇中到底发生了什么，我们就要理解如何转型。这是第八章的主题。

第八章　转型还是坚持

每个创业者在开发一种成功产品的过程中，迟早会面临一项重大挑战：即决定何时转型，何时坚持。到目前为止的所有讨论只是一个问题的前奏，这个问题看似简单：目前取得的进展是否足以令人相信我们最初的战略假设是正确的，还是需要作出重大改变？这种改变称为转型：即有条理的方向性改变，用来测试新的产品、战略和增长引擎的基础假设。

由于科学方法论是精益创业的构成基础，所以总有一种错误观念认为，必须采用严格的方式决定是转型还是坚持。这种想法是不对的。从创业实践中排除愿景、直觉、判断这些人为的因素并不可取，我们也无法那么做。

我推崇用科学方式构建新创企业的目的，是为了把人类的创造活动塑造成最具实效的形式，而错的坚持决定是对潜在创新的最大威胁。企业如果不能根据市场反馈转投新的方向，就会陷于进退两难的尴尬境地，既无法增长又不至于垮台，虚耗员工和其他利益相关群体的资源和支持信任，却只能原地踏步。

但是，相信自己的判断也是好事。我们能够学习，又有天赋创造性，还具备从嘈杂中辨明迹象的非凡能力。事实上，我们有时候非常善于发现一些尚未显现的迹象。科学方法的核心在于，认识到虽然人的判断也许有缺陷，但是我们可以把理论付诸反复的测试。

新创企业的生产效率并不意味着开发更多产品或功能，而是把我们的努力投入创造价值并促进增长的业务和产品中。换言之，成功的转型让我们走上一条发展可持续业务的康庄大道。

创新核算带来更迅速的转型

戴维 · 比内蒂（David Binetti）是Votizen（选民网）的首席执行官，让我们参考一下他们的真实案例。戴维长期以来致力于把美国的政治流程推向21世纪。在20世纪90年代，他协助创立了第一个美国联邦政府的门户网站：USA.gov。同时他也经历了新创企业的一些典型失败。当戴维创立Votizen时，他努力避免拿自己的理想冒险。

戴维想要解决的是公民参与政治流程的问题。他的第一个产品概念是一个由经过身份认证的选民组成的社交网络，让关心公民事务的民众汇聚一堂，分享想法并招集他们的朋友。戴维只花了1 200美元，用3个月时间开发并发布了他的第一个最小化可行产品。

戴维开发的产品并非没人使用。实际上从初期开始，Votizen就吸引了热爱这个核心理念的早期使用者。戴维和所有创业者一样，需要改善他的产品和业务模式。他面临的挑战之所以特别严峻，是因为他必须在目前还不错的成功形势下作出转型。

戴维最初的概念中包括了四大“信念飞跃”：

1. 顾客要对注册社交网络有足够的兴趣。（登记）
2. Votizen要能验证顾客是已注册的选民。（激活）
3. 在一段时间后，已认证身份的顾客会被网站中行动工具所吸引。（保留）
4. 使用网站的顾客会把网站的服务告诉朋友，并招集他们参与公民事务。（推荐）

花了 3 个月时间和 1 200 美元的投资后，戴维的第一个最小化可行产品向顾客开放了。在最初的顾客同期群中，有 5%的人注册使用服务，17%认证了其注册选民的身份（见下表）。这些数字太低了，没有足够数据说明会发生什么样的使用或推荐情况。这时候需要做重复实验。

	早期最小化可行产品
登记	5%
激活	17%
保留	过低
推荐	过低

戴维又用了两个月时间和 5 000 美元，针对新产品功能、推广信息以及旨在简化用户使用的产品设计提升，进行对比测试。这些测试显示出大幅的进步，登记率从 5%上升到 17%，原来 17%的激活率则攀升到了 90%多。这就是对比测试的威力所在。这一轮优化为戴维提供了足量的顾客来衡量后面两条“信念飞跃”。但是，从下表所示来看，那些数据令人更加灰心：戴维只得到了 4%的推荐率和 5%的保留率。

	早期最小化可行产品	优化后
登记	5%	17%
激活	17%	90%
保留	过低	5%
推荐	过低	4%

戴维知道，他必须作更多的开发和测试。接下来的 3 个月里，他继续实行优化、对比测试，同时调整方案。他和顾客交流，组织小组讨论，并且作了很多对比测试。在第七章中已经解释过对比测试，就是在同一时间内把不同版本的产品提供给两组顾客使用，然后观察这两组人群的行为变化，从而推断不同产品的影响力。在下面这张表中，推荐率向上微调至 6%，

保留率升至8%。戴维用了8个月时间，花了20 000美元开发的产品并没有形成他所期望的增长模式。这令他大失所望。

	优化前	优化后
登记	17%	17%
激活	90%	90%
保留	5%	8%
推荐	4%	6%

戴维面临着要转型还是继续坚持的艰难挑战。这是创业者碰到的最困难的抉择之一。确立认知阶段性目标的目的不是为了容易地作出决定；而是确保当需要作出决定时，有足够的数据在握。

在这个阶段，戴维已经进行了很多顾客对话。他拥有足够的认知，来合理解释目前产品所遭遇的失败，这也是很多创业者会做的。在硅谷企业中，我们把这种境况称为“进退维谷”，用来形容企业有了一点成绩，但仅仅只够生存下去，却无法实现其创始人和投资人的期望。这样的企业是消耗人们精力的无底洞。出于忠诚，员工和老板都不想放弃；他们觉得成功可能近在咫尺。

戴维有两个优势，帮他逃脱这种命运：

1. 尽管戴维怀有远大的抱负，但他还是尽早发布了产品，并进行重复实验。因此在企业成立8个月后，他就到了转型还是坚持的阶段。向某个概念投入的金钱、时间和创新精力越多，要转型就越困难。戴维很好地避免了这种陷阱。
2. 戴维从一开始就明确找出了他的“信念飞跃”式问题，更重要的是，对每个问题作了量化预测。要是戴维想宣布他最初的尝试已经获得成功，其实也并非难事。不管怎么说，他的一些指标还是很高的，比如激活率。而在总使用量这样的整体指标上，也实现了积极的增长。但是，戴维所关注的是每个“信念飞跃”式问题的可执行指标，所以他才能接受公司正遭遇的失败。此外，戴维没有过早在公关宣传上浪费精力，因此，他能够下决心调整方向，而不用顾忌公众面前的难堪或受到干扰。

失败是认知的先决条件。要是打算先推出产品再来看发生什么，那么准保你心想事成，因为你肯定会看到发生了什么。问题是然后怎么办？一旦有了一些顾客，就会有不少人向你提出下一步的意见。那你该听谁的？

Votizen的成绩不错，但是还不够好。戴维觉得，虽然他的优化工作提高了一些衡量指标，但总体上，它们并没有朝着可持续的业务模式发展。戴维就像所有优秀的创业者一样，没有过早放弃。他决定转型，并且测试一个新的假设。所谓的“转型”需要我们立足于目前所知所识，同时在战略上作出重大改变，从而寻求更多经证实的认知。这个案例证明了，戴维和顾客的直接接触起到了至关重要的作用。

在他的测试中，他听到三种反复出现的声音：

1. “我一直想要更多地参与，这个网站让参与变得更简单。”
2. “你的网站证明了我是一个选民，这一点很重要。”
3. “网站上没人，我上去干什么？”[1]

戴维决定要做的转型，我称之为“放大式转型”，即重新聚焦在以前产品的一项功能上，把其放大为一个整体。想一想以上的顾客评语：顾客喜欢这个概念，喜欢选民登记的技术，但是在产品的社交网络功能上，他们无法实现价值。

戴维决定把Votizen改换成另一种形式，组建一个“社交游说平台”，起名叫做@2gov。它并不是要把顾客整合到一个公民社交网络上，而是让顾客们通过Twitter网这种已有的社交网络，又快又容易地联系到他们选出的民意代表。顾客在网上联络，@2gov可以把网上的联系转化成纸张形式的表格。最终结果是议会成员收到传统的印刷本信件和呈请书，也就是说，@2gov把顾客的高科技世界转化到政治活动的低技术世界中。

@2gov需要回答一些稍有不同的“信念飞跃”式问题。它仍然需要顾客注册登记、认证选民身份，并且推荐他们的朋友，但业务的增长模式改变了。@2gov依靠的不是留住用户的业务方式（即“黏着式”的增长模式），而更偏向交易性质。戴维的假设是：热情的活跃者愿意付费，让@2gov代表关心自身事务的选民协助进行联络工作。

戴维新的最小化可行产品用了4个月时间以及30 000美元。目前为止，他总共花费了50 000美元，投入12个月的工作。但是这一轮的测试结果是惊人的：42%的注册率，83%的激活率，21%的保留率，以及54%的高推荐率。但是，愿意付费的活跃者数量少于1%。尽管戴维已尽其所能优化产品，但每项交易的价值如此之低，以致无法支持一项赢利的业务。

在我们讨论戴维的下一个转型之前，注意一下他是如何证实了他的认知。他希望这个新产品能大幅提升他的“信念飞跃”指标，而且他也做到了（见下表）。

	转型前	转型后
增长引擎	黏着式	付费式
登记率	17%	42%
激活	90%	83%
保留	8%	21%
推荐	6%	54%
收入	不适用	1%
生命周期价值	不适用	极小

戴维实现这个成绩不是因为更努力地工作，而是更明智地工作，把原产品的开发资源用到新产品中。对比以往 4 个月的优化工作，最近这 4 个月的转型努力产生了极高的投资回报，但他还是困在一个老生常谈的创业陷阱中：衡量指标和产品都在提高，但是提高得不够快。

戴维再次转型。这一回他不再依靠活跃顾客的付费来拉动业务，而是针对在政治活动中有专业或商业利益的大型组织、专业筹款机构和大公司。这些企业看起来非常需要戴维的服务并愿意付费，于是戴维迅速与之签署了意向书，以便开发他们要求的功能。我把戴维的这次转型称为“客户细分市场转型”，就是保留产品功能但改变目标受众。戴维这回关注付费人群的转变：即从普通消费者转向商业和非营利机构。也就是说，戴维的公司从一家企业对消费者（B2C）的公司变身为企业对企业（B2B）的公司。在这个过程中，他改变了原来的增长模式，以及在每项B2B销售的利润中为增长提供资金的来源。

3 个月以后，戴维根据之前签署的意向书，开发了他所承诺的功能。但是当他回到那些公司收取费用时，他发现了更多问题。一家又一家的公司拖延、推迟甚至最终放弃了这项服务。尽管这些企业当初都非常激动地签下意向书，但真正要达成交易却难得多。最终结果显示，这些企业并不是早期使用者。

戴维基于已经签署的意向书，预计需要服务高利润的B2B客户，因而扩大了团队，雇用了额外的销售人员和工程师。当这些交易没有实现时，整个团队必须更努力工作，从别处寻找收入来源。但是不管他们打了多少销售电话，不管对产品作了多少优化，这个业务模式就是行不通。戴维回到他的“信念飞跃”问题上得出结论，这个销售结果推翻了他的B2B商业假设。他决定再次转型。

这段时间以来，戴维从潜在顾客那儿学到并收集了很多反馈，但他还是处在一个无以为继的状态中。你没法儿把学到的东西当成酬劳支付给员工，而在这个关头筹集资金只会把问题扩大。在业务缺乏早期推动力的情况下筹资是件不确定的事。如果戴维能筹到钱，他也许可以维持公司的运作，但不得不把钱投入价值破坏的增长引擎中。总之，戴维将处在一个高压环境下：拿了投资人的现金就要设法开动增长引擎，不然就得冒着公司关门大吉或自己被淘汰的风险。

戴维决定减员，并又一次转型，这次的转型我将之称为“平台转型”。戴维原来的销售方式是把应用软件每次卖给一个顾客，这次他受到谷歌关键字广告平台的启发，设想了一种新的增长模式。他开发了一个自助销售平台，任何人只要用一张信用卡就能成为顾客。不管你关心热衷什么事务，都可以登录@2gov网站，网站会帮你找到其他新人共同参与。和过去一样，新来者需要通过选民身份认证，因此对民选官员来说，这些人的观点是有分量的。

新产品的开发只花了一个月，而且成果立显：51%的登记率、92%的激活率、28%的保留率和64%的推荐率（见下表）。最重要的是，有11%的顾客愿意为每条消息支付20美分。关键在于，这可能是一个真正行得通的增长模式。每条消息收取20美分听上去也许不多，但网站的高推荐率意味着@2gov不用花费大量营销费用，也可以提升流量（这就是病毒式增长引擎）。

	转型前	转型后
增长引擎	付费式	病毒式
登记率	42%	51%
激活	83%	92%
保留	21%	28%
推荐	54%	64%
收入	1%	11%
生命周期价值	极小	每条消息20美分

Votizen的故事展现了一些常见的转型模式。值得注意的重要一点是最小化可行产品的加速现象。第一个最小化可行产品花费了8个月，第二个花了4个月，接着是3个月，再是1个月。每次戴维都能用比以前更快的速度验证或推翻他的下一个假设。

如何解释这种加速？人们很容易把它归功于一直进行的产品开发工作。很多功能已经开发，又有相应的基础架构，因此每当公司转型时就不需要再从零开始。但这种说法并不确切。首先每次转型之间，产品的大部分内容都要作废。更糟的是，剩余的部分会被贴上过去遗留产品的标签，不再符合公司的新目标。通常状况下，改造一个遗留产品要花费更多精力。戴维通过每个认知阶段性目标，历经艰苦，才学会如何处理这些情况。Votizen能加速其最小化可行产品的流程，是因为对其顾客、市场和战略的重要认知。

Votizen从创始到现在已经两年，目前运行良好。它最近从Facebook的早期投资人彼得·泰尔（Peter Thiel）那里筹到了150万美元。这是彼得在最近几年内极少数几项消费者互联网投资之一。Votizen的系统现在可以在美国47个州实时处理选民身份，代表了全美总人口的94%，而且已经向议会呈交了几万条消息。美国创业签证的宣传活动就使用了Votizen的工具，来介绍《创新签证法案》（Startup Visa Act，S.565）。它是第一条仅靠社会游说被送入美国参议院的立法。这次活动吸引了一些华盛顿方面资深咨询顾问的注意，他们正考虑在未来的政治宣传活动中使用Votizen的工具。

戴维·比内蒂这样总结了他建立精益创业企业的经历。

2003年我在和今天差不多的业务领域内建立了公司。和刚取得USA.gov的成功时刻比，我的专业知识和行业信誉几乎也一样。但是那时候公司完全失败（尽管耗费了很多投资），而现在的业务却正在赢利并达成交易。那时候，我用的是传统的线性产品开发模式，在12个月的开发之后，发布了一个惊人的产品（而它确实让人吃惊），其结果只是让我们发现原来没人要买它。这次，我在12周内开发了4个版本，并且不久之后就实现了第一笔销售。这并不只是因为市场时机的原因——2003年在相似领域内成立的另外两家公司相继以几千万美元被收购。而其他一些在2010年建立的公司采用了线性模式，很快就关门歇业了。

能实现的转型数量决定新创公司的跑道

创业老手常常会谈论他的企业还剩下多少跑道，其实指的就是新创企业要么起飞、要么失败的剩余时间。这通常是用银行里的剩余现金除以每个月烧钱的规模，或是以账户余额的净消耗速度来决定的。比如，一家新创企业在银行里有100万美元，假设每个月花10万美元，预计的跑道时长即为10个月。

当新创企业开始出现现金短缺的时候，他们有两种方式加长跑道：或者削减成本，或者筹措额外资金。但当创业者不加选择地压缩开支时，他们有可能把公司用于开发—测量—认知反馈循环的成本，连同其他方面的浪费一起砍掉。如果降低成本导致反馈循环减慢，那么它达到的效果只是让企业慢点儿关门而已。

真正衡量跑道长短的标准是公司剩余的转型次数，即根本改变商业战略的机会还有几次。从转型的角度而非时间来衡量跑道，提供了加长跑道的另一种方法：即加速每次转型。也就是说，新创企业必须设法以较小的成本或在较短时间里，完成同等数量的经证实的认知。目前为止讨论的所有精益创业模式的策略技巧，都以此为总目标。

转型需要勇气

询问一下众多决定转型的创业者，他们会告诉你，他们希望当初能早点儿那么做。我认为有三个原因造成这样的情况。

第一，虚荣指数会让创业者形成错误结论，活在自己的个人世界中。这对作出转型决定是特别有害的，因为它无法让团队认识到转变的必要性。当人们得不出最好的判断，却被逼改变的话，整个流程就会更困难、更耗时，并且效果不显著。

第二，如果创业者没有一个清晰的前提假设，他几乎不可能经历完整的失败，而未经失败的人通常很难产生冲劲儿，作出根本的转型改变。我在前面已经提过，“先做了再看”的败局已经很明显了：你准保会成功——成功地看到发生了什么。但除了极少数情况外，你看到的大多数结果是模糊的，你不知道应该转型还是坚持，应该改变方向还是抱定宗旨。

第三，很多创业者心存恐惧。承认失败往往引发士气挫败的危机。大多数创业者最大的担忧并非他们的愿景最后被证明是错的；他们更担心的是，这些愿景在还没有得到真正机会自我证实之前，就被认定是错误的。这种恐惧让他们相当抵制最小化可行产品、对比测试和其他验证假设的技巧。具有讽刺意味的是，如果不能完整呈现愿景，就无法进行测试，这种恐惧之心反而令风险程度升高。但是，如果等到资金快要用完之时再来转型则为时已晚。创业者要避免这种命运，就必须正视心中恐惧，接受失败，而且通常是公开场合中的失败。实际上，一些著名的创业者之所以出名，要么是因为他的个人声望，要么是他在运营中遭遇了上述问题的极端情况。

Path（通途）是由几位知名创业者成立的硅谷新企业。创始人戴夫 · 莫兰（Dave Morin），之前管理Facebook的平台工作；达斯汀 · 米劳（Dustin Mierau）是音乐软件Macster的设计者和联合创始人；肖恩 · 范宁（Shawn

Fanning）则来自著名的在线音乐服务商Napster。2010年，他们决定发布一个最小化可行产品。由于这几位创业者都大有来头，该产品引来众多媒体的关注，特别是技术和新创企业博客的关注。但是，他们的产品不是针对技术派的早期使用者，因此，早期博主的反应相当消极。（很多创业者没能推出产品，就是因为他们害怕这种反应，担心伤害整个公司的士气。要知道，在我们行业中，正面的媒体报道尤其具有强烈的吸引力。）

好在Path团队有勇气克服这种恐惧。他们把精力集中到顾客的反应上，因而及早地从真实顾客那里获得了反馈。Path的目标是创建一个更为个人化的、长期保证质量的社交网站。很多人在现有的社交网络上都有被过度联系的经历。这些网络上充塞了前同事、现同事、高中时代的朋友和亲戚一干人等。在这样庞大的社群中，人们很难分享私人时刻。Path选用了一种不同寻常的方式。举例来说，根据牛津大学的人类学家罗宾·邓巴（Robin Dunbar）对大脑的研究，在任何人生活中的任一段时间内，保持个人人际关系的大致数量是50人。因此，Path把顾客的好友联系数量限制在50个。

对于技术媒体以及很多技术派的早期使用者而言，“人为”地控制联系人数量让人很不舒服。这些人经常使用新的社交网络产品，以致拥有上千个联系人。50个人看似太少了。虽然Path遭到了很多难以忽视的公众质疑，但是顾客却蜂拥而至，而且他们的反馈和媒体的负面声音截然不同。顾客喜爱网络平台上的这种亲密时刻，并不断要求增加原本不在产品设计方案中的功能，比如，分享对好友照片评价的功能，和分享“视频时刻”的功能。

戴夫·莫兰这样总结他们的经历：

> 我们的团队和我们本身的背景无疑造成了一种巨大的期待。我想，不管我们推出什么都无关紧要，反正都要面对这些难以企及的期待。但对我们而言，我们要做的只是明明白白地把产品和愿景推向市场，

取得反馈，并不断地重复实验。虚心测试我们的理论和方法，看看市场是怎么想的。诚实地听取意见。朝着我们认为能为世界创造意义的方向不断创新。

Path的故事刚刚开篇，他们应对批评的勇气得到了回报。如果到了需要转型的时刻，他们将不会被恐惧阻挡。最近Path在美国KPCB风险投资公司（Kleiner Perkins Caufield & Byers）领头的一轮创业投资中募得了850万美元。据说，Path为此拒绝了谷歌1亿美元的收购提案。[2]

“转型还是坚持”的会议

决定转型需要敏锐的目光和客观的心态。我们在前面已经讨论了转型需要到来时出现的警示迹象：产品实验的效率降低，以及感觉到产品开发的成效低于预期。无论何时看到这些征兆，就该考虑转型。

转型的决定在任何新创企业中都会引起紧张情绪，需要用一种有计划有条理的方式来解决这个问题。事前安排好相关会议是减轻压力的方法之一。我建议每个新创企业都应该有一个讨论“转型还是坚持”的常规会议。以我的经验，每次会议之间只隔几周的话太频繁，超过几个月又嫌太少。不管怎么说，每个企业都要找准自己的节奏。

产品开发团队和业务领导团队需要共同参加每次“转型还是坚持”会议。在IMVU，我们还引入了外部咨询顾问的意见，帮我们克服先入为主的观点，并用新的方式读解数据。产品开发团队必须带来完整的报告，说明一段时间以来的产品优化效果（而不是最近刚刚过去的时间内），以及这些结果与预期的比较（也必须是一段时间内）。而业务领导团队则必须提供与现有顾客和潜在顾客交谈的详细记录。

让我们来看一看发生在财富前沿公司（Wealthfront）重大转型中的真实

流程。丹·卡罗尔（Dan Carroll）于2007年创立了公司，稍后，安迪·拉切列夫（Andy Rachleff）作为首席执行官加入。安迪在硅谷是位有名的人物，他是风险投资公司基准资本（Benchmark Capital）的联合创始人及前总合伙人，同时他也是斯坦福商学院的教师，讲授有关科技创业的几门课程。我第一次遇到安迪的时候，他正在做一个关于IMVU的案例研究，把我们创立公司的工作流程传授给他的学生。

财富前沿的目标是挑战共同基金行业，为散户投资者提供更大透明度、更易使用和更高价值的服务。财富前沿故事的非凡之处不是它今天的成就，而是当初的起点：一个网上游戏。

财富前沿的前身叫做“收银机”（kaChing），①是一个为业余投资者构建的虚拟联盟。它不需要人们投入真金白银，任何人都可以开设一个虚拟交易账号，根据真实市场数据建立资产组合。这些玩家中的一些业余交易者虽然缺乏成为基金经理人的资源，却拥有对市场的真知灼见。公司当时的想法就是要通过游戏沙里淘金，找到这批人。财富前沿的创始人并不打算从事所谓的网上游戏业务，“收银机”只是他们为了实现远大抱负而进行的周密战略的一部分。先为不能参与主流市场的顾客提供服务，是任何一个热衷颠覆式创新的学徒都认可的方式。而财富前沿也是这么做的。他们认为，经过一段时间，产品变得越来越完善，最终能让用户成为并挑战专业经理人。

为了找到最好的业余交易员，财富前沿开发了一套复杂的技术，采用最有经验的美国一流大学私人捐赠基金所使用的评估财产经理人的技巧方式，给每位基金经理评级。这些方法让他们不仅能评估经理人的投资回报，还能衡量他们所冒的风险，以及从他们所宣称的投资战略看出其表现是否

① kaChing的英文原意是收银机发出的“咔嚓”声，用于指某种行为带来金钱收入。——译者注

稳定。所以，以鲁莽的赌博行为（例如在他们的专业知识领域之外投资）获取高额回报的基金经理，比那些使用技巧跑赢大市的基金经理的等级要低。

通过收银机游戏，财富前沿希望测试两个“信念飞跃”式的假设：

1. 游戏玩家中相当一部分人会展现出一名虚拟基金经理的足够才能，证明他们能成为掌管真实资产的经理人。（价值假设）
2. 游戏能通过病毒式增长引擎获得增长，并以免费加收费的商业模式[①]产生价值。游戏本身是免费的，但公司团队希望，一部分玩家会意识到自己不是一个交易好手，因此一旦财富前沿开始提供真正的资产管理服务，他们会想要转为付费顾客。（增长假设）

收银机是一项巨大的早期成功，在发布初期吸引了45万游戏玩家。现在你应该已经会对这种虚荣指标抱有怀疑了。很多不那么严谨的公司可能就会为此庆祝胜利，并对将来志得意满。但是，财富前沿已经有了明确的前提假设，并用更严格的方式思考问题。到了财富前沿准备好推出其付费金融产品之时，只有7位业余经理人被认为有资格管理他人的资金，这个结果比理想模式所预计的人数少得多。在付费产品发布之后，他们衡量了从玩家变为付费顾客的转化率。数据再次令人失望：转化率几乎为零。他们的模型曾预测大概会有几百名顾客注册，但实际上只有14位。

公司团队奋力工作，设法找到改进产品的方法，但没有一个是特别有效的。现在是到了讨论“转型还是坚持”的时间了。

如果到目前为止我们所讨论的数据就是在这个重要会议上仅有的数据，那么财富前沿就要倒霉了。他们知道眼下的战略无效，但不知道如何解决。因此他们非常需要遵循本章前面提出的建议，调查研究其他可能性。在这

① 免费加收费的商业模式，指用免费服务吸引用户，然后通过增值服务将部分免费用户转化为收费用户，从而实现收入的商业模式。——译者注

里，财富前沿进行了两组重要的问询交谈。

第一组对话是和专业财产管理者进行的。第一位访谈者是斯坦福大学捐赠基金的主管，约翰·鲍尔斯（John Powers）。令人惊讶的是，他的反应竟然很积极。财富前沿战略的前提假设是，更高的透明度会威胁专业财产管理者的权威感，所以他们不愿意加入网上服务系统。但鲍尔斯没有这种顾虑。于是，首席执行官安迪·拉切列夫与其他专业投资管理人开展了一系列的交流。他带给公司的认知反馈是这样的：

1. 成功的专业财产管理人认为，他们并不担心透明度，他们相信，这恰恰证实了他们的专业技能。
2. 财产管理人的重大挑战在于管理并扩大他们自己的业务。服务自己的客户已经有不少麻烦，因此他们需要高效率的最小投入来筛选新客户。

第二个问题其实相当突出。财富前沿接待过一些专业财产管理人主动打来的电话，对方出乎意料地询问是否可以加入他们的网上平台。这些人是典型的早期使用者，他们的视野超越了眼下的产品，看到了其中一些可以帮助他们实现竞争优势的东西。

第二组和顾客的对话带来了重要的定性信息。顾客认为，在收银机网站上同时出现虚拟和真实的资产组合管理让人感到有点混乱。免费加收费的方式非但不是一个争取顾客的好法子，反而造成公司定位模糊。

这些数据意味着要召开“转型还是坚持”的会议。团队的每个成员都参加了会议，讨论他们将来该怎么办。目前的战略虽然行不通，但很多员工对放弃现有的网上游戏感到很紧张。不管怎么说，这是他们加入公司时要做的主要一部分工作，他们花了大量时间精力吸引和支持那些顾客。想到白费了这么多精力总是件让人痛苦的事。

财富前沿决定不再继续现有的业务形式。公司选择了善加开发利用所学到的认知。如果公司从没发布过目前这个产品，他们永远不会认识到转型所需知道的东西。事实上，这段经历教会他们一些与愿景相关的重要认识。正如安迪所说，“我们真正想要改变的不是谁来管理资金，而是谁可能拥有最佳才能。一开始我们认为，要靠业余资金管理者建立一项有规模的业务，从而争取专业人士加入。但还好结果证明我们不需要这么做。”

公司放弃了所有游戏顾客，就此转型，专心为顾客提供投资管理的专业经理人服务。从表面上看，这是一次重大的转型，改变了公司的定位、名称及合伙人战略，甚至放弃了已经开发的一大部分产品功能。但从核心来看，他们还是保留了很多原来的东西。公司最有价值的工作是开发了评估经理人效率的技术，这成为创建新业务所围绕的核心。这种现象在转型中很常见，我们不需要扔掉以前所有的东西，重头来过。相反，转型是要重新利用已经开发和已经学习到的东西，寻找更积极的方向。

财富前沿在转型后获得了成功，这个平台上的投资额达到 1.8 亿美元，拥有 40 多位专业资产管理者。[3] 它最近被美国著名商业杂志《快公司》（*Fast Company*）评为金融领域的十大最具创新力企业之一。[4] 现在，公司继续以敏捷方式运营，遵照增长原则（将在第十二章中论述）扩大规模。财富前沿也是“持续部署”（在第九章中讨论）开发技巧的主要倡导者。

转型失败

很多公司难以作出转型决定。我希望我能说，每次需要转型时我都处理得不错，但这并非事实。有一次转型失败令我记忆犹新。

IMVU 成立几年后，公司取得了巨大成功。业务已经增长到每月有 100 多万美元的收入；我们为顾客创建了 2 000 多万个虚拟人像，我们筹到了重要的几批新注资，我们和全球经济一样处在高走势中。但是，危险就潜伏在某个角落。

我们不知不觉陷入了新创企业的典型陷阱之中。早期努力得来的成果让我们忽视了其背后的原则。所以即使转型需要就摆在我们的眼前，我们却熟视无睹。

我们建立的组织架构在某些活动上表现突出，比如前面几章内提及的：开发最小化可行产品来检验新的构想，以及通过实验调整增长引擎。在我们取得成功之前，很多人对我们的“低质量”最小化可行产品和实验方式颇为反对，力劝我们放慢脚步。他们希望我们把每件事都做对，要关注质量，而非速度。但是，出于利用速度优势的考虑，我们没有理睬那些建议。在我们的方法被证明是正确之后，我们收到的建议发生了变化。这回，我们听到的大多数建议是主张我们保持方向，“别和成功过不去”。这是我们爱听的，但这种建议同样也是错误的。

还记得开发低质量最小化可行产品的初衷吗？那是因为开发任何非早期使用者需要的功能都是一种浪费。但这个理由只能言尽于此。一旦你在早期使用者中取得成功，就会想要把产品推向主流客户群。可是主流顾客有不同需求，要求也严格得多。

这时我们需要的转型称为顾客细分市场转型。在这类转型中，公司认识到开发的产品可以解决真实顾客的真实问题，但此顾客非彼顾客，他们不是公司原来计划服务的目标。换言之，产品的前提假设只得到了部分确认。（本章在Votizen的案例中描述了此种转型。）

顾客细分市场的转型执行起来特别棘手。IMVU在这一点上吃了不少苦头。我们在早期使用者中取得成功的做法，与必须熟练用在主流顾客那里的做法截然相反。我们也缺乏对增长引擎运作的清晰认知。我们开始被虚荣指标蒙蔽了，不再使用需要由个人负责的认知阶段性目标作为衡量指标。只关心日益增长的总量指标容易得多，又好看得多：不断刷新纪录的注册付费顾客和活跃用户数量，顾客保留率的跟踪调查，诸如此类。而在浅表之下，我们努力调整引擎所取得的回报其实正在显著缩减。这正是需要转型的典型征兆。

举例来说，我们花了几个月时间，想要提高一直低迷的产品激活率，即新顾客成为活跃顾客的比例。我们做了无数实验：改进可用性、新的说服策略、奖励机制、寻求顾客以及其他游戏类功能。单独来看，很多新功能和新营销工具是成功的。我们也用对比测试严格检验了这些功能和工具。但把它们合并在一起过了几个月后，我们看到，增长引擎总体驱动力的改变几乎可以忽略不计。而我们最关心的激活率，只微升了几个百分点。

公司还在继续增长，每个月都“循序稳步”地交出好成绩，因而我们没有理会这些迹象。但是，早期使用者的市场很快用尽了。以我们过去所支付的价格来找到新顾客变得越来越难。我们催赶着营销团队去寻找更多顾客，于是他们不得不打主流顾客的主意，但是主流顾客对早期产品诸多挑剔。新顾客的激活率和付费率开始下降，从而拉升了争取其他新顾客的成本。过不了多久，增长停滞了，业务引擎随之熄火。

其实我们早就应该作出改变，来应对这种情况。就像进行所有转型一样，我们必须回归原点，启动创新核算流程，就好像是公司的再次创业。这时候我们已经很擅长优化、调整和重复工作，但在这个过程中，我们一味地到处追逐增长、收入和利润，却丢失了对这些活动目的的理解，即测试一个清晰的前提假设，服务于公司的愿景。

面对新的主流顾客，我们必须重新认识自己。在互动设计师的带领下，我们基于大量亲身交谈和观察，开发了一个清晰的顾客典型。接着，我们把大量资源投入一项重大的产品更新设计中，以大幅改进产品的可使用性。而过去，由于过度重视细微调整，我们已经停止了这类大规模投资，只愿意把钱放在低风险、低产出的测试实验里。

但是，对质量、设计和大型项目的投入，并不意味着放弃我们的实证传统。相反，一旦我们认识到错误并开始转型时，以往的技巧仍然适用。我们创立了一个用于实验的沙盒方案（第十二章中提及），由一支跨部门团队专门从事这项重要的重新设计工作。他们在开发过程中，不断比照旧产品，对新产品进行测试。一开始出现了一种常见现象，即新产品的表现比旧版差，缺少旧版的特性和功能，同时还有很多新的错误。但是开发团队不屈不挠地改善设计，几个月后，新产品的表现更加出色。新的设计奠定了我们未来成长的基础。

这个基础给我们带来了良好的回报。到 2009 年，我们的年收入增长了两倍多，超过 2 500 万美元。但是，如果我们及早转型的话，这个成功大概会来得更早。[5]

转型列表

转型有各种各样的形式。“转型”这个词有时候被错误地当做“改变”的同义词。其实，转型是一种特殊的改变，用于测试新的产品、商业模式和增长引擎的基本假设。

放大转型

在这种情况中，之前被视为产品中单独的一个功能特性，成为产品的全部。Votizen就做了这种转型，从一个完整的社交网络转变为简单的选民联系产品。

缩小转型

在相反的情况中，有时候单独的一个功能不足以支持整个产品。这类转型就是把原来的整个产品转化为一个更大型产品中的一项单独的功能特性。

客户细分市场转型

这类转型中，公司意识到他们开发的产品确实解决了真实顾客的真实需求，但这类顾客并非公司原来打算服务的顾客。换言之，产品的前提假设得到部分证实，解决了相关问题，但针对的是与原本预期不同的顾客。

客户需求转型

随着对顾客了解的深入，有时候我们可以清楚地看到，我们想要解决的问题对顾客而言并不那么重要。但是，由于这种密切的顾客关系，我们常常发现其他一些重要的相关问题，而且我们的团队也能解决这些问题。很多情况下，解决这些相关问题可能只需要重新定位现有产品。还有一些情况下，则需要打造一个全新的产品。这种转型也是基于产品的前提假设得到部分证实的情况；目标客户有一个需要解决的问题，只不过它不是我们事先预计的。

目前拥有 200 多家连锁店的大肚三明治（Potbelly Sandwich Shop）就是一个著名的例子。它在 1997 年开办时是一家古董店。为了吸引更多顾客到他们店里，店主开始售卖三明治。他们很快就改了行，转型从事一种完全不同的业务。

平台转型

平台转型指的是从应用产品转为平台产品，或反方向的转化。通常，新创企业想要开发新平台的话，开始先会销售其平台上的一种应用产品，即所谓的“模范应用产品”。到后期该平台才会作为一个载体逐渐显现，让第三方利用这个平台开发他们的相关产品。但是，这个顺序并非固定不变，有些公司必须经历好几次这样的转型。

商业架构转型

这个转型的概念借用了杰弗里 · 摩尔（Geoffrey Moore）的理论。他观察到公司一般会在两种主要的商业架构中选其一：高利润低产量（复杂系统）模式，或低利润高产量（规模运营）模式。[6] 前者经常和企业对企业（B2B）或企业销售流程相关，而后者则与消费类产品相关（但也有一些明显的例外情况)。在商业架构转型中，新创企业会转变其架构。有一些公司通过进入大众市场（比如谷歌的搜索“装置”)，从高利润低产量架构中转型；另一些原本计划服务大众市场的公司，却发现他们需要长时间的、昂贵的销售周期。

价值获取转型

有很多方法来获取公司创造的价值。这些方法通常被称为货币化模式或收入模式。但是这类术语的局限很大。货币化概念的潜在含义在于，它是产品的一种独立“功能”，可以被任意添加或去除。在现实中，获取价值是产品前提假设中的固有部分。通常，公司获取价值方式的转变，会对业务的其他部分、产品和市场营销战略造成深远的影响。

增长引擎转型

我们将在第十章中介绍，带动新创企业成长的增长引擎主要有三种：病毒式、黏着式和付费式。在这类转型中，公司为寻求更快速、更高利润的增长而改变其增长战略。增长引擎转型也会要求相应改变价值获取的方式，这种要求虽非必然，却也很常见。

渠道转型

在传统销售术语中，公司把产品交付顾客的途径称为销售渠道，或分销渠道。比如，消费品在食品杂货店内销售，汽车通过经销商销售，很多有大量定制要求的企业软件由咨询或专业服务公司销售。通常情况下，对渠道的要求决定了价格、功能特性和产品竞争格局。渠道转型认为，可以通过不同的渠道实现相同的基本解决方案，而且效率更高。只要公司放弃了过去复杂的销售流程，转向针对终端顾客“直接销售”，那么渠道转型就发生了。

正是因为互联网对销售渠道的破坏式效果，才使它对以前那些需要复杂的销售和分销渠道的行业，比如报纸、杂志和书籍出版业，产生了颠覆性影响。

技术转型

有时候，公司会发现运用一种截然不同的技术，也可以获得相同的解决方案。技术转型在成熟的企业业务中更加常见。也就是说，它是一种用来吸引并保留现有顾客群的可持续创新，一种递增式的改进。成熟企业极擅长这类转型，因为很多东西并没有改变：顾客细分市场相同，顾客的问题相同，价值获取模式相同，渠道合作方也是相同的。唯一的问题是，新技术是否能比已有技术提供更优越的价格和产品性能。

转型是一个战略假设

尽管学习商业战略的学生将会熟知以上的各类转型，但有转型的能力却无法代替成熟的战略思考。提供种种著名转型案例的问题在于，这让很多人只熟悉那些著名企业最终的成功战略。大多数读者都知道，西南航空或沃尔玛公司在各自的市场中，是以低成本著称的“破坏者”，大家知道微软是平台垄断的典型，大家也知道星巴克充分利用了高级品牌的影响力。但是，如何发现这些转型所需的相关战略却通常不为人熟知。很多公司出于一些强烈的动机，围绕着他们的英雄创始人大作宣传文章，让他们的成功看上去是一个高明主意的必然结果。

因此，尽管新创企业经常会使用一些看似与成功企业相若的战略来转型，但重要的是，不要对这种类比寄予太大希望。要了解这种类比是否得当非常困难。我们复制的是基本特性，还是表面特性？在某个行业里有用的是否在我们这里也行得通？要更好地理解一种转型，就要把它作为一种新的战略假设，需要用新的最小化可行产品来验证。

转型在任何成长型企业发展过程中都是一个永恒的主题。即使公司取得了最初的成功，它也必须不断转型。熟悉理论家杰弗里·摩尔的技术产品生命周期定律的人，会从他起的那些名字里了解到一些转型的后期阶段：

鸿沟阶段（Chasm）[①]、龙卷风阶段（Tornado）[②]和保龄球道阶段（Bowling Alley）[③]。哈佛商学院的克莱顿·克里斯坦森率先提出了颠覆式创新，他的读者非常熟悉那些成熟企业在应当转型时却没做到的案例。当今，经理人的一项重要技能就是把这些理论和他们目前的情况对应起来，以便在适当的时机采用合适的建议。

现代经理人不能无视近来层出不穷的书籍，召唤他们修正、改变、重新设立或推倒已有业务。很多此类著作长于说教但欠缺细节。

转型并非仅仅是一种改变。要记住，它是一种有组织有条理的特殊改变，用以测试一个关于产品、商业模式和增长引擎的新的基础假设。它是精益创业的核心所在，让采用精益创业的企业在错误面前百折不挠：如果我们转错了弯，我们有必要的工具来发现错误，并能迅速找到另一条道路。

在第二篇里，我们研究了创业的概念，从最初的信念飞跃开始，运用最小化可行产品来验证，使用创新核算和可执行衡量指标评估其结果，并且作出转型或坚持的决定。

我非常详细地探讨了这些主题，为接下来的内容作准备。从书中看，这些流程可能亦步亦趋、缓慢又简单。但在真实世界中，会需要一些不同的东西。我们已经学会在低速发展时如何驾驭，现在我们必须学着跑起来。打下坚实的基础只是第一步，我们的真正目标是“加速”。

---

① 鸿沟阶段，指顾客对新产品早期的热衷消退，产品缺点开始暴露。——译者注

② 龙卷风阶段，指市场需求剧增，新产品进入大众化阶段。——译者注

③ 保龄球道阶段，指市场开始细分，要从某一个细分市场入手，然后逐渐占领相邻市场。就像打保龄球一样，各个击倒。——译者注

The Lean Startup

第三篇 加速

启动引擎

很多新创企业面临的决策没有明确的答案。你应该多久发布一次产品？每周发布比每天发布或每季度、每年发布更好的理由是什么？发布产品会产生开销费用，所以从效率角度看，频繁的产品发布会缩短用在开发上的时间，但是，把发布周期拖得太久又会造成最大的浪费：制造出没人想要的产品。

为了“预备”成功，企业应该在基础设施和早期计划上投入多少时间和精力？花费太多的话，浪费了本可以用来学习认知的宝贵时间。花费太少，则无法利用早期成功，白白把市场领头羊的位置拱手让于快速跟进者。

员工一天应该干些什么？在企业层面，我们该如何确保人们勤于学习？传统部门创造了激励机制，让人们专心发挥各自所长：市场、销售、产品开发等。但是如果跨部门合作才最符合公司利益，该怎么办？极端不确定性是新创企业的头号大敌，因此企业需要有相应的组织架构来应对。

精益生产在工厂环境中曾面临相似的问题。把他们的回答作些调整，对新创企业也有参考价值。

任何精益转变的首要问题是：哪些活动创造价值，哪些造成浪费？一旦你明白了这个区别，就可以开始运用精益技巧，去除浪费，提高价值创造活动的效率。要把这些技巧用于新创企业，它们必须适应创业活动的独特环境。回想一下第三章中提到的：新创企业的价值不在于开发产品，而是对创建可持续业务的认知。顾客真正需要的产品是什么？为什么我们的业务会增长？谁是我们的顾客？我们应该倾听哪些顾客？哪些顾客意见可以忽略？要把新创企业的成功机会最大化，这些都是需要尽快回答的问题。也只有这样，才能为新创企业创造价值。

在第三篇中，我们会论述一些技巧，让精益创业在发展中不至牺牲新创企业的生命线：速度与灵活。和通常的想法不同，浑噩平庸和官僚制度并不一定是企业进入成熟阶段的宿命。我相信，有了适当的基础，采取精益创业的新创企业可以发展壮大，走向成熟，并且依然保持其灵活机动、认知为本和创新文化的精髓。

在第九章里，我们会看到精益创业企业如何利用与通常直觉相反的小批量方式，发挥效力。就像精益生产中运用准时生产的方式制造产品，减少在制品存货的需求一样，精益创业使用“准时扩展”的方式，可以不必事先在计划和设计上大量投资就进行产品实验。

第十章将探讨当新创企业增添新顾客和发现新市场时，应该使用的衡量指标，以了解他们的增长情况。可持续的增长来自三种增长引擎中的一种：付费式、病毒式或黏着式。新创企业明确了自己是哪种增长引擎，就可以把精力投入到对业务增长最有效的地方。每种引擎需要关注不同的衡量标准，评估新产品是否成功，并列出新实验的优先顺序。当使用第二篇中描述的创新核算方式时，这些指标能让新创企业发现他们的增长何时有耗尽的危险，何时应该转型。

第十一章解释了如何控制流程繁复程度，在团队成长时保障其灵活性，创建一个“自适应组织”。我们会看到精益生产工具中的技巧，例如“五个为什么”如何帮助新创企业团队在成长中避免官僚或功能障碍。我们也会看到精益原则如何通过出色的运营，为新创企业变身成熟企业搭建舞台。

在第十二章里，我们会回到原点。当新创企业成长为成熟企业后，他们将和如今的企业一样，面临相同压力，寻找新的方法向颠覆式创新投资。

事实上我们看到，一家新创企业成功快速增长的优势在于即便企业逐步走向成熟，还能保留其创业基因。今天的企业必须学会掌握持续式创新和颠覆式创新共存的组合管理。把新创企业的进程视为一步步的独立阶段，而将创新这类的前期工作置于脑后的做法已经过时了。现代企业必须善于同时推进多项工作。要做到这些，我们将会探讨在一个成熟企业的大环境中培育创新团队的技巧。

我还加入了一段“杜绝浪费”的尾声，把一些精益创业运动成功的广泛影响放入历史背景之中（包括过去运动中的警示教训）审视，并且就其未来发展方向提出建议。

第九章　批量

詹姆斯·沃麦克（James Womack）和丹尼尔·琼斯（Daniel Jones）在《精益思想》（*Lean Thinking*）一书中详细叙述了他们其中一位作者的两个孩子帮忙把新闻邮件装入信封的故事。每个信封都必须写上地址、贴好邮票、装入邮件，并封上封口。6 岁和 9 岁的两个小女孩知道她们该如何完成这个任务："爸爸，你应该把所有的邮件先折好，接着封信口，再全部贴上邮票。"而父亲却要反其道行之：每次封装一个信封。两个孩子与我们大多数人的想法相同，认为这个办法很落后，和父亲说"这样做没有效率！"于是父亲和女儿们分别拿了一半数量的信封，比一比谁先完成。

结果是父亲赢了比赛，原因并非由于他是个成年人。一次封装一个信封的做法虽然看似低效，但实际上却能较迅速地完成工作。这个结果在很多研究中已经得到证实。[1]

一次装一个信封的做法在精益生产中被称为"单件流"。它之所以行之有效是因为发挥了小批量的效力。当我们需要执行阶段性工作的时候，所谓"批量"是指一次有多少工作从一个阶段进入下一个阶段。比如，我们要封装 100 个信封，下意识的做法是一次性折叠 100 封信，那么批量就是 100。单件流的叫法就是因为它的批量是 1。

为什么一次封装一个信封看似较慢，却能更快地完成工作？因为我们的直觉没有把分拣、堆叠和在中途移动一大堆半成品信封的额外时间计算在内。[2] 重复同一个工作看似效率更高，是因为我们一相情愿地认为一项简单的工作重复得越多会做得越好。不幸的是，在这种以流程为主的工作上，个人表现没有整体系统表现那么重要。

和人们的直觉更为相悖的是，即使两者在流程阶段花费时间相同，小批量生产的方法仍然比较出色。比如，想象一下信件塞不进信封的状况。要是采用大批量的方式，我们一直要到接近流程终点才会发现问题。而用小批量的话，我们几乎能马上发现问题。如果信封有瑕疵无法封口怎么办？用大批量方式，我们必须把信件从信封中全部取出，换成新的信封，再重新装件。而用小批量方式，我们同样会立刻发现问题，也无须返工。

所有这些问题在装信封这样简单的流程中非常明显，但是在大大小小的企业中，这些问题真实存在，并会造成更严重的后果。小批量的方式每几秒就能生产一件完整产品，而大批量的方式必须在最后阶段一次性完成所有产品。考虑一下如果该流程的时间跨度是几小时、几天或几周，这种做法会如何？万一顾客决定不要这些产品了怎么办？什么流程能让企业及早发现这种情况？

精益生产在几十年前就发现了小批量的好处。在二战后的经济环境下，像丰田这样的日本汽车制造商无法与使用最新大规模生产技术的巨型美国工厂抗衡。从直觉上，有效的制造方法是在大规模制造工厂中更大批量地制造汽车，斥巨资购买机器设备，每次制造十个、百个、千个汽车部件。只要每辆车型完全一样，把机器开足马力就可以降低部件的单位成本，制造出非常便宜的汽车。

但是丰田这样的日本汽车制造商规模太小，远远无法实现这种经济规模。因此，日本公司面临着来自大规模生产企业的巨大压力。受到战争破坏的日本经济，根本没有资金大规模投资大型机器。

在这种大背景下，出现了大野耐一、新乡重夫这样的创新者，找到了一条运用小批量方式的成功之路。丰田没有购置一次性制造几千个部件的大型专业机器。他们使用了普通功能的小型机器，能小批量地制造多种部件。这就要求工厂有办法在需要的时刻迅速重新装配每台机器，生产出所需的部件。通过关注“换型时间”，丰田得以在整个流程中使用小批量方式制造出整车来。

这种快速的机器转配不是一件容易的事。在任何精益转型中，为了支持小批量的工作方式，常常需要重新设计现有的系统和工具。新乡重夫创造了“快速换模”（SMED）的概念，用来在早期的丰田工厂中推行较小批量的工作。他反复推敲机器操作的方式，逐渐他把过去要花几个小时的换型时间缩短到 10 分钟。他能做到这些，不是要求工人工作得更快，而是重新思考并组织了所需做的工作。每次对更好的工具与流程的投入，都获得了相应回报，缩减了工作的批量。

由于较小的批量，丰田能够生产各种不同的产品。他们不再需要把每个产品做得一模一样，去争取大规模生产带来的规模经济。丰田可以服务较小的、更加零散的本土市场，同时也能和大型制造商较量。时间长了，这种能力让丰田向越来越大的市场进军，到 2008 年，它成了全球最大的汽车制造商。

以小批量工作的最大好处是能早早发现质量问题。这就是丰田著名的“安灯”拉绳的源起，任何工人一旦发现任何问题，都可以拉绳请求帮助，比如当部件的缺陷无法马上修正之时，就要停下整条生产线。这又是一个和人们的直觉相反的做法。装配流水线的最佳状态，是运行流畅地在生产线尽头完成一辆辆整车。“安灯”拉绳让生产线不断停运，打断这个细致的流程。但是，更快发现和解决问题的好处超过了其付出的代价。这个不断剔除瑕疵的过程为丰田和顾客带来了双赢。它是丰田历来著名的高质量评级和低成本的根本原因所在。

创业活动中的小批量

当我向创业者传授这种方法时，我常常会从制造业讲起。不多久就看到大家面露怀疑：这跟我的企业有什么关系？造就丰田成功的基础理论，可以用来大幅提升新创企业的速度，获取经证实的认知。

丰田发现小批量让他们的工厂效率更高。相比之下，精益创业的目的并非高效开发更多产品，而是尽可能迅速地学会如何创建一项可持续的业务。

回想一下装信封的例子。如果顾客不想要我们正在生产的产品怎么办？尽管对创业者来说是个坏消息，但是晚知道不如早知道。小批量方式可以让新创企业把那些最终可能被浪费的时间、金钱和精力降到最小。

IMVU 的小批量实践

我们把这些制造业的经验运用到了 IMVU 的工作中。以前，我们这类产品的新版本通常是以每个月、每季度或每年为周期向顾客推出的。

看看你的手机，它可能已经不是那个型号的最初款式了。但就算苹果这样的创新企业，它的经典款手机差不多一年才推出一个新型号，而随产品发布捆绑在一起的是几十项新的功能特性（iPhone4 手机发布的时候，苹果宣称其中包含了 1 500 项改进）。

讽刺的是，很多高科技产品在设备先进的工厂里采用小批量和单件流这样的最新精益手段来制造，而产品设计的流程却还困守在大批量生产时代。举例来说，iPhone 这个产品的改动共有 1 500 项之多，全部放在一起，以一个巨大批量的形式发布给顾客。

大批量生产仍是产品开发设计中的行规。新产品开发的工作在一个虚拟的流水线上推进。产品经理要去了解哪些功能特性可以取悦顾客，接着产品设计师要决定这些功能特性的界面应该如何。这些设计再传达给工程开发人员，开发新产品或改善现有产品。完成之后，交付负责调试的人员，检验新产品是否按产品经理和设计师的意图正常工作。像iPhone这样的产品，这种内部的开发传递流程可能每月或每季度发生一次。

再回想一下刚才说的装信封，这件事最有效的做法是什么？

我们在IMVU尝试充分运用小批量效力，每次设计、开发和推出一项新的功能特性。我们的做法如下。

工程师和设计师不是在各自的部门孤军奋战，而是在每个新功能开发上都携手合作。到该功能一切就绪准备进行顾客测试时，他们会即刻在我们的网站上发布一个新的产品版本，提供给我们为数不多的顾客。开发团队可以马上评估他们工作的成效，衡量对顾客产生的影响，并决定下一步怎么做。如果只是微调的话，整个过程每天会重复数次。IMVU总计每天对产品平均进行50次改动。

要像丰田生产系统那样迅速运作的关键在于，马上检测出缺陷，从而防范之后出现更大的问题。比如，我们有一套全面的自动测试体系，保证每次改动之后，产品还能按原设计运行。举个例子，一位工程师不小心删除了收费页上的结账按键。这是一项重要的产品功能，没有这个按键，顾客就无法购买任何IMVU产品，我们的生意就好像瞬间变成了业余爱好。IMVU使用了类似丰田“安灯”拉绳的一套复杂防御机制，防止工程师意外破坏这些重要的功能。

我们把它称为产品的免疫系统。这些自动保护措施不仅可以用来检测产品异动，也可以让我们随时监测业务本身的健康状况，一旦有错误就能自动发现并排除。

回到刚才那个删除结账键“生意变爱好”的例子上。我们把问题再设定得有趣些。如果工程师的错误并非删除了整个按键，而是把它改成了白色，这样一来，白色的按键被安在了白色的背景上。从自动化功能测试的角度看，按键还在那里正常工作；从顾客的角度看，按键的确消失了，所以没人能买东西了。这类问题很难单独依靠自动化手段发现，对业务而言影响重大。IMVU设计的免疫系统可以尽早发现可能造成的商业后果，并自动调用我们相当于“安灯”拉绳的设置。

当我们的免疫系统发现问题时，一系列动作会立刻发生：

1. 有缺陷的改动立即被自动删除。
2. 把问题通知到相关团队的每位成员。
3. 阻止该团队进行任何进一步的产品改动，防止问题因进一步的错误更加复杂化……
4. ……直至找到并修复造成问题的根本原因。（这个根本原因分析会在第十一章详细讨论。）

在IMVU，我们把它称为“持续部署”（continuous deployment），即使在软件开发这种运作迅速的行业中，这样的方式还是存在争议的。[3] 当精益创业运动开始产生影响时，它才被越来越多的新创企业，甚至是从事关键任务应用的企业所接受。在尖端企业的案例中，财富前沿是一个典型，它的转型在第八章中已经详述。公司采用了真正的持续部署方式，例如，在美国证券交易委员会监管的严格环境中，他们还是会每天向顾客发布十几个版本。[4]

软件业之外的“持续部署”

当我把这个故事告诉那些在运作较慢的行业工作的人时，他们觉得我描述的东西遥不可及。但现在，越来越多的行业看到，使软件行业快速更迭成为可能的根本力量，也能加速他们的设计流程。这里有以下三种方式。

1. 硬件变为软件。想一想发生在消费电子产品领域的情况。最新的手机或平板电脑其实就是一块接入互联网的屏幕。它们的价值几乎完全取决于其软件。即使在汽车这种传统工业产品中，更大部分的价值是由其装载的软件所带来的，这些软件控制了娱乐系统、引擎调整，甚至刹车控制。而软件开发的内容更新比硬件或机械装置的修改快得多。

2. 快速的生产改变。由于精益生产的成功，很多组装流水线的设置能在不牺牲质量或成本效益的前提下，让每个下线的新产品完全定制化。过去，这种能力为顾客提供了很多产品选择，将来，它可以让产品设计师更迅速地取得对新设计的反馈。当设计改变时，不会有多余的老产品库存阻碍进度。既然机器设备可以快速换机，那么一旦新设计就绪，就可以迅速制造新的产品。

3. 三维印刷和迅速建模的工具。举一个例子，大部分塑料制品和部件使用一种称为注射成型的技术进行大批量生产。设置这个过程非常昂贵耗时，但一经到位运作，则可以以极低的成本制造成百上千个一模一样的单件。这是一个典型的大批量生产流程。它让想要开发新的实体产品的创业者处于不利境地，因为通常只有大型企业才承担得起这种新产品的大规模生产。但是，新技术让创业者能制造小批量产品，而质量可与注射成型的产品媲美，且成本更低、生产速度更快。

这里的重要经验是，并非每个企业都要每天推出50个不同版本的产品，而是要减小批量，比竞争对手更快完成开发—测量—认知的反馈循环。对顾客更快了解的能力是新创企业必须拥有的重要竞争优势。

小批量的实例

让我向大家介绍位于爱达荷州博伊西市的SGW设计公司（SGW Designworks），该公司的专长是实体产品的快速生产技术，很多新创企业是它的客户。让我们来看一下这个生产流程是如何实现的。

SGW设计公司的其中一位客户要为它的军方顾客制造一个复杂的战地X光系统，在战争地带的边界周围探测爆炸物和其他破坏性装置。

从概念上讲，这个系统包括了一个读取X光片的先进的主体装置，多个X光片面板以及在X光片曝光时支撑面板的框架结构。客户已经有了X光面板和主体装置的技术，但要让产品能在恶劣的军事环境下使用，SGW需要设计并交付一个支撑结构，让相关技术可以在战地使用。这个框架结构必须稳固，能确保高质量的X光影像，在战地条件下足够耐用，只需少量训练就可以方便掌握，而且还要小到可以折叠装入背包之中。

这正是那种我们从前认为需要几个月甚至几年时间来开发的产品，但是新技术可以把所需时间缩短。SGW采用了三维电脑辅助设计软件（CAD），马上着手开发产品的虚拟样机。这个三维模型成为客户和SGW团队之间一个快捷的交流工具，用来做出早期的设计决策。

项目团队和客户定下了一个设计方案，使用一种先进的锁式铰链满足折叠需要，但又不影响结构的稳定性。这个设计还结合了吸盘/抽吸泵的机械装置，能快速地重复连接X光面板。听上去很复杂是吗？

仅仅3天之后，SGW就向客户交付了第一个实体原型。该原型是直接根据三维模型用铝加工而成，使用了称为计算机数字控制（CNC）的技术，由SGW团队手工组装。

客户马上把这个原型交给它的军方顾客审查，总体概念被接纳了，但有一些小的设计改动要求。在接下来的5天中，客户和SGW完成了又一个设计迭代、建模和设计复审的循环周期。在开发项目启动3周半后，40个完整的第一批产品已准备好交付使用。

SGW认识到这是一种制胜模式，因为他们几乎能立刻得到有关设计决策的反馈意见。在12个月里，他们使用相同流程，设计并交付了8种用于各种功能的产品。这些产品中的一半现在正为公司创造着利润，其他的则有待订购。这都要归功小批量工作的效力。

项目时间表	
初始虚拟样机的设计和建造	1 天
初始原型的制作和组装	3 天
设计迭代：两个额外的周期	5 天
最初 40 个产品的制作和组装	15 天

教育中的小批量

并不是所有的已有产品都能改成小批量设计，但这不是固守老方式的借口。要让创新者能够用小批量方式实验，需要铺垫大量的支持工作。正如第二章中指出的，对于希望加速内部创新团队工作的成熟企业而言，创建这样的实验平台是高级管理层的职责。

如果你是一个中学数学老师，尽管你可能每天一次，每次少量地把一些数学概念教给学生，但你无法频繁更动总的课程。你必须事先制定好全部课程，在上课的时候，以相同的顺序向全班学生讲授相同概念。你最多可以一年试用一种新编写的课程。

一位数学老师如何使用小批量方法？在目前教学的大批量体系中，这确实很难实现，因为我们现在的教育体系是大规模生产时代的产物，广泛使用了大批量的方式。

新一代的新创企业正在努力改变这一切。网上教育机构“学校总动员”（School of One）根据学生的程度和学习风格，每天向他们提供针对他们学习需要的“排课表”。比如，朱莉娅的数学程度远远高出她所在年级的水平，而她在小组学习的环境中受益更多，所以她的排课表可能包括了三四个符合她能力水准的视频教学、一次由老师辅导的 30 分钟的一对一教程，以及一次和其他三位与她水准相同的学生一起解数学谜题的活动。每项教学活动都有一套评估系统，教师可以收到相关数据，为她下一张排课表选择适合的活动。全部课堂、学校甚至整个地区的数据都可以加总计算分析。

现在想象一下如何运用“学校总动员”这样的工具来进行课程实验。每位学生有自己的学习节奏。如果你是一位教师，想到一个讲解数学概念的新方式，那么你可以立刻从参加这项课程的学生身上看到新教学方式带来的效果。如果你认为效果很好，就可以马上把新方式向每位学生推广；当其他学生被安排进入这部分课程时，他们自然就以新的方式学习。换言之，学校总动员这样的工具能帮助教师以更小的批量教学，令学生受益。（而且，当这些工具被大规模采用时，其中一些教师的成功实验可以推向所在地区、城市甚至全国范围。）这种教育尝试逐渐形成影响力，并赢得了赞誉。《时代》杂志最近把学校总动员列入其“最佳创意”名单，它是唯一入榜的教育机构。[5]

大批量的死亡螺旋

对于沉浸在传统生产力和进展观念中的经理人，小批量的做法是个挑战。因为他们相信技术工人的职能专业化更有效率。

如果你是一位产品设计师，正督管着一个新产品并需要制作30张单独的设计图。看起来最有效的工作方法大概是一个人关起门来埋头苦干，一张张地把设计画出来。等你全部完成了，再把图纸交给工程开发团队让他们去干活儿。也就是说，你是以大批量的方法工作。

就个人效率而言，用大批量方式工作是讲得通的。它还有其他好处：促进个体技能发展，更容易让每个贡献者负起责任，而且最重要的是让专才不受干扰地工作。至少理论上是这样。但是现实往往不尽如人意。

考虑一下我们假想的这个案例。把30张设计图交给工程开发团队之后，设计师应该可以有空关注下一个新项目了。但是，还记得那个装信封的事例中发生的问题吗？如果工程开发团队对图纸的操作方式有疑问怎么办？如果图中的表述不明怎么办？如果在使用图纸过程中发生问题怎么办？

这些问题不可避免地转变为对设计师的干扰，而现在这些干扰还会妨碍设计师正在进行的下一个大批量项目。如果需要重做图纸的话，工程师们就变得无所事事，干等着设计师完成返工。如果设计师没空的话，工程师可能就要自己动手重新设计了。无怪乎几乎没什么最终成型的产品和它当初的设计一致。

当我与使用大批量方式的企业里的产品经理和设计师一起工作时，我常常发现，他们在每个产品发布前都必须经过五六次的返工。我曾经合作过的一位产品经理被各种干扰弄到不胜其烦，以至于他要半夜才进办公室，才能不被打搅地工作。我建议他可以试着将工作流程从大批量转换到单件流的方式，但被他拒绝了，因为他认为这样效率低下！以大批量方式工作的本能是如此强烈，即使大批量系统运作不良，我们还是习惯于先责怪自己。

大批量的数量很容易随着工作时间延长而增长。每次要把批量向前推进往往会导致额外的工作、返工、延误和干扰，所以每个人都想以更大批量来工作，试图把间接成本降到最低。这种情况之所以被称为“大批量的死亡螺旋”，是因为它和制造业情况不同，这里的最大批量没有实体产品中的限制。[6] 批量可能会无限增长。最终，一个批量的工作会升级成一项最高优先级的项目，一个“赌上公司身家”的新版产品，因为公司离上次的产品发布时间已经太久了。但是到了这个时刻，经理人会执著于扩大批量，而不再是推出产品。既然已经花了那么长时间来开发产品，为什么不再多修复一个漏洞，或多添一项功能？因为没有解决一个潜在的关键缺陷而危及这次大型发布的罪人，谁肯来当？

我曾工作过的一家公司不幸踏入了这个死亡螺旋。我们为了一个拳头产品的新版本忙了几个月。第一个版本在市场中已经几年有余，大家对新版本的期望非常之高。但是，我们工作的时间越久，就越担心顾客最终看到新版时的反应。随着计划变得越发野心勃勃，要对付的产品漏洞、冲突和问题也随之增多。没多久，我们就陷入了什么东西都拿不出来的境地。产品发布看来渺茫无期。我们完成的工作越多，等着我们去做的工作就更多。无法推出产品最终导致了一场危机和管理层的人事变动，这全拜大批量方式所赐。

批量的错误概念相当常见。医院药房经常一天一次以大批量方式把药物送到病人楼面，因为只要走一趟，所以这样做应该是有效率的。但是如果病人的处方发生了改动，或病人搬到其他楼面，或已经出院，很多药品就要被送回药房，工作人员不得不重新配药或把药扔掉。改成每四个小时小批量地送一次药，降低了药房的总工作量，并确保在有需要的时候，正确的药品被送达正确的地点。

医院化验室通常每小时收集一次血样：抽血医师一小时内收集多位病人的血样，然后把全部样本送去化验室。这种做法增加了化验结果的周转时间，还可能影响测试结果。现在，医院每次只送小批量（两位病人）或单个病人的血样到化验室的做法更常见了。即使要再多雇用一两位抽血医师来完成工作，总系统的成本还是相对较低的。[7]

要拉动，不要推动

举个例子，你驾车兜风的时候惦记着小批量的衡量指标，一不小心把自己新的 2011 款蓝色丰田凯美瑞撞了个凹痕。你把车送去代理商处修理，等着听坏消息。维修技师告诉你需要把保险杠换掉。他去查了查库存情况，通知你眼下仓库里正有一个新的保险杠，可以马上帮你修好。对每个人来说这都是个好消息，你能早一点拿回自己的车，代理商则多了一个满意的顾客，而且不用担心你把车送去其他地方修理。同时，他们也不需要留下你的车，在配件到货之前提供你一部替代车辆。

在传统的大批量生产中，避免库存缺货的方法是保留大量配件存货以防万一。可能 2011 款蓝色凯美瑞的保险杠是常用配件，但如果是去年款或五年之前的款式怎么办？你的存货越多，就更可能有各种顾客需要的不同部件产品。但是大量存货代价高昂，需要运输、储存和追踪。如果 2011 款的保险杠有瑕疵该怎么办？那么所有仓库里的该部件马上就报废了。

精益生产使用“拉动”策略解决缺货问题。当你把车送到经销商处修理的时候，消耗了一个 2011 款凯美瑞保险杠。经销商的存货中出现一个“缺口”，由此自动向当地补充存货的中心，即丰田零部件配送中心（PDC）发出一个信号。PDC配给经销商一件新的保险杠后，它自己的存货中也出现了一个“缺口”。同样的信号再被发到区域仓库，即所有配件供应商向之供货的丰田零部件重配中心（PRC）。这家仓库通知制造保险杠的工厂再多生产一件保险杠，并送至PRC。

这一理想的目标是在整个供应链上实现小批量甚至单件流。流程中的每一个步骤拉动对前一步的需要。这就是著名的丰田准时生产方式。[8]

当公司使用这种生产方式时，由于用来以防万一的存货（称为“在制品存货”，WIP）数量大幅减少，公司的仓库会立即减容。这种在制品存货的神奇瘦身就是精益生产名字的由来。这就像是整个供应链即刻节食了。

新创企业对他们的在制品存货也很苦恼。工厂产生出在制品是实打实地堆在地上。而大多数新创企业的工作是无形的，几乎看不见摸不着。比如在产品推出前，所有花在设计最小化可行产品上的工作就是在制品存货。未完成的设计、未经证实的假设、多数商业计划都是在制品。目前为止，我们所讨论的几乎所有精益创业的技巧，都以两种方式实现其神奇功效，即把推动式转为拉动式与缩小批次数量。两者对减少在制品数量均产生净效应。

在制造业中，拉动方式主要用来确保把生产流程调整至顾客需求的水平。没有它的话，工厂最终会生产出比顾客真正所需多得多，或少得多的产品。但是，采用这种方式开发新产品就不那么直截了当了。有些人把精益创业模式误解为对顾客需求简单地采取拉动方式。这种假设是基于顾客可以告诉我们要开发什么产品，并且会对产品开发生成一个拉动信号，开始实施。[9]

我们前面已经提过，这并非精益创业的运作方式，因为顾客通常不知道他们到底要什么。我们制造产品的目的是为了进行实验，从而帮助我们学到如何建立一项可持续的业务。因此精益创业中产品开发的流程是以进行实验的需要来拉动，从而作出响应。这才是正确的理解。

只要我们定下想要测试的假设，产品开发团队就应该尽可能迅速地着手设计并施行这项实验，使用最小的批次数量把任务完成。要记得，虽然我们根据活动发生先后，把反馈循环写成开发—测量—认知，我们却应该以相反的顺序来安排计划：先找出需要知道什么，再倒回去看为了获得这个认知，要用什么产品进行实验。因此，不是顾客，而是我们“对顾客的假设”拉动了产品及其他功能特性开发的工作。除此之外的工作都是浪费。

清洁技术中的假设拉动

让我们以加州伯克利的新创企业字母系统能源公司（Alphabet Energy，以下简称“字母能源”）为实例。不管是工厂里的马达，还是火力发电厂，所有发电机器或发电流程产生的副产品都是热量。字母能源使用新型热电材料开发了一种可以利用余热发电的产品。劳伦斯伯克利国家实验室的科学家耗时 10 年开发了字母能源使用的热电材料。

像很多清洁技术产品一样，要把这种产品推向市场困难巨大。当字母能源在解决其信念飞跃的假设时，他们早就发现，开发一个废热电的解决方案需要制造一个热交换器，一个能把热能从一种介质转移到另一种介质的普通装置，同时还要针对项目进行工程开发。举例来说，如果字母能源想要为太平洋燃气与电力公司（Pacific Gas and Electric）这样的公用事业公司开发一套解决方案，他们就必须配置、设计、安装好交换器，以捕获从发电厂的排气系统中排出的热能。

字母能源的独到之处在于，公司在研究过程的早期就作出了一个明智的决定。他们没有使用较稀有的物质作为材料，而是决定把研究集中在硅晶片上，它同样也是制作电脑中央处理器（CPU）的物质。首席执行官马修 · 苏林（Matthew Scullin）是这样说的，“唯有我们的热电可以使用低成本的半导体基础设施来制造。”这使字母能源能以小批量方式设计和开发产品。

与字母能源的情况相反，多数成功的清洁技术新创企业必须在早期大量投入。例如太阳能电池板供应商SunPower公司必须设立工厂制作面板，还要与安装厂家合作，才能完全运作起来。相似的例子还有太阳能热电公司BrightSource，在筹到2.91亿美元建立并运作起大规模的太阳能工厂之前，他们连一度电都没有发过。

字母能源没有把时间和金钱投入在昂贵的制造设施上，而是充分利用了为计算机电子设备制造硅晶片的大量已有基础设施。因此，从一个产品概念到把实际产品拿在手里的时间，连头带尾只需6周。公司的挑战在于，找到一个符合早期顾客需要的产品，性能、价格和形状要样样具备。虽然他们的技术具有革命性的潜力，但早期使用者只有看到明确的投资回报时，才会使用它。

字母能源的技术最明显的适用市场是发电厂，这正是项目团队最初的假设。他们假定，简单的循环燃气轮机是一种理想的应用设备，这些轮机和固定在地面的喷气引擎相似，是发电机用来为满足高峰用电需求提供能量的。字母能源相信，把他们的半导体产品附在这些轮机上既便宜又简单。

公司开始用小批量方式测试这个假设，为顾客开发小规模的解决方案，作为学习认知的一种方式。和很多初期想法一样，这个假设很快就被否决了。电力公司对风险的承受度很低，因此不太可能成为早期使用者。所幸字母能源并没有大批量开发的包袱，他们在经过 3 个月的调查之后就准备好转型了。

字母能源又陆续排除了很多其他的潜在市场，进行了一系列顾客细分市场转型。公司目前把精力集中在制造企业上。后者有能力在其工厂内的各分散场地里试用新技术；这让早期使用者可以在下决心大范围使用之前评估该技术真实的成效。这些早期的部署运用把更多字母能源的假设放诸测试之中。他们的业务与电脑硬件业务不同，顾客不会为了产品最高效能而花费天价。这就需要字母能源对产品作重大改动，尽量达到每瓦发电的最低成本。

和其他能源新创企业相比，字母能源所有这些实验花费很少。迄今为止，公司已经筹得约 100 万美元。时间将说明他们的技术能否普及，但多亏小批量的效力，他们会更快发现事实结果。[10]

丰田生产系统可能是全世界最先进的管理系统，但更惊人的事实是丰田打造了史上最先进的学习型组织。它彰显出激发员工创造力、实现不断增长、在近一个世纪中不懈制造创新产品的能力。[11]

这种长期的成功正是创业者应该追求的方向。对长期采用正确的进度衡量方式、致力于实现最大绩效的高效运作的企业组织而言，尽管精益生产技巧有强大的作用，它只是企业的一种外在表现形式。这个流程仅仅是培养优秀企业文化的基础，但如果没有这个基础，一切鼓励学习、创意和创新的努力都会化为泡影。这一点很多经历失败的人事总监都可以证明。

只有当我们建立起的企业组织能快速适应面前的挑战，精益创业的方式才有用。这就要求我们解决好新工作方式中固有的人员问题，这也是第三篇的剩余部分要探讨的主题。

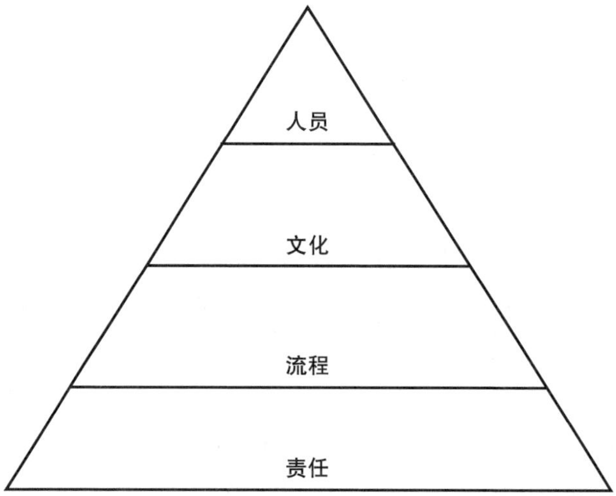

新创企业的方式

第十章　成长

最近有两家新创企业在同一天里找我咨询。他们从事的行业截然不同。其中一家致力于为动漫收藏品爱好者创建一个网上市场平台，让他们可以互通有无。这些人是电影、动画、漫画的死忠粉丝，热爱片中人物，一心想把与之相关的系列玩具和其他促销商品收集齐全。这家新创公司立志要和eBay这样的网上市场、会展中心附近的实体市场以及其他爱好者聚集的场所一较高低。

另一家新创企业的业务是把数据库软件销售给企业客户。他们掌握着新一代的数据库技术，可以补充或替代甲骨文、IBM和SAP这些大企业的软件服务。主要顾客是一些大型全球企业的首席技术官、IT经理和工程师。他们的销售周期很长，需要销售人员与销售工程师，还要提供安装支持和维修合约。

如果你认为这两家公司没有任何相似之处也情有可原，但是他们来找我的原因却一模一样。两家公司都有不少早期顾客，收入前景也不错。他们已经证实或推翻了其商业模式中的多种假设，成功执行着产品设计方案。顾客提供的良性反馈中既有正面评价，也有改进建议。两家公司都凭借着他们的早期成功从外部投资人那里筹得了资金。

问题是这两家公司都没有获得增长。

两位首席执行官给我看的图表非常相似，都显示出早期增长是一条平直线。他们不明白原因何在。他们急需向员工和投资人说明企业的进展情况，因此想听听我的意见，怎样才能快速启动增长，是不是应该做更多的广告或营销活动？是不是应该关注产品质量或新的功能特性？是不是应该尝试提高转化率或定价？

事实反映出这两家公司在业务增长方面有很大的相似点，因此在应对策略上的困惑也几乎如出一辙。他们使用的是相同的“增长引擎”，这正是本章的论题。

增长来自何方？

增长引擎是新创企业用来实现可持续增长的机制。我使用了“可持续”这个词，剔除了所有能够造成顾客量剧增，但无长期影响的行动，比如为迅速启动增长而开展一次广告宣传或公关噱头，由此实现的增长却无法长期维持。

可持续增长的特征体现在一条简明规则中：

> 新顾客是由以往顾客的行动带来的。

以往顾客推动可持续增长的方式主要有四种：

1. 口碑相传。大多数产品都有一个自然的增长水平，由满意顾客对产品的热衷程度而形成。比如，当我买了第一台数字录像机TiVo DVR的时候，我不断向周围的亲友提及。很快，我的亲戚们都在用它了。

2. 产品使用带来的衍生效应。不管出于赶时髦还是彰显身份地位的考虑，每次使用像奢侈品这类的产品时，都会引发旁人对该产品的认知。当你看到有人穿了一件最新款的服装，或驾驶某品牌的汽车，你可能会受到影响跟风购买。这种情况对所谓的“病毒式产品”也适用，比如Facebook

或国际支付工具贝宝（PayPal）。当一位顾客用贝宝给朋友汇款时，他的朋友就自动接触到了贝宝的产品。

3.有资金来源的广告。大多数业务用广告吸引新顾客使用其产品。要让这种方式成为可持续增长的来源，广告费用必须由收入支付，而不是依靠投资资本这种一次性的资金来源。只要获取一位新顾客的成本（边际成本）比他带来的收入（边际收益）低，超出的部分（边际利润）就可以用来获取更多顾客。边际利润越多，增长越快。

4.重复购买或使用。有些产品通过付费计划（有线电视公司）或自愿的多次购买（去同一家食品杂货店或购买灯泡），实现重复购买的模式。与之相反，很多产品和服务是有意设计成只能使用一次的，比如婚礼筹备服务。

这些可持续增长的来源为我所说的“增长引擎”的反馈循环提供了动力。增长引擎就像内燃机一样不停转动，反馈循环发生得越快，公司成长得越快。每架引擎都有一套内在的衡量指标，决定了当使用这架引擎时，公司能增长得多快。

三种增长引擎

在第二篇中，我们看到了新创企业使用正确的指标——可执行指标——来衡量进度的重要性。但是到底要衡量哪些数据，却有多种可能性。新创企业最大的潜在浪费之一，是在产品上市后花时间争论如何确定下一步工作的优先顺序。事实上，公司随时都可以把精力用在寻找新客户、更好服务已有顾客、提高整体质量，或压低成本之类的工作上。在我自己的经历中，这种确定优先顺序的争论会消耗公司相当多的时间。

增长引擎为新创企业提供了一套相对小范围的衡量指标，使企业可以集中精力。我的导师之一，创投资本投资家肖恩·卡罗兰（Shawn Carolan）

曾这样说过，“新创企业不会饿死，而会饱死。”总有无数让产品变得更好的想法飘荡在半空，但现实是残酷的，大多数想法带来的改变微乎其微，只能算是产品优化而已。新创企业必须关注能产生经证实的认知的重大实验。增长引擎的框架结构帮助他们把注意力集中在紧要的衡量指标上。

黏着式增长引擎

让我们回到本章前面提到的两家新创企业。尽管两者处在完全不同的行业，但他们使用的增长引擎相同。这两种产品都需要吸引并长期保留顾客，而两者保留顾客的潜在机制不尽相同。对于经营动漫收藏品交易的企业而言，他们必须成为狂热收藏客的首选交易平台。因为这些收藏客们经常要搜寻哪里有最新藏品和最划算的交易。如果公司的网站能按设计运作，那么顾客就会经常使用它来查询信息，并且重复访问，看看是否有新藏品在售，同时也会售卖或交换自己的藏品。

而提供数据库服务的那家新创企业所依靠的重复使用，则出于截然不同的原因。数据库技术只是客户用来作为自己产品的一种基础系统，比如公司网站或销售端管理系统。一旦顾客在某个数据库技术之上建立开发了产品，要再换一种数据库软件是很困难的。从IT（信息技术）行业的角度说，顾客就这样被自己选择的数据库系统供应商绑定了。这类产品要想取得增长，必须提供有吸引力的新性能，使顾客甘愿在可能相当长的一段时期内，被一个专有供应商绑定。

因此，以上两个企业都需要有高的顾客保留率。他们希望一旦顾客开始使用其产品，就会接着用下去。这和电话服务供应商的情形是一样的：如果顾客取消了服务计划，通常意味着他极端不满，或换用了竞争对手的服务。这和另一类情况，比如在食品杂货店购物走道内发生的情况不同。在杂货零售业里，顾客的口味经常变化，本周买了百事可乐而没买可口可乐的事，并不一定有什么大不了。

因此，使用黏着式增长引擎的公司要非常仔细地追踪顾客损耗率，亦称流失率。所谓流失率就是指在任意一段时间内，没有继续使用公司产品的那部分顾客占顾客总数的比率。

控制黏着式增长引擎的规则很简单：如果取得新顾客的比率超过流失率，产品将会增长。增长的速度取决于"复合率"，其实就是自然增长率减去流失率。就像银行户头赚取复利一样，高复合率将带来极快的增长，不需要依靠广告、病毒式增长或公关噱头。

不幸的是，这两家依靠黏着式增长引擎的新创企业使用了总顾客数这样的通用指标来追踪企业的发展进度。即便他们也用了可执行指标，比如激活率以及单客收入，但是，在黏着式增长引擎中，这些变量对增长的影响很小，因此也不是特别有帮助。（在黏着式增长引擎中，这些指标更适用于测试价值假设，这已在第五章中讨论过。）

在我们的会议之后，其中一家新创企业采纳了我的建议，比照黏着式增长引擎的样板，分析顾客行为，结果令人震惊：顾客保留率为61%，而新顾客增长率则为39%。也就是说，他们流失的老顾客和获取的新顾客比率几乎完全相互抵消了，所产生的复合增长率仅为0.02%，几乎为零。

从事约定式业务的公司苦苦寻求增长的情况很常见。一位曾在PointCast[①]工作的人士向我提过公司如何陷入相似的麻烦。PointCast在互联网时代名噪一时，它奋力追求增长，在获取新顾客方面无疑是相当成功的——就像前面那家每个周期都有39%增长率的新创企业一样。但是，这种增长被同等比率的流失率抵消了。如果企业是以黏着式增长引擎为模板，那么所谓的好消息显然就是有大量新顾客涌上门来。想要找到增长点，就

① 是著名的频道信息"广播"软件，个人门户的先驱，也是"推送"（Push）技术的鼻祖。公司采用该技术，让用户可以根据个人需要，选择不同的大众媒体、不同的信息种类和内容，不断把信息推送到用户电脑桌面。——译者注

要关注现有顾客，令产品能更加吸引他们。比如，公司可以集中精力提供更多更好的藏品目录，这样会激励顾客经常前来查询。或者，可以做些更直接的事，比如把限时促销或特别优惠的消息以短信形式发送给顾客。不管用什么方法，他们的焦点都必须放在提高顾客保留率上。通常，如果某家公司的增长不足，一般会增加销售和市场营销方面的投入，但提高保留率的做法恰恰和这个直觉相反。这种反直觉的结果很难从标准的虚荣衡量指标中推论得出。

病毒式增长引擎

社交网络和特百惠（Tupperware）都是由顾客推动大部分行销工作的产品实例。产品认知度在人群中快速传播，就像病毒散播传染病一样。它和前文论述的简单的口碑增长有明显区别，具有病毒式增长特质的产品依靠人和人之间的传递，是正常使用产品的必然结果。顾客并非有意充当布道者，他们不需要到处为产品说好话。只要顾客使用产品，就自然带动了增长。病毒式传播无刻不在。

提供邮件服务系统的Hotmail公司是最成功的病毒式增长案例之一。1996年，沙比尔·巴蒂亚（Sabeer Bhatia）和杰克·史密斯（Jack Smith）发布了一项新的基于网络的电邮服务，向顾客提供免费的电子邮件账号。起初业务的增长很缓慢，Hotmail团队只从风险投资公司德丰杰（Draper Fisher Jurvetson）处获得了少量种子期投资，无法承担大规模的营销活动。但当他们对产品作了一个小小的调整后，一切发生了改变。在每封电子邮件的底部，他们加了一条附言链接："备注：获取免费Hotmail电邮账户"。

几周内，这个小小的产品改动产生了巨大的效应。6个月后，巴蒂亚和史密斯获得了超过100万个新用户，5周后达到200万，该服务推出18个月后，拥有了1 200万注册用户，他们以4亿美元的价格把公司卖给了微软。[1]

同样现象也出现在家居用品直销商特百惠著名的"家庭聚会"上，顾客把产品卖给朋友或邻居可以赚取佣金。每次推销不仅卖出特百惠的产品，同时也说服了其他顾客成为特百惠的销售代表。特百惠聚会几十年来一直生意兴隆。很多其他的现代企业，比如厨房用品直销公司“欢乐厨妇”(Pampered Chef，现属沃伦·巴菲特的伯克希尔·哈撒韦公司)、生活类直销公司“南方生活”(Southern Living) 和食品直销公司“简单美味”(Tastefully Simple) 都成功套用了相似的模式。

病毒式引擎和其他增长引擎一样，由量化的反馈循环提供动力。这种循环称做“病毒循环”，其速度取决于“病毒系数”。这是一个数学术语，这个系数越高，产品的传播越快。病毒系数测算每个注册顾客将带来多少使用产品的新顾客。或者说，每个顾客会带来多少位他的朋友？既然每个朋友又是一位新顾客，他们就可能会再介绍更多朋友。

如果一个产品的病毒系数为 0.1，即每 10 位顾客中有 1 位会介绍 1 名朋友，这就不是一个可持续的循环。试想有 100 位顾客注册，他们将带来 10 个朋友加入。这 10 个朋友再介绍 1 个人参加，循环就到此为止了。

反之，系数大于 1.0 的话，病毒循环将呈几何级数增长，因为每个注册成员会平均带来超过 1 位顾客。

要清楚具体地看清这种效果，请参考下图：

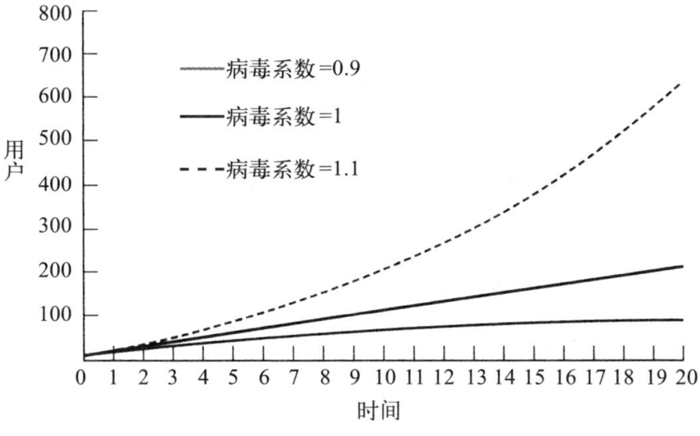

依靠病毒式增长引擎的公司必须关心如何提高病毒系数，这比其他任何事情都重要。这个数字哪怕只发生微小的变化，都会让公司未来的前景产生戏剧性改变。

由此产生的结果是，很多病毒式产品并不直接向顾客收费，而是依靠广告这样的间接收入来源。因为病毒式产品在获取新顾客和招募他们的朋友的过程中，不能有丝毫窒碍。否则会使病毒式产品的价值假设测试变得非常困难。

对价值假设的真正测试往往是衡量顾客和提供服务的新创企业之间自愿交换的价值。这种交换既可以是特百惠那样货币化的，也可以是像Facebook那样非货币化的，这种情况给人们造成了很多困惑。在病毒式增长引擎中，货币交换并不带动新的增长；它只不过显示了顾客认同产品价值，愿意为之付费。如果Facebook或Hotmail电邮服务在早期就开始向顾客收费，那就太笨了，这样做只会妨碍他们增长的能力。但是，如果说顾客没有给公司带来价值也不对：他们向产品投入了时间和关注，使该产品对广告商产生了价值。广告销售公司其实服务的是两组顾客人群，即消费者和广告商，并且和每组人交换不同货币形式的价值。[2]

这一点和积极使用资金支持增长需求的企业非常不同，比如，零售连锁店可以凭借其在合适地点投资开店的速度，实现快速增长。这类公司使用的是完全不同的增长引擎。

付费式增长引擎

有这样两家企业。前者从每位注册顾客那里赚取1美元，后者从每位顾客那里赚10万美元。要预测哪家公司会成长得更快，你只需再多知道一件事：每得到一位新顾客的成本是多少。

想象一下第一家公司使用谷歌关键字广告，从互联网上寻找新顾客，每获得一位新顾客平均支付80美分。第二家公司向大型企业销售重型货物，每次销售过程需要一名销售员投入大量时间，还需要现场销售工程人员帮助安装产品；每位新顾客的基础成本总额超过 8 万美元。这两家公司会以同样的速度增长。它们均有相同的收入比率（即 20%）再投入于新顾客的开发。如果有一家公司企图提高其增长率，它有两种方式可选：要么提高来自每位顾客的收入，要么降低获取新顾客的成本。

这就是付费式增长引擎的工作方式。

联系第三章里 IMVU 的故事，我曾谈到一开始我们在设定 IMVU 战略时犯的一个大错误。我们最终必须在增长引擎上转型。起初我们认为即时通信附加产品的战略会让产品实现病毒式增长。可悲的是，顾客就是不愿意按我们自以为聪明的战略行动。

我们错误地认为，顾客愿意使用附加在已有即时通信网络上的 IMVU 软件。我们相信产品会在这些网络中实现病毒式扩散，从一个顾客传到另一个。我们这个理论的问题在于，有些产品并不适合病毒式增长。

IMVU 的顾客不想在现有朋友圈中使用这个产品。他们想用它来结交新朋友。这就意味着他们没有把产品介绍给新顾客的强烈动机，他们认为这是我们的工作。幸好 IMVU 可以通过做广告的方式取得增长。我们的顾客愿意为产品支付的费用，比我们用广告吸引到他们的成本要高。

付费式增长引擎和其他引擎一样，由反馈循环提供动力。每位顾客在其“生命周期”内为产品支付一定的费用，扣除可变成本之后，剩下的部分通常被称为顾客的“生命周期价值”（LTV）。这项收入可用于购买广告，作为成长的投资。

假设一个广告花费 100 美元，吸引了 50 个新顾客注册使用某项服务，那么这条广告的“每取得成本”（CPA）为 2 美元。在这个例子中，如果产品的生命周期价值大于 2 美元，产品就会有增长。生命周期价值和每取得成本的差额，即边际利润，决定了付费式增长引擎将转动得多快。反过来，如果每取得成本还是 2 美元，但生命周期价值降到 2 美元以下，公司的增长就会放缓。投入资本或使用宣传噱头这种一次性的战术，可以暂时救急，但这些手段并没有持续性。这正是很多公司失败命运的症结所在，那些关门大吉的著名互联网公司曾错误地以为尽管在每个顾客身上亏本，但却想要以量取胜，这已经是个老笑话了。

虽然我从广告的角度解释了付费式增长引擎，但它的含义更广泛。使用对外销售团队的新创企业同样依靠这种引擎，就和依靠客流量的零售公司一样。所有这些成本都应计入每取得成本中。

比如，我曾经服务的一家新创企业为团队集体开发合作工具软件。这家公司经历了重大转型，其工具产品的主要客户从业余爱好者和小型俱乐部，转变为企业、非政府组织和其他超大型组织机构。然而，公司虽然进行了顾客细分市场的转型，却没有改换增长引擎。他们之前采取的是网页式直销战术，在网上开发顾客。我记得在早期，公司接到一家大型非政府组织的来电，想要购买他们的产品，并在组织内的众多部门中推广。这家新创企业提供的 “无限量” 定价计划，其最贵的价格也只是每月几百美元而已，以至于那家非政府组织无法购买，因为组织内部根本没有购买如此便宜的产品的相关流程。另外，该组织还要求公司大力协助推广并教育员工使用这个新的工具，并且跟踪调查新工具的使用所造成的影响；而公司完全没有配备这些服务。顾客细分市场的改变，要求公司相应雇用一定规模的对外销售人员参加各类大型会议，教育并培训执行主管人员，撰写白皮书。这些较高的成本会产生相应的回报：以前，公司从每位顾客那里赚几美元，现在转变为从每位庞大的顾客那里赚几万甚至几十万美元。他们新的增长引擎会带来可持续的成功。

很多获取顾客的来源取决于竞争。比如高级零售店面有更多的客流，因此更有价值。同样，针对较富裕的顾客做广告，通常比面向大众的广告成本要高。对任何特定顾客关注度进行竞争的企业，其总体赚取的平均价值决定了这些广告的价格。富裕消费者通常会成为利润更高的顾客，因而，吸引他们的成本费用也更高。

一段时间之后，任何一种顾客获取来源的“每取得成本”会因为竞争被推高。如果行业中每家公司在每次销售中赚的钱一样，他们最终都会把大部分边际利润花费在获取顾客的来源上。因此，使用付费式引擎实现长期增长，需要具备与众不同的能力，把部分顾客货币化。

以上这点可以用IMVU做例子。我们的顾客对其他网上服务公司来说，不是非常有利可图的客户群：他们中包括了很多青少年、低收入成人以及国外顾客。在其他服务中，可能会认为这些人不太会在网上购买东西。在IMVU，我们开发了一系列技术，从没有信用卡的顾客那里收取网上付款，比如让他们把费用计到手机账单上，或给我们邮汇现金。这样一来，我们就能比竞争者支付更多钱来争取这些顾客。

技术上的告诫

从技术上来说，一项业务一次可以运行几种增长引擎。比如，有的产品既拥有极其快速的病毒式增长引擎，顾客流失率又非常低。同样，一个产品也可以兼具高利润和高客户保留率。但是，在我的经历中，成功的新创企业往往只关注一种增长引擎，做好所有令此引擎运作的工作。有的企业试图建立一个包括所有三种引擎的中控系统，这往往会造成很多混乱，因为需要同时达成这些效果的专业运营技能相当复杂。因此，我强烈建议新创企业每次关注一种增长引擎。大多数创业者对哪种增长引擎最有效已经有了很强的信念飞跃假设。如果他们还没想好，那么走出办公楼，花时间理解顾客就能让他们很快知道哪种引擎可能最合用。只有当新创企业彻底运用了这种引擎之后，才来考虑是否需要转型到另一种引擎上。

增长引擎决定产品/市场契合

马克·安德森（Marc Andreessen）是一位传奇的创业家和投资人，也是万维网的开发者之一，他创造了一个新词：产品/市场契合（product/market fit），用来形容新创企业在某个时刻，终于发现了对产品产生共鸣的一大群顾客：

> 在一个有很多真正潜在顾客的好的市场中，这个市场会拉动新创企业开发出产品。像搜索关键字广告、互联网拍卖，以及TCP/IP①路由器都属于这类故事。反之，在一个糟糕的市场中，你可以拥有世上最好的产品和最出色的精英团队，但这些都无济于事。失败是必然的。[3]

看到一家新创企业找到了适合的大市场，是一件非常振奋人心的事。再没有什么好顾虑的。就像福特T型车②在工厂生产线上开足马力制造，飞速铺向市场。或者Facebook几乎一夜间横扫大学校园，抑或莲花软件公司（Lotus）在其营运的第一年，就销售了价值5 400万美元的莲花1–2–3软件，风靡商业世界。

新创企业有时要我帮他们评估一下是否已经达到了产品/市场契合。这很好回答：如果你这么问，就说明你还没有达成。不幸的是，这对公司想要了解如何向产品/市场契合更近一步，却无甚帮助。如何分辨你是离成功仅一步之遥，还是毫无希望地拉在了后面？

对很多创业者而言，因为“我们的新创企业没能达到产品/市场契合”，

---

① TCP/IP指网络通信协议，定义了电子设备如何接入互联网，以及数据传输的标准。——译者注

② 福特T型车是福特公司于1908~1927年推出的一款汽车，是当时先进工业生产技术与管理的典范。T型车的低廉价格使汽车成为一种实用的工具，被认为是20世纪最具影响力的汽车。——译者注

便意味着转型是一场失败的活动。我认为，这并不是安德森在他的定义中想要包含的意思。而反过来说，一旦我们的产品达成了产品/市场契合，我们就不需要再转型了，这样的假设也是错的。

我相信，既然每种增长引擎都可以量化地定义，而且每种引擎都各有一套衡量指标来评估新创企业是否距离达成产品/市场契合仅一步之遥，那么，增长引擎的概念可以把产品/市场契合的想法置于更严格的基础立足点。比如，如果一家新创企业的病毒系数为 0.9 或更高，那么它们离成功就不远了。更妙的是，每种增长引擎和第七章中讨论的创新核算相辅相成，指引着新创企业的产品开发工作。比如，一家新创企业试图使用病毒式增长引擎，它可以把开发精力集中在可能影响顾客行为的病毒循环上，而放心地把无关事务放在一边。这样的新创企业不需要专长于市场、广告或销售职能。相反，公司若使用的是付费式引擎，就需要赶紧建立市场和销售团队。

一家新创企业在调整引擎的过程中，使用创新核算评估每次开发—测量—认知的反馈循环，可以衡量自己是否向着产品/市场契合靠拢。真正有用的不是原始数据或虚荣指标，而是企业进展的方向和程度。

举例而言，有两家新创企业都在努力调整黏着式增长引擎。一家企业的复合增长率为 5%，另一家是 10%。从表面看，似乎较高增长率的那家公司表现得更好些，但是，如果两家的创新核算汇总表看上去像下面这张表，那该怎么办？

复合增长率截至	甲公司	乙公司
6 个月以前	0.1%	9.8%
5 个月以前	0.5%	9.6%
4 个月以前	2.0%	9.9%
3 个月以前	3.2%	9.8%
2 个月以前	4.5%	9.7%
1 个月以前	5.0%	10.0%

就算不了解这两家公司的总数据，我们也可以看出甲公司取得了长足的进步，而乙公司却泥足深陷。即使目前乙公司的增长比甲公司快，我们的看法也还是正确的。

引擎停滞之时

要建起并发动新创企业的增长引擎已经非常艰难，但真相是每架增长引擎最终都会用尽燃料。每架引擎都依靠特定的一群顾客及他们的相关习惯、偏好、广告渠道和相互间的关系。到了某一点，这些顾客群会被充分利用。根据企业所处的行业和时机，这个过程可长可短。

在第六章中，我们强调了开发最小化可行产品的重要性，它只提供早期使用者需要的功能特性，而无其他。成功实施了这一战略后就可启动增长引擎，覆盖目标受众。但是要向主流顾客过渡，还需大量的额外工作。[4]一旦我们有了一个能在早期使用者中增长的产品，理论上就可以完全停止产品开发工作了。这个产品会继续增长，直至在早期市场中达到极限。接着增长就会呈现平稳状态，甚至完全停止。挑战在于，这种早期市场增长的放缓，可能在几个月或几年后才会发生，令我们难以适时开始新一轮的转型。回想一下第八章中IMVU最初在这个测试上的失败，正属于这种情况。

一些不走运的公司没有注意到这种情况。他们采用了虚荣指标和传统核算，当看到数字上升的时候，就认为自己在进步中。他们自认为已把产品做得更好，但事实上并未改变顾客行为。所有增长全部来自一个已经开动的增长引擎，它正有效运作，带来新的顾客，但产品开发方面的工作却并未给公司带来增长。因此一旦增长突然减缓，就会引发危机。

成熟企业也会遭遇相同的问题。他们过去的成功建立在一个精密调整的增长引擎之上。当引擎按常规运行，而增长放缓或停止之时，如果公司没有培育中的创新后备可以提供新的增长来源，危机就会出现。

任何规模的公司都会受到这个长期问题的困扰。他们需要管理好一系列活动的组合，在调整增长引擎的同时，挖掘新的增长来源，以备应对增长引擎在将来的某天放缓停滞。如何去做是第十二章的主题。但是，在我们管理这个活动组合之前，需要有一系列的组织架构、文化和纪律来处理这些快速的、常常始料未及的变化。我将之称为“自适应组织”(adaptive organization)，并会在接下来的第十一章中进行讨论。

第十一章　适应

在我担任IMVU的首席技术官期间，我认为大多数时候我做得很好。我建立了一个敏捷开发的企业，我们也成功测试了很多技巧，这些技巧最终归结产生了“精益创业”。但在有些场合，我却突然发现自己的工作失败了。对于一个成就至上的人来说，这实在令人感觉糟糕。最坏的是，你不会收到警告通知。万一真收到的话，通知可能是这样写的：

亲爱的艾瑞克，

祝贺你！你在本公司曾经从事的工作已不复存在。你已被调任新的岗位。虽然公司的名称未变，大多数员工还在，但是这个公司已经不是过去的公司了。尽管你新工作的职衔相同，在过去岗位上的表现也很好，但现在你却没能完成新岗位的工作。其实，你的工作调动在6个月前已经生效，谨此提醒，你已经失败了很长一段时间了。

祝君好运！

每当这种情况发生的时候，我都想弄明白该怎么办。我知道随着企业成长，规模不断扩大，我们需要更多的流程和系统来协调公司运作。但我也看到很多新创企业错误地追求“专业化”，变得僵化和官僚。

IMVU不会考虑完全抛开管理系统，你也不应该这样做。导致新创企业失败的方式太多了。我经历过由于过度构架造成的失败，当初那样做的目的是想要防止可能发生的各类问题，最终却耽误了公司推出产品。我也见过公司因为所谓的“交友网效应”[①]（Friendster effect）而失败：当顾客使用率迅速膨胀时，一项出名的技术却失效了。作为技术部门的执行主管，这个结果是最糟糕的，因为这样的失败既丢人现眼，又会被全部归咎到一个职能团队或部门身上——那就是你的团队。它不仅是公司的失败，也是你的错误。

在这个话题上，我听到的大多数建议是一种折中方案，就是“做一点点计划，但不要做得太多”。这种拖泥带水的方案有一个很大问题，它难以合理解释为什么我们应该要预计某一个问题，却忽略另一个。给人的感觉好像是老板心血来潮、主观武断，而且加深了人们常有的一种感受，让人以为管理层的决定是为了隐瞒一个秘而不宣的动机。

处在这种管理方式下的人会有非常清晰的应对思路。如果老板走的是中庸路线，那么最能影响老板并达成自己所求的方式，就是尽量站在最极端的立场上。举个例子，一支团队提议要极长周期的产品发布，比如每年一次的新产品介绍，而你想要较短的周期。那么，既然领导会将两种观点平均处理，你就可以要求一个极短的发布周期（大概每周甚至每天）。等折中方案出来，你得到的结果可能会和你一开始真正想要的周期长短比较接近。不过这样的角力会逐步升级。过了一段时间，人人都会采取尽量极端的定位，这使作出折中决定变得更困难、成功机会更渺茫。这种局面往往是经理人造成的。虽然他们并不想鼓励走极端，但他们确实是有意或无意地那么做了。要从这个陷阱中脱身，就必须在思考方式上作出重大改变。

① 交友网（Friendster）曾是全球最大的社交网站之一，目前主打社交游戏。它的快速增长导致该网站技术上无力支持广大用户的需求，这被后来者视为前车之鉴。——译者注

建立自适应组织

新创企业应该为新员工制订培训计划吗？要是你在几年前问我这个问题，我会嘲笑说，“绝对不需要。培训计划是那些能负担得起的大公司用的。”但我们在IMVU最终还是制订了一套相当棒的培训计划，让新员工在入职第一天就能开始有效工作。仅仅几周后，他们就能深度参与工作。把我们的工作流程标准化，并准备新员工必须学习的概念课程要费很多力气。每个新晋工程师都会被指定一位导师，帮他全面了解IMVU的系统、概念和技术，完成一整套课程，早日上手工作。导师和学徒的绩效表现是相连的，因此导师会认真地指导教育。

回过头来看这个例子，有意思的是我们从来没有停下手头的工作，来决定是否需要制订一套好的培训计划。实际上，培训计划是在我们自身流程的演化过程中，自然而然地按序发生的。整个培训流程会经过不断的试用和调整，使之变得更有效，长期而言也不会带来过重的负担。

我把这称为建立一个“自适应组织”，它会根据目前的形势，自动调整流程和表现。

会不会走得太快？

目前为止本书一直强调速度的重要性。新创企业学习如何在弹尽粮绝之前建立起一项可持续的业务，是生死攸关的头等大事。但是，只盯着速度也是有害的。为了能做到恰如其分，新创企业需要有内置的速度调控器，协助团队找到最佳工作节奏。

我们在第九章里看到在持续部署这种系统中，使用“安灯”拉绳调节速度的案例。“为了不停止生产而停止生产”，是丰田悖论格言的缩影。“安灯”拉绳的要义是一旦发现无法纠正的质量问题冒头，马上停止工作，强制展开问题调查。这是精益生产中最重要的发现之一：不能为了时间牺牲质量。

如果你现在引起（或忽视）了质量问题，导致的缺陷将会在之后减慢你的速度。缺陷造成大量返工、士气低迷和顾客投诉，这些都会减缓工作流程，蚕食宝贵资源。

直到现在，我都在用实体产品的语言描述众多问题，这仅仅是为了方便说明。服务行业的挑战也是一样的。随便让一位培训、行政或服务公司中的经理人给你看一下公司的工作手册，其中列明了员工应该如何在各种情况下提供服务。起先简单的指导原则过了一段时间后会不可避免地扩充延伸。不久后，培训变得异常复杂，而员工要花不少时间和精力学习这些规则。现在，如果这个公司里有一位具有创业精神的经理人，想要试验新的规则或步骤，那么，现有工作手册的质量越高，将其扩充的进程就越容易。反之，低质量的工作手册中充斥了自相矛盾或含糊其辞的规则，任何修改都会造成混乱。

当我向工程开发背景的创业者介绍精益创业方法的时候，这部分概念是最难掌握的。一方面，经证实的认识和最小化可行产品的逻辑是，我们必须尽早把产品送至顾客手中，除了需要从顾客那里学习的认知外，其他任何工作都是浪费。另一方面，开发—测量—认知的反馈循环是一个持续过程。我们不会在一个最小化可行产品之后就停下脚步，而要使用已经学到的信息，马上投入到下一个迭代周期的工作。

因此，今天在产品质量、设计或基础设施方面抄捷径，明天就可能最终影响并拖慢公司的脚步。你可以在IMVU的实例中看到这种困境。第三章叙述了我们如何向顾客推出了一个满是漏洞、功能缺失、设计糟糕的产品。顾客甚至连试都没试我们的产品，所以很多工作白费了。所幸我们没有花更多时间去修复漏洞、清理那个早期版本。

但是，当我们凭着学得的东西开发出顾客“想要”的产品，我们会面临增长减速的问题。低质量产品的缺陷阻碍顾客体验产品优势，以及提出相关反馈，因此制约了我们进一步获取认知。在IMVU的案例中，当我们向更多主流顾客提供产品时，他们不像早期使用者那样包容。与之相似的情况是，我们增加的产品功能特性越多，就越难再添加新的功能，因为存在新的功能干扰现有功能的风险。同样的情况也发生在服务行业，新的规则可能和旧有规则相冲突，规则越多，冲突也可能越多。

IMVU采用了本章论述的技巧，以“准时生产”的方式，同时实现了规模和质量。

“五个为什么”的智慧

为了加速增长，精益创业需要一种流程，提供一个自然的反馈循环。一旦你推进过快就会造成很多问题。自适应流程迫使你放慢速度，设法防止那些眼下正在浪费时间的问题。当这些防御性努力收效之时，你自然会再次加速。

让我们回到是否应该给新员工提供培训的问题上。如果没有培训计划，新员工在学习过程中会犯错误，需要其他团队成员的帮助和干预，这会降低每个人的速度。如何判断是否值得对培训进行投资，从而减少干扰，换来速度呢？从自上而下的角度认清这一点有些困难，因为需要评估两个未知量：为了可能获得的未知利益，制订一个未知计划的成本有多少？更糟的是，传统的决定方式毫无疑问是基于大批量的考量。一家公司要么有一套复杂精细的培训项目，要么什么都没有。在能证明建立一整套培训项目会取得投资回报以前，大多数公司基本上什么都做不了。

取而代之的是使用“五个为什么”的方式，逐步增加投入并渐渐形成新创企业的流程。“五个为什么”的核心精髓是把各种投入和预防大多数问题症状的方法直接联系起来。这套系统的得名来自提出五个“为什么”的调查方式，以了解究竟发生了什么，即问题的根本原因是什么。如果你曾经被一个聪明的小家伙缠住问“为什么天空是蓝色的？”在你回答之后还有一大堆接踵而至的其他“为什么”，那么你应该非常熟悉这种方式了。这个技巧是由丰田生产方式之父大野耐一创立的一种系统化的问题解决工具。根据新创企业的实际情况，我把它加以变化，用于精益创业的模式中。

每一个看似技术问题的根本原因是人的问题。“五个为什么”提供了探讨究竟是什么人为问题的机会。以下是大野耐一列举的案例：

> 当遇到问题的时候，你有没有问五次“为什么”？这听起来容易做起来难。比如，一架机器运转停止了：
>
> 1. 为什么会停机？（因为超负荷，保险丝熔断。）
> 2. 为什么会超负荷？（因为轴承不够润滑。）
> 3. 为什么不够润滑？（因为润滑油泵不能有效抽压。）
> 4. 为什么不能有效抽压？（因为油泵的旋转轴磨损作响。）
> 5. 为什么旋转轴会磨损？（因为上面没有过滤器，以致金属碎屑掉进去造成磨损。）
>
> 像这样反复询问五次“为什么”，可以帮你找到问题的根本原因并加以改正。如果这个过程进行得不彻底，我们可能简单地换一根保险丝或一根油泵轴了事。那样的话，几个月后问题又会再次发生。丰田生产方式就是基于这种科学方法的发展和实践而形成的。问题的真实缘由常常被其他更明显的表现症状掩盖，而通过提出和回答五次“为什么”，我们可以直达根源。[1]

你注意到吗，即便在大野耐一这个较简单的例子中，问题的根源从一个技术故障（熔化的保险丝）转向了人为失误（有人忘记放过滤网了）。对很多新创企业而言，无论身处哪个行业，这正是他们面临的大多数问题的典型根源。回到我们服务行业的例子，很多问题开始出现的时候看似个人错误，其实都可以回溯到培训中的问题，或原来工作手册中阐述如何提供服务的问题上。

让我说明一下“五个为什么”如何让我们建立起前面提到的员工培训系统。想象一下IMVU突然开始收到顾客投诉，抱怨我们刚刚发布的新版本产品。

1. 新版本关闭了一个顾客功能。为什么？因为有一台服务器挂了。
2. 为什么服务器会挂？因为错误使用了一个隐藏的子系统。
3. 为什么会错误使用？因为使用它的工程师不知道如何正确使用。
4. 为什么他不知道？因为他没有受过培训。
5. 为什么他没有受过培训？因为他的经理认为不需要培训新员工，他和他的团队“太忙了”。

一个纯粹的技术故障很快揭示了这根本就是一个人为的管理问题。

按比例投入

使用“五个为什么”分析创建自适应组织的方法是：按问题的五个等级，不断向每一级按比例投入解决方案。换言之，当症状较轻时，投入得少些，而症状较重时，则要多投入。除非遇到重大问题，我们不作大笔投入。

在以上案例中，解决问题的方案是修复服务器、修改子系统，使之不容易发生错误，并教育工程师，当然还要和那位工程师的经理谈一谈。

最后和经理谈话的那件事总是最难的，尤其在新创企业里。当我是这样一位经理的时候，如果你要我在培训人员上投入精力，我会告诉你那是浪费时间。其他要做的事情实在太多了。我大概会挖苦地说，“好啊，乐意之至，不过你得给我八周时间不干别的，只做这一件事。”那意思就是“门儿都没有”。

因此，按比例投入的方法非常重要。如果只是因小故障停摆，那么，基本原则就是只投入少量精力修复即可。让我们先来做八周计划中第一个小时的工作。这听上去不多，却是一个起步。如果问题再次出现，提出“五个为什么”自然将要求我们继续深入调查。如果问题没有再发生，一个小时的投入也不算浪费。

我用了工程开发培训作为例子，是因为这是我在IMVU不太愿意投入精力的一件事。在创业之初，我认为应该把我们的全副精力投入产品开发和推销上。但当我们进入大量招聘人员的阶段，几次“五个为什么”讨论揭示了由于缺乏培训而导致产品开发速度减慢。我们并未放下手边的工作，仅仅关注培训，而是不断地逐渐改善这个流程，每次都能获得一些阶段性成果。过了一段时间，这些改变综合到一处，节省了过去浪费在四处灭火和处理危机上的时间和精力。

自动速度调节器

“五个为什么”的方法可以用做天然的速度调节器。你的问题越多，对解决方案的投入也越多。当基础体系或流程投资收到效果的时候，危险的严重程度和数量就会降低，团队又能重新加速。对新创企业而言，团队运行得太快是一种危险，为了争取时间而牺牲产品质量，会造成疏失错漏。“五个为什么”可以防止这种情况，让团队找准他们的最佳步速。

“五个为什么”不仅和具体执行相关，也和学习认知的速度紧密相连。新创企业无论遭遇什么失败，技术故障也好，无法完成业绩也罢，亦或始料未及的顾客行为改变，他们都应该使用“五个为什么”的方法进行详查。

“五个为什么”是一种强大有效的组织技巧。我训练过一些工程师使用这个方法，他们认为，所有其他精益创业技巧都可以从这个方法中派生出来。把它与小批量方式结合使用，可以提供企业所需的基础架构，快速响应出现的问题，也不会造成过度投资或过度开发。

五大罪状之魔咒

团队刚开始采用“五个为什么”作为解决问题的工具时，会遇到一些常见的困境。我们需要“五个为什么”这样的体系克服心理局限，因为对当下出现的情况我们容易反应过激，而一旦发生意外之事，我们又会变得垂头丧气。

当“五个为什么”的使用方式背离正轨时，我把它称做“五大罪状”。沮丧的团队成员没有不断去问为什么，了解问题出在哪里，而是开始相互指责，把错误归咎他人。如果不能用“五个为什么”来发现并解决问题的话，经理人和员工会掉进“五大罪状”的陷阱中，用以排解愤懑沮丧，指责同事造成了系统性的失败。尽管面对错误时，人会本能地认为问题出在他人的部门、认知或个性中，“五个为什么”的目标就是要帮我们看到事情的客观真相，认识到一些固有问题不是因人们无能，而是由糟糕的流程引起的，从而做出相应的补救措施。

我推荐几种避免落入“五大罪状”的方法。第一种方法是在分析根本原因的时候，让每个受问题影响的人齐聚一堂。这个会议应该包括所有发现或诊断出问题的人员，如果可能的话，要让接到电话的客服代表也出席。还要召集所有尝试修复问题的人员，以及与子系统或产品功能相关的人员。如果问题已经上升到公司的高级管理层，那么涉及此事件的决策者也应该到场。

虽然这个会议有一大群人参与，但却必不可少。我的经验是，没有参加会议的人最终会变成承担罪状的靶子。不管这个替罪羊是一位初级员工还是首席执行官，造成的破坏力是同等的。如果那个人是初级员工的话，人们太容易把他替换了事。如果不幸首席执行官不在场的话，人们也很容易认为老板的行为是无法改变的。这两种假设通常都是错的。

当各条罪状不可避免地出现之际，会议室内级别最高的管理人应该反复念叨：如果发生错误，我们要对这么容易犯错感到羞愧。在“五个为什么”的分析中，我们需要尽量有一个系统层面的视角。

这种念叨在某种情况下特别管用。IMVU基于“五个为什么”建立了培训流程，我们照例让新来的工程师在入职第一天就去尝试改动产品开发环境。受传统开发方式训练的工程师常常吓一跳。他们会问，“如果我不小心干扰或打断了开发流程的话，我会不会有事？”在他们以往的工作中，这样的错误会砸掉饭碗。而在IMVU我们告诉新来的员工，“如果我们的开发流程脆弱到你第一天上班就能把它攻破，那我们该反省为什么把系统设置得如此简单。”如果他们真的打断了流程，我们会马上让他们负责牵头修复这个问题，同时防止将来还会有人重复同样的错误。

对那些来自不同风格的企业的新人来说，这样的开头总让人紧张，但是每个经历过的人都会对我们的价值观有一个彻底了解。积少成多，这些小小的投入加总起来就能打造一个充满活力的产品开发流程，让我们全体员工能更轻松、更有创造力地工作。

起步

根据我在很多公司介绍这个技巧时积累的经验，这里有一些关于如何开始使用“五个为什么”的小窍门。

要有效运作“五个为什么”，必须遵守一些规则。比如，“五个为什么”需要一个双方彼此信任和权力下放的环境。在这种环境缺失的情况下，复杂的“五个为什么”方法就难以施展。碰到这种情况，我常会使用一个简化版，它既能让团队专心分析问题根源，又能让他们积蓄经验，以便在将来需要的时候实施全套方案。

我让团队采用这样两条简单的原则：

1. 对第一次错误要容忍。

2. 不允许同样的错误发生两次。

第一条原则鼓励人们要对错误怀有同情心，特别是他人的错误。要记得，大多数错误是由系统缺陷造成的，而不是人们没有能力。第二条原则要让团队成员开始在防范措施上按比例投入。

这个简化的系统相当奏效。事实上，在我发现"五个为什么"和丰田生产方式之前，我们在IMVU早期就是这么做的。但是，我自己切身发现，这样的简化版本长期而言就不管用了。正是出于这个原因，才驱使我开始学习精益生产。

这种简化系统的长处和短处并存，它会招致一系列疑问，比如哪些问题是一回事？我们应该关注哪类错误？我们应该修复单个问题，还是要防止所有同类的相关问题？对于刚起步的企业，这些疑问会引发很多思考，为更多详细方案的发展铺平道路。最终有一天，他们需要有"五个为什么"这样一个完整的自适应过程，帮助回答这些无法回避的问题。

面对令人不快的真相

你得准备好"五个为什么"会揭开企业组织中一些令人不快的真相，特别是在刚开始的时候。它会要求你投入防范措施，花费你本来打算用在新产品、新功能开发上的时间和金钱。压力之下，团队成员可能觉得他们不能把时间浪费在分析问题的根本原因上，尽管长期来说，这将给他们换来更多时间。这个流程有时候还会转变成"五大罪状"。在这些十字路口，有一位足够高层的人员在场是非常重要的，他必须坚持遵守流程，执行相关建议，当反对意见激化时扮演仲裁人的角色。也就是说，建立一个自适应组织需要管理领导者的发起和支持。

很多新创企业中一些独当一面的人来参加我的工作室活动，他们非常希望在实践中运用“五个为什么”。我会提醒他们，如果没有他们的经理或团队领导的支持，要慎用此法。如果你处于这种情况，就要小心从事。你可能得不到全体团队成员的支持，一起使用真正“五个为什么”的探究方式，但你总是可以在自己的工作范围内，使用简化的双原则方法。每当错误出现，问一下自己：我该如何防止再次陷入如此境地？

从小处做起，尽量具体

一旦作好准备，我提议先针对一小类问题入手。举个例子，我第一次成功运用“五个为什么”的那次，是用于诊断一个内部测试工具的问题，它并不直接影响到顾客。有缺陷的流程造成大量的时间浪费，产生一些重大问题，从这些问题着手看似诱人，但要承受的压力巨大。当博弈筹码堆高时，“五个为什么”会很快变质，成为“五大罪状”。因此最好给团队成员一个机会，先学习如何实施这个流程，以后才扩展到更重要的领域中。

症状越具体，在召开“五个为什么”会议时，就越容易让大家明白。比如说，你想要用“五个为什么”来解决顾客关于付费的投诉。这种情况下，在所有付费投诉自动触发“五个为什么”会议的需求之后，选择一天开会。记得投诉量需要尽可能小，这样才能确保在每次必须召开会议时能务实地解决问题。如果收到投诉过多，就选取一个你想要关注的问题来开头。确定由哪种投诉引发“五个为什么”会议的规则应该简单明了。比如，你可以选择先调查所有和信用卡交易相关的投诉。这个规则很容易遵守。不要选一个模棱两可的规则。

最初，也许你会想要跨出一大步，彻底改变所有收费系统和流程。千万别那么干。你应该控制会议时间，并且在提出问题的五个层次中，选取相对简单的改进方式。过一段时间，当团队成员习惯了这个流程后，你就可以将它延伸开来，涵盖越来越多的收费投诉种类，以及其他类型的问题。

委派一位“五个为什么”负责人

为了促进认知过程，我发现，在应用这种方法的每个领域内委派一位“五个为什么”负责人非常有益。这个人负责主持每次“五个为什么”会议，决定要采取哪些防范步骤，并且分配会后的跟进工作。这位负责人必须有足够的资历和权威，确保指定任务的完成，但他也不应该处于相对高层，以免因为肩负其他有冲突的职责而影响他出席每次会议。“五个为什么”负责人是承担责任的中心人物，他是主要改变的代表者。在这个位置上的人可以评估会议进展如何，以及用于防范的投入是否见效。

五个为什么的实例

IGN娱乐公司（IGN Entertainment）是新闻集团（News Corporation）下属的一家公司。它是一家网络视频游戏媒体公司，拥有全球最多的游戏用户。其各种媒体游戏项目吸引了超过 4 500 万的玩家频繁出没。IGN成立于 20 世纪 90 年代，新闻集团在 2005 年将其收购。随着公司的成长，IGN雇用了几百名员工，包括近 100 名工程师。

最近，我有机会和IGN产品开发团队交谈了一次。对方在近几年中相当成功，但是就像所有我们在本书中看到的成熟企业一样，他们希望加速新产品开发，寻找更具创造力的办法。他们把工程开发、产品和设计团队召集到一起，讨论通过哪些方法来应用精益创业模式。

这项改变计划得到IGN高级管理层的支持，包括公司的首席执行官、产品开发主管、工程开发副总裁、出版商以及产品主管。他们之前在“五个为什么”上的工作开展得不是很顺利。他们根据产品团队提出的各类问题罗列了一张清单，试图一一解决。这些问题各式各样，从网上分析中的各种矛盾，到合作伙伴的数据传送无法工作。他们第一个“五个为什么”会议开了一个小时，虽然得出了一些不错的见解心得，但就“五个为什么”

流程本身而言，简直是场灾难。与这些问题相关并最了解情况的人员都没有参加会议。而且因为这是第一次大家在一起使用“五个为什么”方法，他们并没有遵循应有的形式，还时常离题万里。这个会议不完全算是浪费时间，但也没有得到本章所讨论的适应性管理所带来的任何好处。

不要把“历史包袱”放到“五个为什么”的流程中

IGN曾经试图解决所有浪费多年时间的“历史包袱”问题。但由于这类问题过于复杂，要迅速找到解决方案太难了。

IGN踌躇满志地展开“五个为什么”讨论，但忽视了三件重要事情：

1. 要把“五个为什么”方法引入企业组织，必须在出现新问题时召开“五个为什么”会议。因为“历史包袱”是企业内的弊病，它们会自然而然地出现在“五个为什么”的分析中，你就能利用这个机会逐步改正这些弊病。如果它们没有自然出现，那么也许它们并没有看起来的那样严重。
2. 每个和问题相关的人员都必须出席“五个为什么”会议。很多企业组织不要求工作繁忙的员工参加根本原因的讨论，是觉得这样可以节省时间。这种节约要不得，IGN在认清这一点前吃了不少苦头。
3. 每次“五个为什么”的讨论开始时，花几分钟时间解释一下这个流程的目的是什么，以及会怎样进行，这对第一次参加会议的人很有好处。如果可能的话，引用以往“五个为什么”的一个成功案例，如果你完全是个新手，可以引用我那个经理人不支持培训计划的例子。IGN发现，只要有可能，尽量使用让团队成员有切身感受的案例，会起到很好的效果。

在我们的会议之后，IGN的领导层决定尝试再召开一次“五个为什么”

会议。根据我在本章提到的这些建议，他们委派了工程开发总监托尼·福特（Tony Ford）担任“五个为什么”负责人。托尼原是一位创业者，由于他的公司被IGN收购，他也随之加入IGN。托尼从网络技术工作起步，在20世纪90年代后期创建了很多关于视频游戏的网站。这些经历提供了成立新创企业的机会，他在这家名叫“X盒团队”（TeamXbox）的公司担任首席软件开发师。2003年IGN收购了“X盒团队”，从那时起，托尼成为了IGN的技术专家、创新主管以及敏捷开发和精益实践的倡导人。

托尼起初没有选择集中在一个狭窄的问题领域。这造成了之前的挫败和沮丧。托尼回忆道，“作为一个新的负责人，我没能有效引导‘五个为什么’的流程，并且我们尝试要解决的问题选得也不太合适。你可以想象得到，以前那些讨论都不太顺利，最后也没有明显成效。我因此有点泄气。”当有人想要一下子对付很多问题时，这种情况很常见，而且它也显示了这些技巧需要花点时间来掌握。所幸托尼坚持了下来：“我认为，有一位‘五个为什么’的负责人相当重要。‘五个为什么’在理论上很简单，但实践起来不是那么容易，所以需要有对它了解透彻的人，来为那些不太了解的人引导讨论的形式和方向。”

当托尼针对一个耽误了期限的项目主持了“五个为什么”讨论后，转机出现了。这次会议充满见地，牢牢吸引了众人，并且最后得出了切实的按比例投入的计划。托尼解释说，“这次成功要归结为更有经验的负责人和与会者。大家都知道‘五个为什么’是什么，而且我有效地把握了大家的讨论方向，避免离题。这是一个转捩点。就在那一刻，我知道‘五个为什么’会成为一种新的工具，必将对我们团队，乃至公司业务的全面成功产生真正的影响力。”

“五个为什么”表面上看起来是关于技术问题和防止错误发生，但是，随着团队成员排除了这些表面上的浪费，他们对如何一起工作产生了新的理解。托尼是这样说的："我敢说我发现'五个为什么'超越了对根本原因的分析，它揭示的信息让团队成员形成统一的理解和视角，把他们更紧密地聚拢在了一起。很多时候，问题使人疏离；'五个为什么'的效果正好相反。"

我请托尼提供一个IGN近期成功的"五个为什么"的分析案例。他的报告如下。

为什么不可以添加或编辑博客里的帖子？

回答：任何一个对文章内容应用程序接口（API）的发帖要求（写入）会收到"500错误"[①]提示。

按比例投入方案：吉米，我们会设法解决API的问题，但是首先让我们的内容管理系统（CMS）对用户更宽松些。要提供更好的用户体验，就得让用户能添加并编辑草稿，不会收到出错信息。

为什么内容API会出现"500错误"？

回答：bson_ext gem和它所依赖的其他gem[②]不兼容。

按比例投入方案：金，把这个gem去掉（已经解决了中断问题）。

为什么这个gem不兼容？

回答：在原有版本上，我们加了一个新版的gem，没料到应用程序意外地开始使用它了。

按比例投入方案：班内特，把我们的rails应用在gem管理方式上改成捆绑模式。

为什么我们在开发中添加了一个新的gem版本却没有测试？

回答：我们不认为在这类情况下需要测试。

---

① 500 error，最常见的出错提示，指服务器出错。——译者注

② gem和下文中的rails都是软件开发术语。——译者注

按比例投入方案：班内特和吉米，在API和CMS中加入一段单独测试或功能测试，以便将来可以发现这种情况。

为什么我们添加了本来不打算马上使用的gem？

回答：为了准备编码推送，我们想在开发环境中准备好所有新的gem。尽管我们的代码部署完全是自动的，但gem不是。

按比例投入方案：班内特，在持续集成与持续部署[①]的流程中，自动管理并安装gem。

额外收获——为什么我们在周五晚上进行开发工作？

回答：因为没人说不可以，这时候对开发员准备周一的部署工作而言时机恰好。

按比例投入方案：托尼，向团队发个通知。周五、周六或周日都不做开发改动工作，如有特例必须由工程开发部副总裁戴维批准。当全自动持续部署流程到位，我们再来重新评估这条原则。

根据这次“五个为什么”的讨论和我们的按比例投入方案，我们的部署变得更简单、更迅速，我们的流程不再允许开发员把会导致意外后果的gem放入开发系统。确实，我们再没有遇到其他类似问题。像你所说的，我们加强了自己的“集群免疫系统”。

没有“五个为什么”，我们不可能发现以上的这些信息。我想，我们大概会告诉那个开发员别在星期五晚上干蠢事，然后就完了。正如我早先强调的，一次好的“五个为什么”讨论带来两种产物，学习和执行。从讨论中得到的按比例投入方案固然价值可观，但其间的学习过程看似不显眼，对开发员和整个团队的成长却意义非凡。

① “持续集成”和“持续部署”都是敏捷软件开发中的术语。——译者注

适应较小的批量

在结束“创建自适应组织”这个话题之前，我想要再说一个故事。如果你经营自己的生意，你可能使用过这个故事中提及的产品。它叫QuickBooks（意为“快速账簿”），是财捷公司的旗舰产品之一。

多年来，小型商务财务软件QuickBooks一直是其所在类别中的领头产品。所以产品拥有一大群忠实的顾客，而财捷也希望它对公司利润产生重大贡献。Quickbooks和二十几年前的大多数个人电脑软件一样，以一个巨大批量的形式每年发布一次。三年前，QuickBooks的产品营销总监格里格·莱特（Greg Wright）加入团队时就是这种情况。正如你所想到的，已有很多流程，保障产品不断地准时发布。典型的发布方式是花费大量前期时间，找出顾客需求：

> 一般，每个年度周期的前三四个月里不开发任何功能特性，只用于制订策略和计划。当计划和阶段性目标确立之后，开发团队在接下去的6~9个月里动手开发。最终推出一次大规模的产品发布。在流程的最后，团队会收到第一次反馈，了解他们是否成功实现了顾客的要求。
>
> 所以整个时间表是这样的：9月项目启动，6月发布第一个公测版，7月发布第二个公测版。公测版的主要目的是确保新软件不会让顾客的电脑系统崩溃，或丢失数据。到了流程中的这个时刻，只能修复一些重大的漏洞。软件产品本身的设计已经定型。

这是软件开发团队多年来使用的标准“瀑布模型”开发方法。它是一种线性的、大批量系统，它的成功仰赖恰如其分的预测和计划。换言之，它完全不适应现今快速改变的商业环境。

第一年：完成失败

2009年是格里格加入QuickBooks团队的第一个年头，他亲眼目睹了一场失败。那一年，QuickBooks把网上银行作为重要功能之一，推出了一个全新的系统。开发团队采用了软件模型和非功能性的原型产品，完成了数轮可用性测试，接着用顾客数据样本进行了主要的公测版测试。在产品发布的那一刻，事事如常。

第一个公测版在6月发布，团队开始得到一些负面的顾客反馈。尽管顾客在抱怨，但并没有充足理由停止发布，因为软件本身没有技术错误，没有令电脑崩溃。在那个当下，格里格进退两难，他无从知道在市场中这些反馈会如何反映到真正的顾客行为上。这些只是孤立的投诉个案，还是广泛问题的一角？但有一点他很清楚：他的团队不能错过产品发布时间。

终于产品推出了，但结果很糟糕。顾客要花比老版本多四五倍的时间核对他们的银行交易。最终，格里格和他的团队除了根据规格开发了产品之外，没能实现他们本想要解决的顾客需求。同时，因为下一次发布必须要通过同样的“瀑布模型”流程，开发团队用了9个月时间来解决问题。这是一个由于成功执行了错误计划，而“实现”失败的典型案例。[2]

财捷公司使用一种名为“客户净推介值”（NPS）的跟踪调查体系，评估顾客对公司旗下众多产品的满意度。这是一个能了解顾客对产品真实想法的极好指标，而且具有可操作性。我在IMVU也使用过这个方法。NPS的一个好处是，它在一段时间内是非常稳定的。它测量的是核心顾客的满意度，所以不受小波动的影响；它只记录顾客感受的主要变化。那一年，公司的NPS分数第一次发生改变，QuickBooks的得分跌了20个点。下降的20点导致财捷的业绩遭受重大损失，也让公司很丢脸。这都是因为在流程中，顾客反馈来得太晚，以致开发团队没有时间重新来过。

财捷公司的高级管理层，包括小型企业部的总经理和小型企业会计部的主管，都认识到需要作出改变。他们明智地决定，任命格里格负责这次改革，他的任务是：在QuickBooks的开发和部署上，达到新创企业的速度。

第二年：肌肉记忆

这个故事的第二阶段展示了建立自适应组织的困难度。格里格打算用以下四条原则来改变QuickBooks的开发流程：

> 1. 较小的团队。把角色相同的成员组成的大团队，改编成角色不同的员工组成的较小团队，从而确保每个成员全身心地投入。
> 2. 实现较短的开发周期。
> 3. 更及时的顾客反馈，以测试产品软件是否危及他们的电脑，以及新功能的表现和客户体验如何。
> 4. 激励团队作出迅速、大胆的决定。

从表面上看，这些目标似乎和前几章中所描述的方法和原则如出一辙，但是格里格在QuickBooks的第二年并没有取得显著的成功。比如，他要求团队把产品发布阶段性目标移至年中，此举立刻把循环周期时间和批量规模削减了一半，但却没有取得成功。开发团队完全依靠意志力，千方百计地在1月推出内测版。但是，大批量开发的问题依然存在，大家竭尽全力在4月完成了内测。与过去的开发方式相比，它让产品问题有可能比以前早两个月浮出水面，这算是一种进步，但是它并没有产生格里格所盼望的大幅度改善的效果。

事实上在这一年里，团队的流程看上去越来越像从前的样子。格里格这样说，“企业组织是有肌肉记忆[①]的。”要人们改掉旧习谈何容易。格里格与企业的系统较量，但用随意更动产品发布日期这样的单独改变，是无法

① 所谓的“肌肉记忆”本指不经大脑记忆思考，身体就会作出的自然反应。这里引申为“积习”之意。——译者注

与之抗衡的。

第三年：全面爆发

出于对前一年有限进展的不满，格里格和产品开发负责人席曼殊·巴克希（Himanshu Baxi）联手再战江湖，把旧的流程全数抛弃。他们当众宣布，两人合并后的团队会建立新的流程，与过去彻底告别。

这次格里格和席曼殊没有再去纠结新的时间表，而是全力投入有助形成较小批量工作的流程、产品和技术变革上。这些技术创新让他们能更快向顾客提供桌面软件产品，听取他们的反馈。格里格没有在新年伊始就准备复杂的产品方案，而是从他们所谓的"概念/代码/解决方案串烧"开始，把工程师、产品经理和顾客集中到一起，挖掘一系列想法。对格里格这样的产品经理来说，新年开始之际，没有一个发布何种产品的明确列表，确实令人惴惴不安。但是他还是对他的团队和新的流程充满了信心。

第三年有三个不同之处：

- 各个团队都参与了新技术、新流程和新系统的开发。
- 根据新的好点子成立了跨部门团队。
- 顾客在每个功能概念的初期阶段就参与进来。

要明白的一点是，旧方式中并不是没有顾客反馈或顾客在计划过程中的参与。财捷公司的产品经理真正发挥了"现地现物"的精神，他们会到顾客处实地发现问题，以便在下一次产品发布时解决。但是，产品经理负责所有的顾客调研。他们会把相关情况带回给团队成员，并且告诉他们，"这是我们要解决的问题，而这些是我们该如何解决问题的想法。"

如今要改成跨部门工作的方式并不容易。一些团队成员心存怀疑。比如，有些产品经理觉得，让工程师和顾客交流接触是浪费时间。产品经理认为，工程师的工作就是弄清顾客的问题，并决定需要开发什么。因此，一些产品经理面对这种改变的反应是："那我的工作呢？我该干吗？"同样的情况是，工程开发那方面只需要别人告诉他们该做什么；他们不想和顾客对话。这是大批量开发中的常见情况，而现在为了更"有效"地工作，两组人员都愿意牺牲自己一部分专长，虚心求教。

要成功地改变这个流程，沟通交流是关键。所有的团队领导对自己推动，及为什么要推动变革持开放态度。这种方式在财捷是一个全新的流程，由于他们拿不出这种方式过去奏效的实例，因此面对着很多怀疑论调。他们必须清楚地说明旧流程为什么行不通，为什么年度发布的做法无法把他们带向成功。在整个变革过程中，他们把想要实现的流程结果和外界沟通：即年度发布的时间表，与获取更早的顾客反馈和更快的开发周期脱节。他们不断强调，新的方式就是新创企业竞争对手工作和重复的方式。他们必须迎头赶上，否则就跟不上潮流。

传统上，QuickBooks的开发由大团队以较长的周期完成。比如，早期那支命运不济的网上银行团队中有15位工程师、7位质检专员、1位产品经理，在某些时候甚至还有不止1位设计师。而现在，没有一支团队多于5人。每支小组都重在尽量快速地在顾客中进行重复实验，然后依靠证实的认知，实时作出在哪方面的工作上进行投入的决定。以前QuickBooks有5个主要的"分支"，到发布的时候再把各功能合并到一起，而现在的分支有20~25个之多。这样就会有更多的实验。每组团队从头到尾用6周时间开发新的功能，并在整个流程中用真实客户进行测试。

尽管自适应组织首先需要改变的是员工的想法，但仅改变企业文化是不够的。正如我们在第九章中看到的，精益生产需要把工作当成一种系统，然后在整个流程中处理批次规模和生产周期的问题。因此，要想获得持久的改变，QuickBooks团队必须投资变革工具和平台，实现更迅速的新工作方式。

比如，一年前尝试发布内测版的挑战压力之一在于，QuickBooks是一种关键任务型软件产品，很多小型企业用它作为重要财务数据的储存库。发布最小化可行产品存在损坏顾客数据的风险，所以开发团队对此十分谨慎。尽管他们采用了小团队、小范围的工作方式，但这些风险的压力会让小批量的工作方式难以落实。

要把批量规模减小，QuickBooks团队必须投资开发新的技术。他们建立了一套虚拟化系统，能在一位顾客的电脑上运行多个QuickBooks版本。第二个版本可以读取顾客的所有数据，但不能对数据进行永久变更。这样一来，新版本不会有意外损坏顾客数据的危险。开发团队就可以使用这个独立的新版本，在被挑选的真实顾客中进行测试，并获取反馈意见。

第三年的成果是显著的。这一年推出的QuickBooks软件的顾客满意度明显提高，销量也更高。很可能你现在正在使用的QuickBooks就是以小批量方式开发的。随着格里格和他的团队走入第四个年头，他们已经开始探索更多减小批量规模、缩短开发周期的方法。和以往一样，这些方法可能不仅仅停留在技术解决方案的层面。比如，盒装软件产品的销售周期对真正快速的学习认知来说是一个严重的障碍，因此，开发团队开始尝试为最活跃的顾客提供订购形式的软件。只要顾客能直接从网上下载更新，财捷就可以更频繁地发布软件。不久后，这个计划就将可以让QuickBooks团队每季度向顾客推出新的版本。[3]

精益创业企业在成长中，可以使用自适应技巧来建立更复杂的流程，而无须放弃他们的核心优势：即完成开发—测量—认知反馈循环的速度。事实上，对新创企业而言，借用精益生产技巧的主要优势在于企业到了成长阶段，业已作足准备，能根据精益原理创建出色的运营机制。他们早已知道如何针对自身状况，按原理运作、开发相应流程，以及使用“五个为什么”这样的精益技巧和小批量的工作方式。在一家成功的新创企业向成熟企业转变的过程中，它将会创建发展出严谨执行的企业文化，具备像丰田这样全球最佳企业的特征。

但是，成功地成长为一家成熟企业并不是故事的结局。新创企业的工作永远不会结束。正如在第二章里讨论的，即使是成熟企业，也要通过颠覆式创新，努力寻求新的增长来源。这种必然性在企业的生命周期中比以往出现得更早。成功创新企业梦想在上市后占据几年市场领先位置的好日子一去不复返了。因此，认为新创企业会像破蛹化蝶般经历几个形象迥异的阶段已不再靠谱。不管是成功的新创企业，还是成熟企业，都要学会同时驾驭几类工作，追求卓越运营，同时实现颠覆式的创新。这需要一种新的管理组合的思考方式，我们将会在第十二章中介绍。

第十二章 创新

传统观念认为当公司变得更大时，丧失创新、创意和增长的能力在所难免。我认为这种想法是错的。新创企业成长之际，创业者可以建立一个组织，学习如何在满足现有顾客要求与寻找新顾客之间求得平衡，管理现有产品线，开发新的业务模式——并且同时执行所有这些任务。我还相信，即使是大型成熟企业，只要他们愿意调整管理哲学，他们也可以转换到我所说的“管理组合”的思考方式。

如何培养颠覆式创新

成功的创新团队必须有正确的架构以取得佳绩。由创业资本支持或靠自己创业的公司作为独立的小型公司，天生具备这些组织结构上的特性。而企业内部团队则需要高级管理层的支持来创建这些架构。在我的经验中，不管是新创企业还是企业内部的新创团队，都要具备三种架构特征：稀少但稳定的资源，开发业务的独立权，以及与绩效挂钩的个人利益。这些组织架构的要求和成熟企业部门中的架构要求不同。要记住，组织架构只是先决条件，它不能保证成功。但是，错误的架构却几乎一定会导致失败。

稀少但稳定的资源

大型成熟企业中的部门领导惯于使用政治手腕增加预算，但他们也明白这些预算并不牢靠。他们常常会要求尽可能多的预算，并防备其他部门打自己预算的主意。政治手腕意味着他们有赢有输：如果企业某处发生危机，他们的预算就可能突然被砍掉10%。但这算不上是个悲惨的结局，只不过团队必须越发努力地工作，少花钱多办事。通常情况下，预算总是留有富余空间，应付这种可能发生的情况。

新创企业则不同：预算太多和预算太少一样有害，无数互联网公司的失败都能证明这一点。而且新创企业对中途的预算改变非常敏感。对独立的创企业来说，突然之间手头没了10%现金的情况非常罕见。要知道独立的新创企业几乎没有犯错的权利，这种变化在大多数情况下会成为一个致命打击。这样看来，运作新创企业比运作传统部门更容易，但也更困难：他们需要的资本总量小得多，但这些资本必须绝对安全，要避免受其他因素的影响。

独立的开发权

新创企业需要完全的自主权，在他们有限的工作范围内开发并推销新产品。他们计划和执行相关实验不需要过多的批准流程。

我强烈建议新创企业的团队实行彻底的跨部门运作，也就是说，公司中每个职能部门全职参与早期产品的开发和发布。他们必须能开发并推出真正实用的产品和服务，而不仅仅只是产品原型。传统开发过程中部门间的层层传递和审批延长了开发—测量—认知的反馈循环，妨碍了团队学习和个人责任制的落实。而新创企业则需要随时保持绝对“最小化”的状态。

当然，这样大的开发自主权容易引起上级组织机构的焦虑。为了减轻这种焦虑，我在后文会向大家推荐一些方法。

与绩效挂钩的个人利益

创业者应该把企业的绩效成果与个人的利益挂钩。在独立的新创企业中，一般会采用优先认股或其他形式的股本所有权作为奖励。而在必须使用奖金体系的情况下，那么最高奖金就应该和长期表现最好的创新项目相连。

但是，我认为个人利益不一定要表现在财务上。这对有些组织机构尤其重要，特别是非营利机构和政府部门，它们的创新与财务目的并不相连。在这种情况下，团队获得个人利益还是有可能的。上级组织必须明确谁是创新者，并确保创新者成功完成新产品后就能得到认可。一位在大型媒体公司内管理自己独立部门的创业企业家这样对我说，“撇开财务上的奖励不谈，我总觉得既然我是这个部门的负责人，我比其他人更需要证明自己，也更输不起。那种使命感不可谓不重。”

这种准则在商业企业中一样有效。在丰田公司，全程负责新车开发的人被称为“主查”，即首席工程师。

> “主查”在美国语言文化中叫做“重大项目经理”，但是这个名字没有充分表达出他们作为设计领导者的真正角色。丰田的员工把这个术语翻译成“首席工程师”，他们把开发中的车辆叫做“主查的车”。他们让我们了解到“主查”对车辆开发的各方面拥有最终的、绝对的权力。[1]

这里举一个相反的例子。我知道有一家利润极高的科技企业，一向以创新文化著称，但是它开发新产品的过往记录却令人大失所望。公司设有一个内部激励机制，对做出非凡成绩的团队提供大幅度的升职加薪奖励。但这些奖励是由高级管理层颁发的，没有人知道它的根据是什么。没有客观标准让团队用来自我衡量，预测中这个六合彩的可能。大家对是否能长期拥有自己的创新项目缺乏信心。因此开发团队很少有动力真正去冒险，而是把精力集中在有可能获得高级管理层批准的项目上。

创造实验平台

接下来的重要一步是设立新创企业运作的基本原则：如何保护上级组织机构，如何让创业经理人负起职责，如何在创新成功后，把它重新整合到上级机构中。回想一下第二章里“自由岛”的概念，它让SnapTax团队顺利地在财捷公司中设立新创部门。这就是一个实验平台能实现的成效。

保护上级组织机构

一般来说，大多数关于企业内部创新者的建议，都集中在如何保护新创部门不受上级组织干扰。我认为，有必要把这个模式倒过来看。

有一家大公司是我的一位咨询客户，让我先描述一下它的一次典型会议。高级管理层聚集一堂，商定下一个产品版本中应包括哪些内容。公司出于以数据为导向的宗旨，已经尝试进行了一次定价实验。会议的前半段时间用在了解读实验数据上。

问题在于，没人同意这些数据的含义。很多顾客报告是根据会议需要撰写的，因而数据库团队也参加了会议。他们被要求解释每行表格内的细节越多，越显示出没人知道这些数据到底是如何得出的。要弄明白的数据实在太多了。最后，我们能看懂的只有按季度和顾客细分市场划分的、在不同定价点上的产品总销售数据。

更糟的是，没人能肯定到底哪些顾客参加了实验。这项实验曾经由好几个不同团队先后负责执行，所以他们在不同时间对产品的不同部分作了改动。整个实验持续了好几个月，到后来，构思设计这项实验的人已经被调到其他部门，和执行人员再也没有联系。

你应该能发现这其中的很多问题：他们使用的是虚荣指标，而不是可执行指标，过长的循环周期，使用大批量的方式，增长假设不清晰，实验设计差劲儿，团队缺乏掌控感等等。因此，从中学习认知到的东西非常有限。

听了这些情况之后，我以为会议大概就此收场了。既然大家对事实没有取得一致意见，我想没人会有任何实际依据来提出具体行动建议了。我想错了。每个部门直接选取了最能支持其观点的数据来解读，提出自己的主张。而别的部门则会打断他的意见，拿出支持自己立场的其他数据，诸如此类。最后，主持会议的高管没有数据可依，不得不基于看似最合理的论调作决定。

在我看来，在会议上争论数据简直就是浪费时间，这些争论了一整天的事情原本可以在一开始就弄明白。可现在，似乎每个提议人都感到自己会受到伏击：如果别的团队能把情况澄清，自己便会遭到质疑，所以最合理的反应就是彻底把水搅浑。这是何等的浪费！

在公司里，这样的会议给所谓"基于数据的决定和实验"抹了黑，也算情有可原。数据库团队制作的报告没人读，也没人懂。产品团队感到这些实验就是浪费时间，由于他们在半途才参与产品功能开发，因此，无论怎么做都不好。"进行一项实验"对他们来说似乎就是遇到艰难决定时的缓兵之计。最糟的是，这些会议令管理团队如同得了慢性头痛。以前决定产品优先顺序的会议可能就是一场观点的角逐战，但至少他们明白是怎么回事。可是现在他们要按规矩办事，弄些复杂的数学运算，却还得不出明确结论，并且到头来又要经历同样的观点角逐战。

合理的畏惧

但是，在这些部门间明争暗斗的核心内，存在非常合理的畏惧之心。这家公司为两个顾客细分市场提供服务：商业对商业（B2B）的企业细分市场和消费者细分市场。在B2B市场中，公司雇用了销售员向其他公司推销大批量的产品，而在消费者市场中，多数是消费者个人一次性的购买。公司目前的大部分收入来自B2B销售，但是这个细分市场的增长已经放缓。大家都认同发展消费者细分市场的潜力巨大，但到目前为止还没有实质进展。

目前的定价结构是造成这种增长乏力的部分原因。就像很多卖产品给大企业的公司一样，这家公司先是对外报出高价，然后提供大幅折扣来“照顾”批量购买的企业顾客。自然，每个销售员都会用这种先抑后扬的方式尽力讨好自己的客户。但不幸的是，对消费者细分市场而言，公开的报价就高得离谱了。

负责拓展消费者细分市场的团队想要进行较低定价结构的实验，而负责企业细分市场的团队却担心实行低价位会吞噬或削弱公司和企业客户间已有的良好关系。如果企业客户发现个人消费者拿到的价格比他们低，那该怎么办？

任何从事多细分市场业务的人都会同意这个问题可以有很多解决方式，比如，开发分等级的功能套餐，让顾客能买到不同“档次”的产品（比如航空公司的不同舱位），或者不同产品使用不同品牌名称。但是在这家公司要实施以上任何一种方法还是举步维艰。为什么？因为他们害怕会危及当前的业务，所以每次建议的相关实验都被耽搁、破坏或打乱。

把创新藏在黑匣子里的危险

创新的关键在于坚持不懈。公司如果没有能力用更敏捷的方式展开实验，最后难免陷于《创新者的窘境》一书中所描述的命运：尽管利润一年年增长，但某天业务却突然垮台。

我们常把企业内部的创新挑战框定在这个问题之上：即如何在组织机构中保护内部创新团队不受干扰？而我想要重新框定并反过来提出问题：如何在新创团队中维护上级组织机构？根据我的经验，人们受到威胁时就会保护自己，如果一味缩手缩脚小心防御，创新思维就不会繁荣活跃。所以把创新团队藏起来的常规建议其实是种误导。确实有一些秘密科研基地，或者设在公司外的创新团队取得一次性成功的例子，比如建在佛罗里达州博卡拉顿的原IBM个人电脑大楼，它和IBM的主线业务是完全分离的。但是，这些例子更应该被当做警世寓言，因为他们极少带来持续的创新。[2]躲避上级组织机构会造成长期的负面结果。

从经理人的角度考虑一下，当他们突然得知有创新项目出现时，很可能觉得被公司蒙骗了，而且这不能算是一种偏执情绪。不管怎么说，如果像创新这样的重大事件都可以藏起来的话，那还有什么其他情况不会被藏着掖着呢？时间一久，这会造成更多的政治角逐，因为经理人有充分动机搜寻对付那些威胁他们权力、影响力和职业的事。别人的成功创新不应该成为令他们做出不诚实行为的理由。但从成熟经理人的观点来看，这么做的原因很明白：如果你没有身处秘密之中，你就很容易受到这类秘密的意外威胁。

一味指责经理人的这种反应并不公平。应该批评的是企业的高级管理层，是他们没有建立起一个用于运作和创新的支持体系。我相信这是解释为什么像IBM这样的公司在使用黑匣子方式开发的新市场中（比如个人电脑业务）丧失领导地位的原因之一：他们从一开始就无法重建并延续一种能形成创新的文化。

建立创新沙盒

长期而言，公司会不断面临各种威胁，我们的挑战是如何在公开、开放的环境中建立向创新团队下放权力的机制，这是公司通向可持续创新文化的必由之路。我建议的解决方案是为创新建立一个沙盒①系统，它能控制创新的冲击力，但不会限制创新团队使用的方式。具体方法是这样的：

1.任何团队都可以在沙盒中创建一项真正的对比测试实验，实验仅

① “沙盒”本来是软件业中指系统安全保护的术语。即使在沙盒中发生问题也不会损害整个系统。——译者注

仅影响沙盒内的产品或服务（对由多部分组成的产品而言），或某个顾客细分市场或范围（对新产品而言）。但是：

2. 有一组团队必须从头到尾观察整个实验过程。
3. 实验进行的时间不得超过一个特定时长（简单的功能实验一般为时几周，颠覆性创新的实验用时久一些）。
4. 实验不应影响一定数量之外的顾客（一般用占公司全部主流顾客群的百分比表示）。
5. 每项实验的评估必须使用含有5~10个（不能超过）可执行指标的统一标准化报告。
6. 每个在沙盒设置中工作的团队，以及每个开发产品，都必须使用相同的衡量指标评估成功与否。
7. 任何一个建立实验的团队必须在实验进程中监测衡量指标和顾客反应（支持电话、社交媒体的反应、论坛里的帖子等等），如有重大情况发生，应马上停止实验。

开始的时候，沙盒要设置得小一点。在上面提到的那个公司案例中，他们起初的沙盒中只需要有定价页就行了。根据公司开发的产品类型，沙盒的大小可以用不同方式界定。比如，网上服务公司可以限制网页或用户流量。零售商可以限制商店范围或区域覆盖。想要把全新产品引进市场的公司则可以限定某些细分市场的顾客。

和概念测试或市场测试不同的是，沙盒中的顾客是真实的。而且创新团队可以尝试和顾客建立长期的关系。毕竟他们可能在这些早期使用者中进行长期的实验，直到完成他们全部的认知阶段性目标。

只要有可能，创新团队就应该开展跨部门合作，并且有一个像丰田公司里的“主查”这样身份明确的领导者。在沙盒中，团队不需要事先获取批准就有权开发、营销、部署产品或功能。用标准的可执行指标和创新核算，来汇报这些工作的成败。

在从未跨部门工作过的团队中，这个方法也可行。起先的一些改变，比如价格变动，可能不需要大量的工程开发工作，但仍需要在工程开发、市场营销、客户服务等各部门中协调。用这种方式工作的团队效率更高，这种效率不在于他们忙碌与否，而是以创造顾客价值的能力来衡量的。

用真正的实验很容易区分出什么是成功，什么是失败，只要看第一层的衡量指标是发生移动还是不变就行了。不管什么情况，团队马上会知道他们对顾客行为的假设是否准确。而每次使用相同的衡量指标，能让他们在公司上下建立起与这些指标相关的文化。因为创新团队在汇报进度时会用到第二篇中描述的创新核算系统，所有阅读这些报告的人都会潜移默化地认识到这些可执行衡量指标的力量。就算有人想破坏创新团队，他也必须要知道可执行指标和认知阶段性目标的全部来龙去脉才行。

沙盒同时鼓励快速的迭代。当人们有机会从头到尾观察到一个项目的执行，并且以小批量方式工作，还能得出清晰快速的决断之时，他们就能从不断的反馈中受益。每次没能改进数据的时候，他们都有真正的机会根据发现的情况立刻进行调整。因此就算这些团队一开始的主意不怎么样，但他们多半很快就能形成优化的解决方案。

像我们之前看到的，这正是小批量原则的表现形式。专业人员，特别是埋头于瀑布模型或门径开发模式的人员，一直以来所接受的训练是开展特大批量的工作。他们的这种经历令一些好的想法也会陷入泥沼，白白浪费。把批量数量减小后，沙盒的方法允许团队犯些小失误，但很快开始学习认知。下面我们会看到，这些小型的初期实验可以证明，拥有可独立发展的新业务的团队，能够整合回到上级组织机构中。

由内部团队负责

我们已经在第七章中详细讨论了认知阶段性目标。企业内部创新团队的问责顺序是一样的：根据顾客典型，建立一个颠覆式的理想模型，接着发布最小化可行产品建起基准线，然后尝试调整引擎以求向理想目标靠拢。

在这个框架中工作的企业内部团队基本上和新创企业并无二致。但是，当内部团队获取成功之后，就需要整合到企业所有的产品和服务组合中去。

培养管理组合

企业必须管理四大类工作。内部创新团队成长起来后，提出最初概念的企业创业者必须应对规模化的挑战。[3]随着产品获得了新的主流顾客、攻占了新的市场，这个产品会成为企业公众形象的一部分，对公关、市场、销售和业务发展产生重要意义。很多时候，这样的产品会引来形形色色的竞争对手：抄袭者、快速跟风者，乃至仿冒者。

一旦新产品市场形成，整个流程会变得更加常规化。应对产品在市场中无可避免的种种问题非常重要，这些问题包括了商品化、产品线扩充、逐步升级，以及新营销形式。在这个阶段，卓越的运营能力会发挥很大作用，是通过降低成本来提高利润的重要方式。这可能需要不同类型的经理人，他们长于优化、委派、控制和执行的工作。公司的股票价格依靠的是这种可预计的增长。

在第四个阶段中占支配地位的主要是运营成本和传统产品的问题，这是外包、自动化和削减成本的范畴。不过，基础设施依然是关键所在。设备或重要基础设施的失灵，或者忠实顾客的丧失都能令整个公司脱离正常轨道。但是，与成长和优化阶段不同的是，在这个阶段的投资不会帮企业实现收入增长。这类组织机构中的经理人面临吃力不讨好的遭遇：出了事被批评，做了好事得不到赏识。

我们一般会从大公司的角度谈论这四个业务阶段，这些阶段可能代表了整个部门或成百上千的员工所处的情况。之所以这样分开讨论是因为在这种极端案例中，比较容易观察到业务演进的过程。但实际上，所有公司在任何时候都同时进行着这四个阶段的工作。产品一旦进入市场，团队成员就会努力将其推入下一个阶段。每一个成功的产品或功能从研发中诞生，渐次成为公司策略中的一部分，根据产品优化的情况发展，到最后变成一条旧闻。

新创企业和大型公司的问题在于，员工通常会伴随着他们开发的产品从一个阶段进入下一个阶段。一般做法是让新产品或功能的开发者管理商品化所需的资源、团队或部门。结果，有创意的经理人的工作不再是开发新产品，而是陷入了产品增长和优化的工作中。

这种倾向是造成成熟企业一开始就难以找到有创意的经理人、培育创新力的原因之一。每个创新项目都会和成熟项目争夺各类资源，其中最稀缺的资源之一就是——人才。

创业企业家是一个职业头衔

用不同方式管理这四类工作，让有能力的跨部门团队在各个领域发展，是走出困境的解决之道。当产品从一个阶段进入另一个阶段时，它们被不同团队层层传递。员工可以选择作为产品交接工作的一部分，跟着产品进入下一阶段，或者留下来从事新的工作。两种选择没有绝对的对错之分，它取决于相关人员的特质和技能。

有些人天生就是开发创造者，不愿意在后面业务阶段的那些压力或期望下工作。另一些人雄心勃勃，把创新视为进军高级管理层的通路。也有些人特别擅长运营成熟业务、项目外包、提升效率和成本控制削减方面的管理工作。应该让员工发掘最适合他们的工作种类。

事实上，大型企业内部的创新者应该把创业工作看做一条可行的职业之路。能够使用精益创业方法领导团队的经理人，就该有一个简单明确的“创业企业家”角色，作为他们名片上的头衔，不一定非要离开公司去施展才能，也不一定非要假装适应成熟的职能部门中死板的层级制度。总之，这些创业企业家应该通过创新核算体系承担起责任，并得到相应的升职和奖励。

当企业创业者在创新沙盒中培育了一个产品之后，必须重新整合到上级组织机构中。新的产品终究需要一支更大的团队将其拓展、商品化并扩大规模。这个团队在一开始将需要由沙盒中工作的产品创新者继续领导。而这正是这个流程中的积极部分，它让创新者有机会用他们在原来沙盒中掌握的新工作风格，训练新的团队成员。

理想的情况是，这个沙盒会逐渐扩大，也就是说，不需要把沙盒中的团队搬出来放回公司的日常运作中，而是有机会扩大沙盒内的工作范畴。比如，起初只是在沙盒中试验产品的某些方面，现在可以加入其他待验的新功能。比如，前面描述的网上服务公司可以先把产品定价网页放入沙盒中。当这些实验成功后，公司可以把网站主页加入沙盒，接着再增加搜索功能或网站的整体设计。如果最初只针对某类顾客或一定数量的顾客，那么现在则可以扩大产品的覆盖范围。考虑到这些改变，高级管理层必须想到在沙盒中工作的团队能否在上级组织机构中“自谋生路”。沙盒的设计既用来保护里面的团队，也保护外面的上级组织。任何形式的扩张都要把这个情况考虑进去。

在创新沙盒中工作就如同为新创部门塑形。起先，团队只能进行适量实验。早期实验可能无法得出很多认知，达到规模化的成功。但一段时间之后，只要这些团队能在小批量开发中得到持续反馈，使用可执行指标，并对认知阶段性目标负起责任，他们几乎一定能取得进步。

当然，任何创新系统终将成为自身成功的牺牲品。当沙盒扩展，并且其创新成果为公司带来收入增加之时，新的实验循环就必须再次开始。以前的创新者将会成为产品现状的监护人。一旦产品完全发展充塞了整个沙盒，必将带来运营重要任务所需的额外规则和控制。这时，新的创新团队就需要创建一个新沙盒来开展工作。

成为现状

最后一部分的变化让创新者特别难以接受：即他们从激进的局外人变为现状的代言人。在我的职业生涯中，这曾让我深感困扰。回想一下我提倡的精益创业技巧，其中包括了推行快速迭代、基于数据制定决策，以及早期顾客介入。由此你可以想象，我在曾供职过的公司中是个制造麻烦的家伙。当这些想法还不是公司的主导文化时，我尽管觉得沮丧，但作为一个倡导者的角色倒也简单，我只要倾尽全力推行我的想法就行了。虽然主导文化把这些想法视为另类，他们还是会在“合理”的范围内向我让步。人们的思维定势给我带来一种反向的激励机制：我提的建议越激进，在经过合理妥协之后，就越可能达到我真正希望的目标。

时间退回几年前我还在负责产品开发工作的时候。当我们雇用新人时，必须向他们灌输精益创业的文化。对比测试、持续部署和顾客测试都是我们的常规工作。我需要不断提倡、推行我的想法，确保每位新员工接受这些想法，愿意进行尝试。但对工作了一段时间的老员工来说，那些想法和理念已经成为了公司日常现状的一部分。

我和很多创业者一样，在不断宣扬理念和不断对付这些理念的改进建议中周旋。员工们的想法动机和我几年前有过的一样：提出的建议越离谱，妥协后的方向可能离他们想要的越接近。我是什么建议都听过了：什么回到瀑布模型的开发方式啦、采用更多或更少的质量保证管理啦、更多或更少的顾客参与啦、用更多版本和更少数据啦，还有以统计上更严格的方法解读数据等等。

认真考虑这些建议需要不断花费精力。简单武断的回应又毫无帮助。而折中的妥协方法也不奏效。

我发现，每项建议都应该经过同样严格科学的质询探究，它和形成精益创业使用的手段方式一致。比如，我们可以用理论来预测这个改变建议的结果吗？我们能先在小团队内培育这种改变，以观后效吗？我们能衡量其影响力吗？每当这些建议得以实施时，新的做法可以让我提升自身的认知，更重要的是提高我所在公司的生产效率。很多在IMVU开拓的精益创业技巧并不是我的创造发明，而是由企业员工把自己的创造力和才干注入工作之中，构思、发挥和执行的。

最重要的是，我面对着这样一类常见问题：我们怎么知道以“你的方式”创建公司是可行的？其他公司用的是什么方法？用了这些方法让谁发了财成了名？这些问题问得有道理。我们行业中的大亨都是以较慢的、更线性的方式工作。为什么我们做得不一样？

这些问题需要用理论来回答。把精益创业当做一系列步骤或技巧来用是不会成功的。我自己也是经历了一番周折才学到的。在新创企业的条件下，总有事情出错。质量管理大师戴明这样概括了我们所面临的老生常谈的困境：我们怎么知道这个问题到底是由特定原因，还是系统原因造成的？如果我们正在使用新的工作方式，就总是容易把出现的问题归咎于新的系统。要学会分辨其中的区别需要理论支持。你必须能预测你做的改变将带来什么结果，以判定其产生的问题是真的问题。

比如，把团队工作效率定义中的“职能卓越”（市场、销售，或产品开发方面）改变为“经证实的认知”就会产生问题。正如前面指出的，职能专业人士习惯用他们忙于某项工作的时间长短来衡量工作效率。比如，程序员希望一整天都在编程。所以传统的工作环境让这些专才抓狂不已：不断的会议打搅、跨部门的交接工作，以及向无数上司解释情况，都是拖效率后腿的事。但是，这些专才的个人效率并不是新创企业的目标。我们想要迫使团队跨部门工作以获取经证实的认知。要这样做的很多技巧——可执行的指标，持续部署和开发—测量—认知反馈流程——确实会让团队无法获得单项职能的最优化。但是，我们开发的速度有多快不是关键，我们能多快地进行衡量也不是关键，关键在于我们能多迅速地完成整个环节。

在我多年讲授这个认知系统的经历中，我注意到每次都有这种情况：企业转换到经证实的认知方式时，起先总感觉糟糕，之后才有好转。这是因为旧体系造成的问题通常是无形的，而新体系的问题全是实实在在的。理论的好处在于它是解决这些问题的良方。如果知道损失一些生产力在这个转变过程中无可避免，那么我们就可以主动管理好这个过程，事先把期望值设定好。比如，在我的咨询生涯中，我认识到这些问题必须在第一天就要提出，否则一旦发生状况，很容易把人们的全部努力打乱。随着改变的深入，我们还可以用根本原因分析法和快速反应技巧辨明哪些问题需要加以防范。归根结底，精益创业是一个战略框架，而不是让人生搬硬套的步骤规划图。它是用来适应每个公司的特定情况，而不是照抄别人已经做过的事。举例来说，“五个为什么”这样的技巧让你能规划出完全符合你公司需要的策略。

掌握并探究这些概念想法的最佳方式，是让自己加入实践的圈子中。如今，在世界各地和网络上都有着欣欣向荣的精益创业社团聚会。在本书的最后一章“参与精益创业运动”中，列出了你能如何充分利用这些资源的建议。

第十三章　尾声：杜绝浪费

2011年恰逢弗雷德里克·温斯洛·泰罗（Frederick Winslow Taylor）的名著《科学管理原理》（*The Principles of Scientific Management*）之百年华诞，该书首发于1911年。科学管理运动改变了20世纪的进程，令我们今天所享有的巨大繁荣变得理所当然。泰罗实际上“发明”了我们现在认为简单的管理原则：提高单个工人的生产力，例外管理（只研究特别好和特别坏的例外情况），标准化的工作任务，任务加奖金的薪酬系统，以及最重要的是，通过有意识的努力，可以对工作进行研究并将其改善。泰罗还造就了现代的白领工作，把公司视做系统进行管理，而非仅仅停留在个人层面管理。过去所有管理革新皆由工程师领导是有道理的：因为管理就是人类体系的工程学。

1911年泰罗写道：“过去，人是第一位的；未来，体系是第一位的。”泰罗的预言成真。我们现在正生活在他想象中的世界。但是，他所发起的革命在很多方面实在过于成功，以致产生负面影响。比如，泰罗把科学作为思考的方式，但是很多人混淆了这个意思，将它理解成泰罗提倡的那些严苛技巧：对时间和动作的研究、差别计件工资制，以及最极致的是，把工人视做和机器人差不多的对象。很多这类想法被证明是极端有害的，需要后世的理论家和经理人来予以修正。严格地说，精益生产重新发现了蕴藏在每个工人身上的智慧和主动性，并把泰罗对效率的观点从个人工作层面引向了整个企业有机体。但无可否认，后来的每次管理革命都包含了泰罗的核心理念：即工作能用科学的方法进行研究，并能通过严格的实验手段得以提高。

在 21 世纪，我们面对着一系列泰罗不曾想象到的新问题。我们的生产能力远远超过了我们知道要制造什么东西的能力。尽管 20 世纪早期有大量发明和创新，但是其中大部分是用于提高工人和机器的生产效率，满足全世界人口衣食住行的需要。虽然如今这个目标并没有完全实现，还是有几百万人生活在极端贫困之中，但这个问题的解决方案目前只能完全依靠政治途径。我们已经有能力制造几乎任何我们可以想象的东西。我们这个时代的大问题不是“能不能制造出来”，而是“应不应该制造出来”。它把我们放在了一个异乎寻常的历史时刻：我们未来的繁荣取决于我们集体想象力的质量。

在 1911 年，泰罗写道：

> 我们可以看到，我们的森林被毁灭了，我们的水力能源被浪费掉了，我们的土壤被洪水冲到大海里去了，我们的煤和铁也枯竭在即。但是，由于我们行为上日复一日的错误、指挥不当和低效率所造成的人力上的更巨大的浪费……这点表现得不明显，人们不易看到，即使有认识也是模糊的。
>
> 我们可以看到和感觉到物质的直接浪费，但由于人们不熟练、低效率或指挥不当的活动所造成的浪费，则是既看不见又摸不到的。要认识这些，就需要动脑筋、发挥想象力。也正是这样的原因，尽管我们来自这方面的日常损耗要比物质的直接浪费大得多，但后者使人触目惊心，而前者却容易令人无动于衷。[1]

一个世纪以后，我们对这些话说什么好呢？一方面，它已经过时了。21 世纪的我们格外注重效率的重要性，和由生产力获取的经济价值。我们的工作场所与泰罗时代相比，已经组织得非常完善，至少从物质层面的建筑物来说确实如此。

但在另一个方面，泰罗的话让我顿觉其完全的现时意义。相对于我们在制造产品时引以为荣的效率，我们的经济活动还是难以置信地遭遇着浪费。这种浪费并非来自低效的工作组织，而是把工作浪费在错误的东西上，并且还是工业层面的大规模浪费。正如彼得·德鲁克（Peter Drucker）所说，“没什么比高效地做一件根本不该做的事更加徒劳的了。”[2]

可是我们依然有效地做着错误的事。虽然很难准确估算现代工作到底有多浪费，但我们并不缺乏种种故事案例。在进行精益创业咨询和巡回讲演的时候，我不断听到来自大大小小公司的员工的相同信息。在每个行业中，我们都看到无数失败的产品发布、构思糟糕的项目，以及大批量的死亡螺旋。我认为这样滥用人们的时间是一种罪过，白白浪费了人类的创造力和潜力。

所有这些浪费中有多少比例是可以避免的？我想，会比我们目前认识到的还多得多。我遇到的大多数人相信，至少在他们的行业中，项目的失败完全是咎由自取：项目本身就大有风险，市场状况无法预计，“大公司的人”天生缺乏创造力。有些人认为只要我们把每件事都放慢，使用更加谨慎的流程，执行数量较少但质量更高的项目，就可以降低失败率。也有人相信，某些人生来就知道该做哪些正确的事。如果我们能拥有足够多的远见之士和大师，我们的问题就能解决了。19 世纪，在人们知道什么是现代管理之前，这些“解决之道”也曾一度被视为是最先进的方式。

要在一个节奏越发快速的世界中采用这样古老的方式是不可行的，因此对项目和业务失败的指责常常被推到高级管理层身上，而他们总被要求做些不可能的事情。另一种情况是，把这种责备指向财务投资人或公开市场，批评他们过于强调快速解决问题的方法和短期结果。我们总有太多责怪的话要说，但能指引领导者和投资者的理论却太少。

精益创业运动与这种无计可施的状况形成鲜明对比。我们相信，一旦明白了浪费的症结所在，创新中的诸多形式的浪费是可以避免的。我们所要做的是改变我们的集体思维模式，重新考虑如何完成这项工作。

敦促工人更加努力是不够的。我们目前的问题是因为用力过猛引起的，而且还是在错误的事上用力过猛。只关注职能的效率让我们忽略了创新的真正目标：学习目前未知的事物。戴明教导我们，建立量化的目标并非关键，而是要找到达成这些目标的方法。用科学的方法回答最迫切的创新问题是精益创业运动代表的原则：围绕一系列新产品和新服务，我们如何建立一个可持续的企业组织？

组织的超能力

有人参加了我的几场研讨会，几个月后他跑来向我诉苦，他说的情况大略是这样的："了解了精益创业理论让我感到有了超能力。尽管我只是个初级员工，可当我遇到公司里的副总裁和总经理时，我会向他们提一些简单的问题，然后迅速地让他们看到他们的项目是基于哪些可测试的基本假设。几分钟后，我就能给出一个可实行的方案，让他们可以尽早对计划进行科学验证。对此，他们的反应通常是'哇，你真聪明。我们以前从未想过要如此严格地思考新产品。'"

这些交流让他在自己所处的大型企业内建立了"聪明员工"的声誉。这对他的职业生涯当然大有好处，可对他本人来说却是件令人非常沮丧的事。原因在于，尽管他的确相当聪明，但认识到产品计划的缺陷不是因为他拥有特殊才能，而是因为他拥有一套能预测结果、提出其他解决方案的理论。他向之推荐想法的经理人不了解这个理论体系才是令他沮丧的原因。这些经理人得出错误结论，认为成功的关键是在团队里找到像这位员工一样聪明的人，却没有通过他看到面前真正展现出的机遇：调整创新是如何发生的想法，就能系统化地实现更好的创新成果。

体系置前的一些危险

就像我们的先辈泰罗所做一样，我们的挑战是说服现代企业的经理人，把体系放在第一位。但是泰罗制是一个警示。当我们把这些新的理念介绍给更主流的受众时，从历史中吸取教训是很重要的。

泰罗以关注系统实践，而非个人才智著称。以下这段文字叙述了他把体系放在第一位的著名言论，全文引述自《科学管理原理》：

> 我们将来会认识到，我们的领导者们必须是培养形成的，就像天生胜任一样，而且，任何一个伟大人物（处于老的人事管理体制下的）都无法和一批经过适当组织因而能有效协作的普通人去一竞短长。
>
> 过去，人是第一位的；将来，体系必须是第一位的。这并不意味着不再需要伟大人物。恰恰相反，任何好体制的第一位目标必须是发掘第一流的人才，并在系统管理之下，使最佳人才能比以前更有把握、更迅速地提升到领导岗位上来。[3]

不幸的是，在科学管理和发掘并提拔最佳人才不应该相矛盾这件事上，泰罗的主张很快就被抛诸脑后。早期的科学管理技巧包括了时间和动作研究、任务加奖金的薪酬系统，特别是职能工长制（今天职能部门的先驱）。事实上通过这些管理技巧获取的生产力是如此丰厚，以至于让以后几代经理人忽视了实施这些技巧的人的重要性。

这造成了两个问题：(1) 业务体系变得过于僵化，以至于无法利用单个工人的适应力、创造力和智慧。(2) 过分强调计划、预防和过程，让组织只能在几乎静态的世界里持续取得成果。在工厂的制造现场，精益生产运动正面应对了这些问题，那些经验已经广泛传播到很多现代企业中。但是在新产品开发、创业活动以及创新工作的普遍工作范围中，我们仍在使用过时的管理架构。

我希望，精益创业运动不会落入相同的简化论窠臼。我们才刚刚开始探索管理创新的原则，它是一种可以提高新创企业成功概率的方法，一种开发创新产品的系统化方式。它不应该削弱传统的创业精神：远见卓识、大胆冒险，以及面对大量问题时应有的勇气。我们的社会比从前任何时候更需要创业者的创造力和远见，正因为这些都是我们不可浪费的珍贵资源。

产品开发的伪科学

我相信，要是泰罗活到今天，看到对创业者和创新家的管理方式一定会感到好笑。尽管科学家和工程师以他们超群的技术魔法让所有 20 世纪早期的人目眩神迷、受益匪浅，但是我们用来组织他们的管理实践却毫无科学的严谨可言。我甚至要把这种管理称做伪科学。

我们通常更多地凭直觉而非事实给新项目大开绿灯。我们在本书中已经看到，它还不是问题的根本原因。所有创新都出自愿景，接下来会发生什么才至关重要。如你所见，太多的创新团队粉饰成功，有选择地找出支持其观点的数据，而不是把愿景中的各个因素放诸真实的实验。更糟的是，他们埋头于秘密开发模式，建立一个数据真空地带，进行不受限制的实验，既无顾客反馈又无任何形式的外部核算。当一个团队试图在总指标的图表上突出某些数据，说明因果关系的时候，就是在做一件伪科学的事。我们怎么知道提出的因果关系是真实的？而团队想要用学习作为为失败的辩护借口之时，也是一种伪科学。

如果学习在一个循环周期内发生，我们要把它在下一个循环中转为经证实的认知。只有通过开发顾客行为模型，然后表明我们能够在一段时间内用新产品或服务改变这些行为，才能得到事实证据，验证我们的愿景。

在我们庆贺精益创业运动取得成功之际，有一点提示非常重要。我们不能让这些成功引发新的伪科学，比如转型或最小化可行产品之类。这正是当年科学管理论的命运，我认为最终其奋斗的事业被推迟了几十年。高举科学之名，日常工作压倒了创造性的工作、机械化压倒了人性、按部就班压倒了灵活敏捷，以至于不得不通过以后的管理运动来纠正这些缺陷。

泰罗相信很多东西都是科学的，但以我们现代的眼光来看无非是一己偏见。他认为在智力和品质上贵族阶级生来比工人阶级优越，男性比女性优越；他还认为，地位较低的人应该由比他们地位高的人严格管理。这些观念是泰罗时代的必然产物，人们很容易原谅他的闭目塞听。

但是，当透过未来实践的镜头看待我们如今的时代，会发现什么样的偏见？出于什么力量让我们过度信任？我们运动的早期成就可能会让我们忽视哪些风险？

我希望带着这些问题结束本书。我非常高兴地看到精益创业运动赢得声誉和认同，但更重要的是我们方式方法的正确性。目前所知的仅是冰山一角。我们所需要的是一个大规模项目，来揭示出潜藏于现代劳动力中不起眼之处的巨大空间。如果我们能停止浪费人们的时间，他们会用这些时间来干什么？我们对有可能的事件没有真正的概念。

从 19 世纪 80 年代开始，泰罗开始了一项实验计划，用来揭示切割钢铁的最佳方法。在这项持续了超过 25 年的研究过程中，泰罗和他的同事进行了 2 万多个单独的实验。这个项目的惊人之处在于它既无学术背景，又无政府的研发预算。全部实验成本由企业支付，因为实验带来的更高生产率让这些企业可以将其即刻转化为实际利润。这只是一个实验项目，在一种类型的工作中发掘潜藏生产力。科学管理的其他信徒们也曾花费了数年时间研究砌砖、耕作甚至铲挖的工作。他们不满足于来自工匠和所谓专家的民间智慧，执迷于对真相的认知。

我们中间有没有人能想象，一位现代的“知识至上”型经理人对员工使用的方法是否会有同等兴趣？我们目前的创新中，有多少工作是由缺乏科学基础的时髦口号所引导的？

新的研究计划

想要发现如何更有效地工作，我们可以使用什么类似的研究计划？

在极端不确定的情况下，是什么激发了生产力？我们对这一点的理解非常有限。所幸循环周期无处不在，让我们有很多机会测试新的方法。因此，我建议设立新创企业实验室，测试所有种类的产品开发方法论。

这些测试如何进行？我们可以先引入小型的跨部门团队，从产品和工程开发开始，让他们使用不同开发方式解决问题。我们也可以从一些有明确答案的问题入手，比如，从全球的编程竞赛中选取问题，因为这些编程竞赛开发了完善的数据库，包括了定义明确的问题和清楚的解决方案。这些竞赛也提供了清晰的基准线，规定不同问题应该花多长时间来解决。这样我们就能明确设定实验课题中解决各种问题所需要的能力。

用这些指标作为基准，我们可以开始改变实验条件。我们的挑战在于，提高了正确答案的不确定程度后，还是要能够客观地衡量结果的质量。也许我们可以使用真实情况中的顾客问题，然后由真实顾客来验证团队工作的成果。我们甚至可以开发多种最小可行产品，一遍一遍去解决同一类问题，从而量化地分析哪种产品能产生最好的顾客转化率。

我们也可以选择复杂程度不同的开发平台及分销渠道，来改变极其重要的循环周期时间，测试这些因素对团队真正生产力的影响。

最主要的是，我们需要制定明确的方法让团队对经证实的认知负责。在本书中我已经提出了一种方法：使用定义明确的财务模型和增长引擎进行创新核算。但要是认为这就是最佳方案的话未免太天真了。当这种方法被更多公司采用后，一定会有其他新的方式技巧出现，我们必须尽可能严格地评估这些新想法。

这些问题提出了在大学研究机构和创业社团中，形成两者所希望的公私行业协力合作的可能性。它也建议大学可以从更多方面增加其价值，而不仅仅只是在目前情况下，作为财务投资人或新创企业孵化基地的创造者。我认为这样的研究无论在哪里进行，那个地方都会成为新的创业实践的中心地带，而从事这项研究的大学则可能由此令他们的基础研究活动实现高得多的商业化水平。[4]

长期股票交易中心

除了纯研究目的之外，我相信我们的目标应该是改变创业活动的整个生态系统。我们创业行业的大部分已经沦为大型媒体公司和投资银行的供料系统。成熟企业不断努力投资创新的部分原因在于公开市场的巨大压力，要求他们实现短期收益率和增长目标。最主要的是，这种情况是由我们过去用来评估经理人的核算方式造成的，只关注反映总数的虚荣指标。这一点在第七章中已作讨论。因此，我们现在所需的是一种新的股票交易场所，用来交易可持续的、有长期考量计划的公司的股票。我提议我们应该创立一个“长期股票交易中心”（LTSE）。

除了利润季度报表外，在LTSE进行交易的公司（简称“LTSE公司”）需要报告它们如何对内部创业工作使用创新核算。正如财捷公司那样，报告他们从这几年的新产品中获得了多少收入。LTSE公司高级执行官的薪酬将和企业的长期表现相联系。在LTSE交易的成本和费用会高得多，以便减少每日交易和价格大幅震荡。作为交换，LTSE公司建立的企业管理架构可以为管理层追求长期投资提供更大的自由度。LTSE除了支持企业作出长期的考量计划外，它的透明度还将会提供有价值的数据，显示在真实世界中如何培育创新。LTSE这样的事物将能加速下一代伟大公司的创立，为持续不断的创新打下基础。

总结

作为一项运动，精益创业必须避免教条主义和僵化的思想体系。我们必须避免把科学描摹成公式的样子，或意味着在工作中缺乏人性。事实上，科学是人类最有创造力的追求之一。我相信把它推广到创业活动中，将开启人类潜能中的无尽宝藏。

如果企业中所有员工都具备了精益创业的组织超能力，那么整个企业机构看上去会怎样?

至少每个人都会坚持必须把所有假设清楚表达出来，并且对其严格测试，这既不是拖延之计也不是没事找事，而是出于真心想要找出每个项目愿景的基本真理所在。

我们不会把时间浪费在要做质量保证者还是冒失牛仔的无休止争论上；我们认为在追求顾客长期利益的过程中，质量和速度应该齐头并进。我们会加速测试愿景，而不会抛弃它。我们会设法消除浪费，不在半空中搭建美丽城堡，而是以敏捷的技巧开发高质量产品，实现突破性的商业成果。

对于失败和挫折，我们会以诚实和学习的态度应对，而不是反诉和指责。不仅如此，减速的冲动、增加批次数量，以及沉溺于预防的魔咒都是我们要极力避免的，我们会绕过那些不产生学习认知的多余工作，从而加快速度。我们致力于创建新的机构，肩负长期使命，创造可持续的价值，并且把世界变得更美好。

最重要的是，我们要杜绝浪费人们的时间。

第十四章　参与精益创业运动

在过去几年中，精益创业运动已经遍及全球。满怀抱负的创业者有大量资源可以利用。在此，我将尽可能列出一些最佳活动、书籍和博客，供大家深入阅读和进一步实践之用。接下来就看你的了。开卷有益，实践出真知。

最重要的资源就在你身边。必须身处硅谷才能找到其他创业者分享理念、共同奋斗的日子已经过去了。但是，把自己融入一个新创企业的生态环境中，仍是创业活动中重要的一环，而这种生态环境正在世界各地越来越多如硅谷般的新创企业中心蓬勃涌现。

我有一个关于精益创业的官方网站，http://theleanstartup.com。你可以在这上面找到案例研究和延展阅读链接等多种资讯。网站上还有我的博客“新创企业经验之谈”（Startup Lessons Learned）的链接，以及我过去演讲的视频、幻灯片和音频资料。

精益创业聚会

你的附近就很可能有精益创业的聚会活动。截至我发稿之时，这样的碰头会有几百个，其中最大规模的分布在旧金山、波士顿、纽约、芝加哥和洛杉矶。你可以在http://lean-startup.meetup.com/网站上找到各个团体聚会所在地的实时地图。你也可以在上面找到人们有兴趣发起新团体聚会的城市列表，甚至自己来发起这样的碰头会。

精益创业百科

并非每个精益创业团体都用Meetup.com来组织。由志愿者维护的精益创业维基百科网http://leanstartup.pbworks.com/上，有一个详细的活动和其他资源的列表。

精益创业实践圈

目前，围绕精益创业理论最大的实践社团活跃在互联网上，所有参与人员都被记录在一份精益创业实践圈的名单中。该名单由里奇 · 柯林斯（Rich Collins）创建，每天这个名单中的几千位创业家相互分享技巧、资源和故事。如果你对如何把精益创业运用到你的业务或行业中有所疑问，这里是一个很好的学习起点：http://leanstartupcircle.com/。

精益创业经验交流会

过去两年中，我曾组织过“新创企业经验之谈”的交流会议。你可以在http://sllconf.com上找到更多相关内容和细节。

必修读物

史蒂夫 · 布兰克（Steve Blank）的《顿悟的四步》（*The Four Steps to the Epiphany*）是关于客户开发的入门读物。在我创建IMVU的过程中，这本书被我翻得页边卷起，是我不可或缺的行动指南。你可以从http://ericri.es/FourSteps上得到一份副本，或者在http://www.startuplessonslearned.com/2008/11/what-is-customer-development.html上读到我的书评。史蒂夫本人在http://steveblank.com上也有一个维护得相当好的博客。

布兰特 · 库柏（Brant Cooper）和帕特里克 · 沃拉斯科维茨（Patrick Vlaskovits）写了一本短篇优秀读物《创业者的客户开发指南》（*The Entrepreneur's Guide to Customer Development*），对这个主题作了平实的介

绍。你可以从http://custdev.com网站上购买，或者通过以下这个链接阅读我的书评：http://www.startuplessonslearned.com/2010/07/entrepreneurs-guide-to-customer.html。

当我刚刚开始在博客上用博文记录创业活动的时候，“创业”还不像如今这样被普遍视为一种职业。几乎没什么博主在创业新想法方面开展过积极工作，我们是在网上一起讨论并逐步完善这些想法的。

戴夫·麦克科鲁尔（Dave McClure）是风险公司“新创企业500”（500 Startups）的创始人。他在http://500hats.typepad.com/上有一个博客。“新创企业500”也有一个出色的博客网站：http://blog.500startups.com/。戴夫在他的“盗版者的新创企业衡量标准”的演示讲义中，描述了思考和衡量网上服务的框架方式，对我们的“增长引擎”概念影响深刻。你可以通过以下链接看到讲义原稿：http://500hats.typepad.com/500blogs/2008/09/startup-metri-2.html，同时也可以参考我当时的一些评论：http://www.startuplessonslearned.com/2008/09/three-drivers-of-growth-for-your.html。

肖恩·艾利斯（Sean Ellis）写了“新创企业营销”博客（Startup Marketing Blog），对我在新创企业中如何把营销整合入内的想法产生了重要影响：http://startup-marketing.com/。

安德鲁·陈（Andrew Chen）的博客“未来派玩法”（Futuristic Play）是关于病毒式营销、新创企业衡量指标以及设计思考的最佳参考来源之一：http://andrewchenblog.com/。

巴巴克·尼维（Babak Nivi）有一个很好的博客“风投攻略”（Venture Hacks）http://venturehacks.com/，是早期精益创业的传播者。从那时起，他开始创建“天使名单”(Angel List)，在全球范围内为新创企业和风险投资者寻求匹配：http://angel.co。

还有其他一些相当棒的精益创业博客网站可供参考：

• 阿什 · 马亚（Ash Maurya）帮助独立的网上商务企业应用精益创业想法，并逐渐成为一名领军人物。他的博客叫做“精益经营”（Running Lean），他也发布了一本同名电子书。两者都可以在网站上找到：http://www.runningleanhq.com/。

• 肖恩 · 墨菲（Sean Murphy）关于软件新创企业的早期阶段有一个博客：http://www.skmurphy.com/blog/。

• 布兰特 · 库柏的“用数字决定市场”（Market by Numbers）网站：http://market-by-numbers.com/。

• 帕特里克 · 沃拉斯科维茨关于技术、客户开发和定价的博客：http://vlaskovits.com/。

• 互联网数据分析调研公司KISSmetrics的营销博客：http://blog.kissmetrics.com和企业创始人之一，赫特 · 沙（Hiten Shah）的网站：http://hitenism.com。

沿展阅读

克莱顿 · 克里斯坦森的《创新者的窘境》和《创新者的解答》是两本经典读物。除此之外，克里斯坦森的最新著作对于在实践中观察颠覆式创新理论十分有用。这些新书包括了讲述医疗保健的突破性解决方案《创新者的处方》（*The Innovator's Prescription*），以及关于教育创新的《来上一堂破坏课》（*Disrupting Class*）

http://ericri.es/ClaytonChristensen

杰弗里 · 摩尔（Geoffrey A. Moore）的早期著作被所有创业者奉为经典，特别是《跨越中断期》（*Crossing the Chasm*）和《旋风期》（*Inside the Tornado*）两本书。但他也在不断调整思路。我发现他的最新著作《公司进化论：伟大的企业如何持续创新》（*Dealing with Darwin: How Great*

Companies Innovate at Every Phase of Their Evolution）特别有用

http://ericri.es/DealingWithDarwin

唐纳德·赖纳特森（Donald G. Reinertsen）的《产品开发流程原则：第二代精益产品开发》（*The Principles of Product Development Flow: Second Generation Lean Product Development*）

http://ericri.es/pdflow

杰弗里·莱克（Jeffrey Liker）的《丰田汽车案例》（*The Toyota Way*）

http://ericri.es/thetoyotaway

詹姆斯·沃麦克（James P. Womack）和丹尼尔·琼斯（Daniel T. Jones）的《精益思想》（*Lean Thinking: Banish Waste and Create Wealth in Your Corporation, Revised and Updated*）

http://ericri.es/LeanThinking

斯蒂文·瓦特斯（Steven Watts）的《人民的大亨：亨利·福特和美国世纪》（*The People's Tycoon: Henry Ford and the American Century*）

http://ericri.es/ThePeoplesTycoon

罗伯特·卡尼格尔（Robert Kanigel）的《唯一佳径：弗雷德里克·温斯洛·泰罗和效率之谜》（*The One Best Way: Frederick Winslow Taylor and the Enigma of Efficiency*）

http://ericri.es/OneBestWay

弗雷德里克·温斯洛·泰罗（Frederick Winslow Taylor）的《科学管理原理》（*The Principles of Scientific Management*）

http://ericri.es/ScientificManagement

肯特·贝克（Kent Beck）和辛西亚·安德瑞斯（Cynthia Andres）的《解析极限编程：拥抱变化》（*Extreme Programming Explained: Embrace Change*）

http://ericri.es/EmbraceChange

大野耐一的《丰田生产方式》(*Toyota Production System: Beyond Large-Scale Production*)

http://ericri.es/TaiichiOhno

开发—测量—反馈循环的想法脱胎于对军事策略的思考，特别是约翰·包以德（John Boyd）的“包以德循环”，即观察、调整、决策以及行动（OODA）的理论。介绍包以德理论最通俗的一本书是切特·理查兹（Chet Richards）的《胜券在握：包以德战略的商业应用》(*Certain to Win: The Strategy of John Boyd, Applied to Business*)

http://ericri.es/CertainToWin

爱德华兹·戴明（W. Edwards Deming）的《转危为安》(*Out of the Crisis*)

http://ericri.es/OutOfTheCrisis

艾尔弗雷德·斯隆（Alfred Sloan）的《我在通用汽车的岁月》(*My Years with General Motors*)

http://ericri.es/MyYears

威廉·佩尔弗雷（William Pelfrey）的《杜兰特和斯隆：通用汽车两巨头传奇》(*Billy, Alfred and General Motors: The Story of Two Unique Men, a Legendary Company, and a Remarkable Time in American History*)

http://ericri.es/BillyAlfred

彼得·德鲁克（Peter F. Drucker）的《管理实践》(*The Practice of Management*)

http://ericri.es/PracticeOfManagement

约翰·穆林斯（John Mullins）和兰迪·科米萨（Randy Komisar）的《制订B计划：向更好的业务模式突破》(*Getting to Plan B: Breaking Through to a Better Business Model*)

http://ericri.es/GettingToPlanB

谨此，我要向众多协助《精益创业》成书的人表示衷心感谢。首先且最重要的是世界各地数以千计的创业者，他们对书中的想法进行测试验证、提出疑问、加以调整并改善提升。正是他们不懈的默默努力令这一切成为可能。感谢你们。

真正的新创企业会出现失败、发生令人尴尬的错误或经常陷入混乱。当我为本书作调查研究时，我发现，大多数创业者和经理人希望不要公开其日常工作的真实情况。因此，我非常感激那些有勇气同意我讲述他们故事的创业者。他们花费了很长时间，接受了冗长的访问和数据核实的交流。非常感谢。

在我的职业生涯中，我要感谢我的导师和合作伙伴，他们推动我完成的工作比我独自一个人能做到的要多得多。最初是威尔·哈维（Will Harvey）把我招到了硅谷，并放手让我在IMVU尝试很多精益创业的想法。同时，我非常感谢IMVU的其他联合创始人：马库斯·格斯林（Marcus Gosling）、麦特·丹泽（Matt Danzig）

和梅尔·格曼（Mel Guymon），还有很多IMVU的员工，他们承担了本书中我论述过的各项工作。当然，如果没有IMVU几百万顾客多年来的支持，要实现这一切是不可能的。我还要感谢戴维·米尔斯通（David Millstone）、肯·杜达（Ken Duda）、费南多·派兹（Fernando Paiz）、史蒂夫·温斯坦（Steve Weinstein）、欧文·马奥尼（Owen Mahoney）、雷·奥坎波（Ray Ocampo）和杰森·阿尔蒂里（Jason Altieri）一直以来的帮助。

我们都要感谢史蒂夫·布兰特对“客户开发”理论的发展阐述，在新创企业和风投圈子里，这个理论一度被视为异端。我在引言中已经介绍过，史蒂夫是IMVU早期的投资者和顾问。在过去七年里，他也是我个人的顾问、导师与合伙人。对他的鼓励、支持和友谊我深表谢意。

精益创业运动的发展，不仅只有我，还有更多思想家、实践家和作家的参与。感谢戴夫·麦克科鲁尔（Dave McClure）、阿什·马亚（Ash Maurya）、布兰特·库柏（Brant Cooper）、帕特里克·沃拉斯科维茨、肖恩·艾利斯、安德鲁·陈、肖恩·墨菲（Sean Murphy）、特雷弗·欧文斯、赫特·沙和肯特·贝克（Kent Beck）的无限热忱，以及他们提供的想法和支持。一些投资人士和风险投资者是精益创业的早期支持者和采纳者。我要感谢闸门资本投资公司（Floodgate）的麦克·梅普尔斯（Mike Maples）和安·三浦－高（Ann Miura-Ko）、基准线风险投资公司（Baseline）的史蒂夫·安德森（Steve Anderson）、首轮资本公司（First Round Capital）的乔希·科普曼（Josh Kopelman）、SV天使投资公司（SV Angel）的罗恩·康威（Ron Conway）和软科技种子投资公司（SoftTech VC）的杰夫·克拉维尔（Jeff Clavier）。

你可以想象，本书离不开大量的反馈、重复实验和测试。我得到了劳拉·克瑞斯玛诺（Laura Crescimano）、李·霍夫曼（Lee Hoffman）、汤姆·艾森曼教授（Tom Eisenmann）和萨沙·贾德（Sacha Judd）深入和宝贵的早期意见。同时也要感谢米切尔·卡普尔（Mitch Kapor）、斯科特·库克（Scott Cook）、肖恩·范宁（Shawn Fanning）、马克·格雷班（Mark Graban）、詹妮弗·卡罗纶（Jennifer Carolan）、曼纽尔·罗索（Manuel Rosso）、蒂姆·奥莱利（Tim O'Reilly）和雷德·霍夫曼（Reid Hoffman）的建议、反馈和支持。我还要特别感谢露丝·卡普兰（Ruth Kaplan）和艾勒·费伊（Ira Fay）奉献出他们的智慧和友谊。

在本书的写作过程中，我有幸获得一个专门建立的测试平台，对封面设计、副标题，直至书中的各个部分进行了对比测试（你可以在http://lean.st网站上看到这些测试结果）。枢纽实验室（Pivotal Labs）为我开发了这套软件；他们是敏捷开发的重要实践者。非常感谢罗伯·米（Rob Mee）、伊恩·麦克法兰（Ian McFarland），特别是帕克·汤普森（Parker Thompson）与我一起不厌其烦地开发、试验和学习。

还要感谢IMVU的联合创始人马库斯·格斯林，他是我认识的最具才华的设计师，他为本书封面作了无数设计，直至最终定稿。

最主要的网络和用户体验设计公司之一，数码心电感应公司（Digital Telepathy）使用他们独特的迭代性能设计流程，设计并开发了http://theleanstartup.com网站，它非常之棒。想要了解更多相关信息，请登录http://www.dtelepathy.com。

在我写作过程的几个节点上，我非常荣幸地获得了三家传奇机构的支持。本书中选取的大部分研究是由考夫曼基金会（Kauffman Foundation）慷慨承担的。我要特别感谢基金会的波·菲什巴克（Bo Fishback）和尼克·塞古因（Nick Seguin）对本书的支持。在过去一年中，我作为哈佛商学院的"驻校企业家"获益良多，得以在具有精明商业头脑的一群人中印证我的想法。我特别感激汤姆·艾森曼教授和麦克·罗伯斯（Mike Roberts）的赞助和支持，还要感谢哈佛商学院"创业部落"的学生们。我也有机会在著名的风险投资公司KPCB的硅谷办事处待了一段时间，在那里接受了如何在最高层内培育创业精神的深入教育。感谢钱智华（Chi-Hua Chien）、兰迪·科米萨（Randy Komisar）、马特·墨菲（Matt Murphy）、宾·高登（Bing Gordon）、艾琳·李（Aileen Lee）和鲍康如（Ellen Pao），以及我的办公室同僚塞里克· 罗丁（Cyriac Roeding）。

我的研究小组帮我记录了案例研究，访问了几百家新创企业，并对数以千记的故事作了筛选。感谢马瑞莎·波兹格（Marisa Porzig）花费了无数时间记录、交叉核查并展开调查。还有一些案例研究是萨拉·加维塞·莱斯利（Sara Gaviser Leslie）和萨拉·米尔斯坦（Sarah Milstein）进行的。

传统的出版是一项复杂保守的业务。我从很多人的建议及关系中受益。蒂姆·费里斯（Tim Ferriss）和拉米特·塞提（Ramit Sethi）从一开始就为我指点了方向。我也要感谢彼得·西蒙斯（Peter Sims）、保罗·米歇尔曼（Paul Michelman）、玛丽·特里斯勒（Mary Treseler）、约书亚–米歇尔·罗斯（Joshua-Michéle Ross）、史宗玮（Clara Shih）、莎拉·米尔斯坦、亚当·佩恩伯格（Adam Penenberg）、格雷琴·鲁宾（Gretchen Rubin）、凯特·李（Kate Lee）、霍利斯·海姆鲍奇（Hollis Heimbouch）、鲍勃·萨顿（Bob Sutton）、弗兰奇·琼斯（Frankie Jones）、兰迪·科米萨和杰夫·罗森塔尔（Jeff Rosenthal）。

克朗商务出版社（Crown）的一大组人员肩负了把概念想法转化集结成书的重任。我的编辑罗杰·舒尔（Roger Scholl）阅读了本书的初稿，并在整个成书过程中给予指导。我还要感谢蒂娜·康斯特布尔（Tina Constable）、塔拉·吉尔布莱德（Tara Gilbride）和梅瑞狄斯·麦金尼（Meredith McGinnis），以及每位参与实现本书出版工作的人员。

读过本书早期版本的人们会了解到我对劳琳·罗兰（Laureen Rowland）的感激之情，她在非常紧张的时间安排下，提供了至关重要的编辑协助。

如果你对本书中任何一部分内容感到兴致盎然，都要归功于她。

在本书出版过程中，我的代理人克里斯蒂·弗莱彻（Christy Fletcher）一直是我的顾问、合伙人兼参谋。她有着一种不可思议的能力，能预见未来，促成事情发生，并且同时还令所有人皆大欢喜。她对现代媒体的情况非常了解，带领我在纷乱复杂的环境中自如游走。我还要感谢弗莱彻公司（Fletcher and Company）的艾丽萨·沃尔夫（Alyssa Wolff），一位不知疲倦的宣传人和把关者，以及负责把本书推广到其他国家和语言地区的梅利莎·钦奇洛（Melissa Chinchillo）。

尽管说“没有我挚爱家人的不懈支持，所有这一切都不可能实现”听上去很老套，但事实上确实如此。我的父母安德鲁·里斯（Andrew Ries）和维维安·瑞兹尼克（Vivian Reznik）始终支持我对科技的挚爱，同时也一直强调文科教育的重要性。没有他们长久以来的关爱和支持，我可能永远不会有勇气跨入创业领域，或者把我的想法通过著书传递出来。我知道我的祖父母非常关注我在这个过程中的每一步，他们非常相信写作的力量，对我的姐妹和我的每一项成就总是深感欣慰。而对我的姐妹妮可和阿曼达，以及姐夫德夫，我只有说：感谢你们多年来对我的支持。

这一路行来，我的妻子塔拉·苏菲亚·莫尔（Tara Sophia Mohr）是为我不断带来欢乐和安慰的源泉。她经历了这个冗长过程中的每次压力、每个高潮和低谷。塔拉，你是一位聪慧、坚强和热情的女性。对你的坚定支持、深情爱意和携手与我共度人生的感激之情，我无以言表。衷心感谢。

注释

引言

1. For an up-to-date listing of Lean Startup meetups or to find one near you, see http://lean-startup.meetup.com or the Lean Startup Wiki: http://leanstartup.pbworks.com/Meetups. See also Chapter 14, "Join the Movement."

第一章 开端

1. Manufacturing statistics and analysis are drawn from the blog *Five Thirty Eight*: http://www.fivethirtyeight.com/2010/02/us-manufacturing-is-not-dead.html

第二章 定义

1. *The Innovator's Dilemma* is a classic text by Clayton Christensen about the difficulty established companies have with disruptive innovation. Along with its sequel, *The Innovator's Solution,* it lays out specific suggestions for how established companies can create autonomous divisions to pursue startup-like innovation. These specific structural prerequisites are discussed in detail in Chapter 12.
2. For more about SnapTax, see http://blog.turbotax.intuit.com/turbotax-press-releases/taxes-on-your-mobile-phone-it%E2%80%99s-a-snap/01142011–4865 and http://mobilized.allthingsd.com/20110204/exclusive-intuit-sees-more-than-350000-downloads-for-snaptax-its-smartphone-tax-filing-app/
3. Most information relating to Intuit and SnapTax comes from

private interviews with Intuit management and employees. Information about Intuit's founding comes from Suzanne Taylor and Kathy Schroeder's *Inside Intuit: How the Makers of Quicken Beat Microsoft and Revolutionized an Entire Industry* (Cambridge, Mass.: Harvard Business Press, 2003).

第三章 学习

1. The original five founders of IMVU were Will Harvey, Marcus Gosling, Matt Danzig, Mel Guymon, and myself.
2. Usage in the United States was even more concentrated; see http://www.businessweek.com/technology/tech_stats/im050307.htm
3. To hear more about IMVU's early conversations with customers that led to our pivot away from the add-on strategy, see: http://mixergy.com/ries-lean/
4. A word of caution: demonstrating validated learning requires the right kind of metrics, called *actionable metrics,* which are discussed in Chapter 7.
5. This case was written by Bethany Coates under the direction of Professor Andy Rachleff. You can get a copy here: http://hbr.org/product/imvu/an/E254-PDF-ENG

第四章 实验

1. Some entrepreneurs have adopted this slogan as their startup philosophy, using the acronym JFDI. A recent example can be seen at http://www.cloudave.com/1171/what-makes-an-entrepreneur-four-letters-jfdi/
2. http://techcrunch.com/2009/11/02/amazon-closes-zappos-deal-ends-up-paying-1–2-billion/
3. I want to thank Caroline Barlerin and HP for allowing me to include my experimental analysis of this new project.
4. Information about Kodak Gallery comes from interviews conducted by Sara Leslie.
5. The VLS story was recounted by Elnor Rozenrot, formerly of Innosight Ventures. Additional detail was provided by Akshay Mehra. For more on the VLS, see the article in *Harvard Business Review*: http://hbr.org/2011/01/new-business-models-in-emerging

-markets/ar/1 or press coverage at http://economictimes.indiatimes.com/news/news-by-company/corporate-trends/village-laundry-services-takes-on-the-dhobi/articleshow/5325032.cms

6. For more on the early efforts of the CFPB, see the *Wall Street Journal*'s April 13, 2011, article "For Complaints, Don't Call Consumer Bureau Yet"; http://online.wsj.com/article/SB10001424052748703551304576260772357440148.html. Many dedicated public servants are currently working hard to incorporate this experimental approach in the public sector under the leadership of President Obama. I would like to thank Aneesh Chopra, Chris Vein, Todd Park, and David Forrest for introducing me to these groundbreaking efforts.

第五章　飞跃

1. For example, CU Community, which began at Columbia University, had an early head start. See http://www.slate.com/id/2269131/. This account of Facebook's founding is drawn from David Kirkpatrick's *The Facebook Effect* (New York: Simon & Schuster, 2011).
2. Actual engagement numbers from 2004 are hard to find, but this pattern has been consistent throughout Facebook's public statements. For example, Chris Hughes reported in 2005 that "60% log in daily. About 85% log in at least once a week, and 93% log in at least once a month." http://techcrunch.com/2005/09/07/85-of-college-students-use-facebook/
3. I first heard the term *leap of faith* applied to startup assumptions by Randy Komisar, a former colleague and current partner at the venture firm Kleiner Perkins Caufield & Byers. He expands on the concept in his book *Getting to Plan B,* coauthored with John Mullins.
4. http://www.forbes.com/2009/09/17/venture-capital-ipod-intelligent-technology-komisar.html
5. "A carefully researched table compiled for *Motor* magazine by Charles E. Duryea, himself a pioneer carmaker, revealed that from 1900 to 1908, 501 companies were formed in the United States for the purpose of manufacturing automobiles. Sixty percent of them folded outright within a couple of years; another

6 percent moved into other areas of production." This quote is from the Ford biography *The People's Tycoon: Henry Ford and the American Century* by Steven Watts (New York: Vintage, 2006).

6. Jeffrey K. Liker, *The Toyota Way*. New York: McGraw-Hill, 2003, p. 223.
7. http://www.autofieldguide.com/articles/030302.html
8. In the customer development model, this is called *customer discovery*.
9. For more on the founding of Intuit, see Suzanne Taylor and Kathy Schroeder, *Inside Intuit*.
10. For more on the Lean UX movement, see http://www.cooper.com/journal/2011/02/lean_ux_product_stewardship_an.html and http://www.slideshare.net/jgothelflean-ux-getting-out-of-the-deliverables-business

第六章 测试

1. http://www.pluggd.in/groupon-story-297/
2. "Groupon's $6 Billion Gambler," *Wall Street Journal;* http://online.wsj.com/article_email/SB10001424052748704828104576021481410635432-lMyQjAxMTAwMDEwODExNDgyWj.html
3. The term *minimum viable product* has been in use since at least 2000 as part of various approaches to product development. For an academic example, see http://www2.cs.uidaho.edu/~billjunk/Publications/DynamicBalance.pdf

   See also Frank Robinson of PMDI, who refers to a version of the product that is the smallest needed to sell to potential customers (http://productdevelopment.com/howitworks/mvp.html). *This is similar to Steve Blank's concept of the "minimum feature* set" in customer development (http://steveblank.com/2010/03/04/perfection-by-subtraction-the-minimum-feature-set/). My use of the term here has been generalized to any version of a product that can begin the process of learning, using the Build-Measure-Learn feedback loop. For more, see http://www.startuplessonslearned.com/2009/08/minimum-viable-product-guide.html
4. Many people have written about this phenomenon, using varying terminology. Probably the most widely read is Geoffrey Moore's *Crossing the Chasm*. For more, see Eric Von Hippel's research into

what he termed "lead users"; his book *The Sources of Innovation* is a great place to start. Steve Blank uses the term *earlyvangelist* to emphasize the evangelical powers of these early customers.

5. "To the casual observer, the Dropbox demo video looked like a normal product demonstration," Drew says, "but we put in about a dozen Easter eggs that were tailored for the Digg audience. References to Tay Zonday and 'Chocolate Rain' and allusions to *Office Space* and XKCD. It was a tongue-in-cheek nod to that crowd, and it kicked off a chain reaction. Within 24 hours, the video had more than 10,000 Diggs." http://answers.oreilly.com/topic/1372-marketing-lessons-from-dropbox-a-qa-with-ceo-drew-houston/. You can see the original video as well as the reaction from the Digg community at http://digg.com/software/Google_Drive_killer_coming_from_MIT_Startup. For more on Dropbox's success, see "Dropbox: The Hottest Startup You've Never Heard Of" at http://tech.fortune.cnn.com/2011/03/16/cloud-computing-for-the-rest-of-us/
6. This description courtesy of Lifehacker: http://lifehacker.com/5586203/food-on-the-table-builds-menus-and-grocery-lists-based-on-your-familys-preferences
7. This list was compiled by my colleague, Professor Tom Eisenmann at Harvard Business School, Launching Technology Ventures for a case that he authored on Aardvark for his new class. For more, see http://platformsandnetworks.blogspot.com/2011/01/launching-tech-ventures-part-i-course.html
8. http://www.robgo.org/post/568227990/product-leadership-series-user-driven-design-at
9. http://venturebeat.com/2010/02/11/confirmed-google-buys-social-search-engine-aardvark-for-50-million/
10. This is the heart of the *Innovator's Dilemma* by Clayton Christensen.
11. For more, see http://bit.ly/DontLaunch

第七章　测量

1. By contrast, Google's main competitor Overture (eventually bought by Yahoo) had a minimum account size of $50, which deterred us from signing up, as it was too expensive.
2. For more details about Farb's entrepreneurial journey, see

this Mixergy interview: http://mixergy.com/farbood-nivi-grockit-interview/

第八章 转型还是坚持

1. http://www.slideshare.net/dbinetti/lean-startup-at-sxsw-votizen-pivot-case-study
2. For more on Path, see http://techcrunch.com/2011/02/02/google-tried-to-buy-path-for-100-million-path-said-no/ and http://techcrunch.com/2011/02/01kleiner-perkins-leads-8–5-million-round-for-path/
3. Includes approximately $30 million of assets under management and approximately $150 million of assets under administration, as of April 1, 2011.
4. For more on Wealthfront, see the case study written by Sarah Milstein at http://www.startuplessonslearned.com/2010/07/case-study-kaching-anatomy-of-pivot.html. For more on Wealthfront's recent success, see http://bits.blogs.ntimes.com/2010/10/19/wealthfront-loses-the-sound-effects/
5. IMVU's results have been shared publicly on a few occasions. For 2008, see http://www.worldsinmotion.biz/2008/06/imvu_reaches_20_million_regist.php; for 2009 see http://www.imvu.com/about/press_releases/press_release_20091005_1.php, and for 2010 see http://techcrunch.com/2010/04/24/imvu-revenue/
6. Business architecture is a concept explored in detail in Moore's *Dealing with Darwin*. "Organizational structure based on prioritizing one of two business models (Complex systems model and Volume operations model). Innovation types are understood and executed in completely different ways depending on which model an enterprise adopts." For more, see http://www.dealingwithdarwin.com/theBook/darwinDictionary.php

第九章 批量

1. http://lssacademy.com/2008/03/24/a-response-to-the-video-skeptics/

2. If you're having trouble accepting this fact, it really is helpful to watch it on video. One extremely detail-oriented blogger took one video and broke it down, second-by-second, to see where the time went: "You lose between 2 and 5 seconds every time you move the pile around between steps. Also, you have to manage the pile several times during a task, something you don't have to do nearly as much with [single-piece flow]. This also has a factory corollary: storing, moving, retrieving, and looking for work in progress inventory." See the rest of the commentary here: http://lssacademy.com/2008/03/24/a-response-to-the-video-skeptics/
3. Timothy Fitz, an early IMVU engineer, deserves credit for having coined the term *continuous deployment* in a blog post: http://timothyfitz.wordpress.com/2009/02/10/continuous-deployment-at-imvu-doing-the-impossible-fifty-times-a-day/. The actual development of the continuous deployment system is the work of too many different engineers at IMVU for me to give adequate credit here. For details on how to get started with continuous deployment, see http://radar.oreilly.com/2009/03/continuous-deployment-5-eas.html
4. For technical details of Wealthfront's continuous deployment setup, see http://eng.wealthfront.com/2010/05/deployment-infrastructure-for.html and http://eng.wealthfront.com/2011/03/lean-startup-stage-at-sxsw.html
5. This description of School of One was provided by Jennifer Carolan of NewSchools Venture Fund.
6. For more on the large-batch death spiral, see *The Principles of Product Development Flow: Second Generation Lean Product Development* by Donald G. Reinertsen: http://bit.ly/pdflow
7. These lean health care examples are courtesy of Mark Graban, author of *Lean Hospitals* (New York: Productivity Press, 2008).
8. This illustrative story about pull is drawn from *Lean Production Simplified* by Pascal Dennis (New York: Productivity Press, 2007).
9. For an example of this misunderstanding at work, see http://www.oreillygmt.eu/interview/fatboy-in-a-lean-world/
10. Information about Alphabet Energy comes from interviews conducted by Sara Leslie.

11. For more on Toyota's learning organization, see *The Toyota Way* by Jeffrey Liker.

第十章 成长

1. The Hotmail story, along with many other examples, is recounted in Adam L. Penenberg's *Viral Loop*. For more on Hotmail, also see http://www.fastcompany.com/magazine/27/neteffects.html
2. For more on the four customer currencies of time, money, skill, and passion, see http://www.startuplessonslearned.com/2009/12/business-ecology-and-four-customer.html
3. http://pmarca-archive.posterous.com/the-pmarca-guide-to-startups-part-4-the-only
4. This is the lesson of Geoffrey Moore's bestselling book *Crossing the Chasm* (New York: Harper Paperbacks, 2002).

第十一章 适应

1. *Toyota Production System: Beyond Large-Scale Production* by Taiichi Ohno (New York: Productivity Press, 1988).
2. For more on Net Promoter Score, see http://www.startuplessonslearned.com/2008/11/net-promoter-score-operational-tool-to.html and *The Ultimate Question* by Fred Reichheld (Cambridge, Mass.: Harvard Business Press, 2006).
3. Information about QuickBooks comes from interviews conducted by Marisa Porzig.

第十二章 创新

1. Jeffrey Liker, John E. Ettlie, and John Creighton Campbell, *Engineered in Japan: Japanese Technology-Management Practices* (New York: Oxford University Press, 1995), p. 196.
2. For one account, see *PC Magazine*'s "Looking Back: 15 Years of PC Magazine" by Michael Miller, http://www.pcmag.com/article2/0,2817,35549,00.asp
3. The following discussion owes a great deal to Geoffrey Moore's *Dealing with Darwin* (New York: Portfolio Trade, 2008). I have had success implementing this framework in companies of many different sizes.

第十三章　尾声：杜绝浪费

1. http://www.ibiblio.org/eldritch/fwt/ti.html
2. http://www.goodreads.com/author/quotes/66490.Peter_Drucker
3. http://www.ibiblio.org/eldritch/fwt/ti.html
4. In fact, some such research has already begun. For more on Lean Startup research programs, see Nathan Furr's Lean Startup Research Project at BYU, http://nathanfurr.com/2010/09/15/the-lean-startup-research-project/, and Tom Eisenmann of Harvard Business School's Launching Technology Ventures project, http://platformsandnetworks.blogspot.om/2011/01/launching-tech-ventures-part-iv.html